文学で読む日本の歴史

古典文学篇

五味文彦

山川出版社

はじめに

各地の文化財調査に関わり、依頼されて講演を行い、また大学で授業を行うなか、これまで私が専門としてきた日本中世史の分野・領域の研究の限界を知るところとなった。その歴史に限って探っていてはあまりに見えないことが多すぎると思うなか、新たな視角から日本の歴史を広く探ってゆく必要を痛感し、そのためには時代区分を再考しなければならないと考えるに至った。

日本の歴史学は古代に始まり中世・近世・近代などの時代区分をこれまで用い、それによって大きな成果が生まれてきたのであるが、この時代区分によりかかっていただけでは視野が限定されてしまう。また区分の時間幅が大きすぎ、今日への歴史的なつながりがよく見えてこない。

広く環境学や人類学・考古学など長期的なスケールで考える学問との協業をも視野に入れるならば、それらと共通する時間軸を設定すべきであろう。そのことから西暦の百年刻みの変化に注目し、通史の叙述を行う試みが行われたこともある。しかし西洋世界との関連が深くなった近・現代の動きを探るのならばともかく、日本列島に即した歴史を把握するのにあまり成功しなかったように思う。その西洋に発する時間軸は便宜的に過ぎるのである。

ただ百年といえば、人生でいえばほぼ三世代にわたり、一つの区切りとしてはそれなりに納得がゆく。そこでこの百年の区切りに注目してかつて私が構想したのは、西暦の六七年・六八年あたりを画期とする変化で、およそ次のような年表を作成して考えてみたことがある。

中世社会以降の百年ごとの変化の動き

	西暦	事項	時代の動き	時期区分
①	一〇六八	後三条天皇即位	院政時代	中世Ⅰ
②	一一六七	平清盛太政大臣	武家政権	
③	一二六八	蒙古の国書到来	東アジア世界の流動	中世Ⅱ
④	一三六八	応安の半済令《はんぜいれい》	公武一統	
⑤	一四六七	応仁の乱の開始	戦国時代来	近世Ⅰ
⑥	一五六八	織田信長の上洛	全国統一政権	
⑦	一六六七	東・西回り海運の完成	近世社会の成熟	近世Ⅱ
⑧	一七六七	田沼政治の展開	近代国家の胎動	
⑨	一八六八	明治維新	近代国家の成立	近代
⑩	一九六八	学生運動・公害	現代社会の揺らぎ	現代

中世の百年ごとの区切りを基準に現代までの変化を辿ったもので、これらから政治や経済などの

時代による変化が読み取れた。なお年表の時期区分の項は、これまでの中世・近世・近代といった時代区分に対応させたもので、こうすると四百年がこれまでの時代区分に概ね相当するので、それに沿って中世の通史を叙述したことがあった（『躍動する中世』）。

この百年ごとの変化によりさらに何がうかがえるのかを探ってゆくうちに、政治や経済のみならず、社会の動きや文化の動きも見えてきて、時代に通底する物の考え方や時代とともにある思想の傾向「思潮」も浮かびあがるようになった。

この思潮という問題に早くから注目したのは丸山真男であって、新たな思想史を構想するにあたり、次のAからDに至る四層のピラミッド型をなす図を示して思想史を捉えようと試みた（『丸山真男講義録』）。

A　学説・理論・世界観。経験的命題から形而上学、価値体系までを含む。

B　その時代の個々の問題に対する一般社会の意見（世論）。

C　「時代精神」とか時代思潮とかいわれるもの。

D　価値意識・生活感覚、生活感情。実生活とほとんど密着した情緒や感覚。

丸山はこれを思想の成層として提起し、思想史とはこのピラミッドの頂点をなすAの学説史と、底部をなすDの世相史とを両極端として、その間に成立するものであり、これまでの思想史が総じてAを中心に研究されてきていたことに対し、Dまでをも捉えて総合的に探ってゆく必要性を主張した。

特に意を注いだのがDで、日本人の思考の原型すなわち古層を抽出することにつとめたのであるが、Dに注目した点では歴史家の網野善彦も同じで、中世の社会から古代に遡ってその歴史的分析を行い、刮目《かつもく》すべき社会史研究を展開した（『無縁・公界・楽』）。しかしDは捉えどころがないこともあって、時代の歴史的変化が単線的に捉えられがちであり、また基底還元論的傾向に陥りやすい問題点を内包している。

そこで私はCの時代の思潮を解明する。Dに目を配りつつもABとDをつなぐCの思潮に焦点を当てるのである。ある時代に人々を強く捉えた思潮は歴史的に見て重要なばかりか、時代とともに変化してゆきながらも後世に大きな影響を与えたものと考えられ、思想史のみならず政治史や経済史、文化史を探る上でも有効な視角といえよう。

そうした考えに基づいて中世前期の思潮を探ったことがある。『徒然草』や『方丈記』『一遍聖絵《いっぺんひじりえ》』などの分析から、年表の②の時代では「身体の思潮」を析出し、その視点から文芸・宗教に関わる様々な動きを見た。この時代に生まれた浄土宗や真宗、日蓮宗、律宗、時宗、曹洞宗など「鎌倉新仏教」と総称される仏教が今においても大きな力を有しているのは、日本人の身体に沿って育まれてきたためであるという理解に達した（『中世の身体』）。

日本人はそれまで外来思想を学び咀嚼《そしゃく》してきていたが、この時代からは身体から物を考え、発想する新たな動きが認められるのである。ならばこうした考えを前後の時代にも広げてみようかと考え、先の年表に基づいて、中世のみならず他の時代における思潮がどんなものであったのか、それがいかに形成され、展開してきたのか、また後世にどのように影響を与え律するところとなったのか、いかなる変容を遂げたかなどを探り始めた（『日本史の新たな見方、捉え方』）。

いささか無謀な企てにも思えるが、この企てをさらに進める上で是非とも必要とされるのが、時代の思潮を伝える文学作品などの書物の歴史的解明である。幸いにもこの点についてはこれまでに『書物の中世史』などにおいて行ってきた経験があり、時代の違いはあるにせよ、この経験が生きてこよう。古典文学を読み解いて時代の思潮を探り、それが今日までの歴史にどう関わってきたのかを考察することにしたい。

かつて津田左右吉は『文学に現はれたる我が国民思想の研究』を著し、文学を通じて日本の思想史を論じたが、ここでは文学を通じて日本の歴史を探ってゆくことになる。ただ文学作品には自ずと限界がある、特に文献が少ない時代についてはいかにすればよいのか。その点を考える上で助けとなるのが、遺跡や遺物などの文化財の歴史的考察である。この点についても鎌倉や平泉などの発掘の成果を取り入れる試みを行ってきており、大きな壁とはならないであろう。書物と遺物の両者相俟って時代の思潮を明らかにしたい。

そこで先の百年ごとの変化を中世から時代を遡らせてみると、次のような年表が得られた。縄文時代や弥生時代の前中期については文献もなく、モノ史料だけが頼りになることから載せていない。

また「古世」という用語はこれまでに使われていない時期区分であるが、近代の前を近世と称していることから、それを借用して古代の前四百年を古世と称することとした。

古代社会の百年ごとの変化の動き

	西暦	事項	時代の動き	時期区分
①	五七	倭奴国、漢に朝貢	弥生時代後期	
②	二六六	倭の女王、晋に使者派遣	古墳時代前期	（古世Ⅰ）
③	三六九	百済、七支刀を倭に贈る	古墳時代中期	
④	四七七	倭の武王、宋に朝貢	古墳時代後期	（古世Ⅱ）
⑤	五七二	敏達天皇即位	飛鳥時代	
⑥	六六七	天智天皇称制	律令体制	古代Ⅰ
⑦	七六七	道鏡政権	律令体制の変容	
⑧	八六六	摂政藤原良房	摂関時代	古代Ⅱ
⑨	九六九	摂政藤原実忠	後期摂関政治	
⑩	一〇六八	後三条天皇即位	院政時代	中世Ⅰ

この年表を目安にまずは古世・古代社会について探ってゆくことにする。古代社会の研究はこれ

までに大いに行われてきており、分野を異にする私がどうしてと思われるであろうが、それを承知で行うのは、外からはなかなか古代社会の流れが見えてこず、それが後世にどう関わってきたのかという言及が不足していると感じるからである。

こうして日本の社会の動きを大きな流れとして捉え、ある時代に形成された思潮がその時代にいかなる意味をもっていたのか、またその後の時代にいかなる影響を与え、また律してきたのか、さらに広く政治経済や社会、文化に通底する物の考え方となっていったのかを考察することとする。

なお時期区分では百年を基準としたが、これはあくまでも目安であって、五十年として捉えることも、また二百年として把握することも必要と考える。よるべき文献が多くあり、あるいは不足しているなどのことから、そうならざるをえない。また本書は摂関時代までを扱うことにしたが、それはこの時期までが古典文学の本格的な展開期であり、その後はこの古典文学を学んで文化・政治に生かしていった時代であるためである。

文学で読む日本の歴史　古典文学篇——目次

装　　丁・山崎　登
製作協力・角谷　剛
系図作成・曽根田栄夫

1 国づくり

『古事記』と『魏志』倭人伝

一　国づくりの原型

国々の王

二千年前の日本列島の事情を記した中国の史書『後漢書《ごかんじょ》』東夷伝《とういでん》には、「倭の奴国《わのなのくに》」が建武中元二年（五七）に漢に朝賀し、光武《こうぶ》帝から印綬《いんじゅ》を賜ったという次の記事が見える。

建武中元二年、倭の奴国、貢を奉じて朝賀す。使人自ら大夫《たいふ》と称す。倭国の極南界なり。光武、賜ふに印綬を以てす。

この倭国についてさらに詳しく記しているのが次の『魏志《ぎし》』倭人伝である。

倭人は帯方の東南大海の中に在り。山島によりて国邑《こくゆう》をなす。旧《もと》百余国。漢の時、朝見する者あり、今、使訳《しやく》、通ずる所三十国。

日本は倭国と称されており、そこには百余国があって、このうち漢との間には三十国ばかりが交渉をもっていたという。先の『後漢書』東夷伝はこの記事を踏まえ、さらに次のように記している。

国、皆王を称し、世々統を伝う。その大倭王は邪馬台国に居る。

倭の国々では皆が「王」と称していたという。ここに見える「王」とは中国風な表現であるから、大陸文化との接触を通じて自らの存在を国の王と称するようになったのであろう。その王たちが並び立つなか、幾つかのグループが生まれ、その一つが邪馬台国を中心とする国々であり、『魏志』倭人伝はこの国と王のあり方を詳しく語っている。

中国の史書が語るこの時代の倭は考古学的年代からすれば弥生時代後期に相当している。弥生時代後期は一世紀半ば頃から三世紀の半ば頃まで続いたと考えられているが、その間の五七年に倭の奴国が印綬を漢の光武帝から与えられたことになる。

この印綬の「漢委奴国王《かんのわのなのこくおう》」の金印が江戸時代に博多湾の志賀島《しかのしま》から発見された。果たして本物かどうかが疑われたものの、同様な蛇の鈕《ちゅう》（つまみ）をもつ印が中国の雲南省でも発見されたことから、この金印の真実性が明らかになった。その奴国の故地と考えられているのが福岡平野中心部にある須玖岡本《すぐおかもと》遺跡群である。ここから見つかった大石の下の甕棺《かめかん》からは前漢鏡が二十余り、銅剣四本などが出土した。果たしてこれらが漢の国から与えられたのか、交流品として得たものなのか、さらには他の国からの貢物なのかといった点は明らかではないものの、かの墓は五七年をやや遡る時期の王墓と見られている。

『魏志』倭人伝に奴国の隣にあると記されている伊都国《いとこく》の中心地と考えられているのが、博多湾南の怡土《いと》平野にある三雲《みくも》・井原《いわら》遺跡群であって、そのうちの三雲南小路《みなみしょうじ》遺跡からは大量の前漢鏡や銅剣・玉類など豪華な副葬品をともなう墓が、時期を連続して存在しており、前一世紀から二世紀頃まで継続して造営されていたことが明らかになっている。

倭人伝によれば伊都国に至る前は末盧国《まつらこく》であり、その前は海を隔てた「一支国《いきこく》」であるというが、これは壱岐島《いきのしま》の原《はる》の辻《つじ》遺跡と考えられている。ここでは弥生中期から環濠《かんごう》が台地の裾を楕円形に巡らされており、環濠内は約二四万平方メートルにも及び、中期から後期にかけて無紋土器、楽浪土器、三韓土器や銭など中国や朝鮮からの文物が出土し、環濠の外からは水田の畦が検出され、西北には船着場も存在している。これらは「方三百町あり。竹木・叢林多く、三千ばかりの家あり。やや田地あり。田を耕せども猶《なお》食するに足らず」という倭人伝の記述を裏付けている。

金印（福岡市博物館蔵）

金印（福岡市博物館蔵）

九州と中国地方の墳墓と集落

佐賀県東部にある吉野ヶ里《よしのがり》遺跡は、脊振《せぶり》山地南麓の丘陵地帯にあり、南の有明海へと標高がしだいに低くなるその南に開けた地に所在する。弥生時代中期から、吉野ヶ里の丘陵地帯を一周する形で環濠が出現し始め、それに囲まれた集落が発展してゆくとともに、防御は厳重となり、墳丘墓や甕棺が多く見られるようになった。

それが弥生時代後期になると、外壕と内壕の二重の環濠が生まれ、V字型に深く掘られた総延長約二キロ半の外壕で囲まれた。面積は約四〇ヘクタールにも及ぶ。壕の内外には木柵、土塁、逆茂木《さかもぎ》など、敵の侵入を防ぐ施設があり、見張りや威嚇のための物見櫓《ものみやぐら》が環濠内に複数置かれた。

大きな外壕の中には内壕が二つあり、その内側に建物がまとまって存在し、内郭の建物の遺構は、祭祀《さいし》が行われる主祭殿や東祭殿などと見られ、近くの竪穴住居や高床住居には祭祀に携わる人々、その側近などが暮らしていたと考えられている。食料を保管する高床式倉庫や貯蔵穴、土坑、青銅器製造の跡なども発掘されている。

遺跡の南部と北部に二つの墳丘墓があり、一つは南北約四六メートル、東西約二七メートルの長方形に近い墳丘をなしており、高さは四メートル半以上あったものと推定され、首長墓と考えられている。頂上から墓壙《ぼこう》を掘って十四基以上の甕棺を埋葬した墓もあり、こうした多数の遺体がまとまって埋葬された甕棺、石棺、土坑墓などは共同墓地と考えられており、甕棺の中の人骨には、怪我をしていたり、矢尻が刺さったりしたもの、首から上が無いものなどがあって、これは戦争が行われたことを物語っている。

多数の土器や石器、青銅器、鉄器、木器が出土するばかりか、勾玉《まがたま》や管玉《くだたま》のほか銅剣、銅鏡、織物、布製品などの装飾品や祭祀道具なども出土し、九州で初めてとなる銅鐸《どうたく》も遺跡の周辺部で発見されている。最盛期は三世紀頃と考えられており、古墳時代の始まりとともに濠には大量の土器が捨てられて埋め尽くされてしまい、集落もほぼ消滅して離散する。遺跡内には三基の前方後方墳があるが、これは弥生時代の集落が消滅した後に造られたものと考えられている。

山陰地方の弥生時代後期には、二世紀以降に方形の墳丘墓の四隅を突出させた形態の四隅《よすみ》突出《とっしゅつ》型墳丘墓と称される墓が営まれていた。四隅が突き出ているのは墳頂部に登るために四方の通路を発達させたものと考えられており、墳丘の斜面に石が貼られ裾には石列が巡らされている。この墳丘墓が最初に確認されたのは島根県邑南町《おおなんちょう》の順庵原《じゅんなんばら》一号墳で、さらに出雲《いずも》東部の斐伊川《ひいがわ》流域や飯梨川《いいなしがわ》流域、因幡《いなば》の千代川《せんだいがわ》流域などに濃密に分布し、伯耆《ほうき》・因幡の地域にも分布していて、各地域の王墓であったと見られる。北陸地方においても富山市杉谷《すぎたに》の杉谷四号墳が確認され、北陸地方にも広がっていたことがわかる。

その最も発展した時期の様相を示しているのが島根県安来《やすぎ》市にある仲仙寺《ちゅうせんじ》八・九号墓であって十数個の碧玉《へきぎょく》が出土しており、さらに宮山四号墓では鉄刀が出土している。また出雲市の西谷《にしだに》三号墳は長辺が五〇メートルにも及び、墳頂部にいくつかの埋葬施設が営まれ、中心部には二基の木槨墓《もっかくぼ》が並んで存在している。

その内部からガラス玉や碧玉が出土し、埋葬施設には山陰東部地域や吉備《きび》地域からもたらされた土器があるなど、これら諸地域との交流が推測されている。相互に交流しながらしだいに連合を結ぶようになっていったものと考えられる。

王の国の集落と墓

岡山県倉敷市の楯築《たてつき》遺跡も弥生時代末期に造営された首長の墳丘墓で、壺形土器や特殊器台・特殊壺が出土し、いずれも畿内地域にも遡る技術がうかがえる。直径約四三メートル、高さが五メートル弱の主丘に北東・南西側にそれぞれ方形の突出部をもち、突出部両端の全長は七二メートルもあって、同時期の弥生墳丘墓では日本最大という。

こうして弥生時代後期には独特な集落や墓が各地に生まれて、そこを中心に周辺地域を支配する王の国が形成されていったものと考えられる。この時期の集落遺跡を大きく特徴づけているのは、墓よりむしろ集落の周りに濠を巡らせた環濠集落や、一〇〇メートル以上の比高差をもつ山頂部に集落を構えた高地性集落である。

たとえば奈良県の田原本町《たわらもとちょう》の唐古《からこ》・鍵《かぎ》遺跡では、弥生時代後期には直径数百メートルの集落の周囲に、四条ほどの濠からなる幅一〇〇〜一五〇メートルもの環濠帯が巡らされるようになり、濠と平行して土塁や柵列が営まれている。こうした環濠集落は東日本にも広く分布する。

高地性集落では淀川右岸の北摂《ほくせつ》平野の高槻市の古曾部《こそべ》・芝谷《しばたに》遺跡が山の斜面まで含めて五〇万平

方メートルに及ぶ広さで営まれており、香川県三豊《みとよ》市詫間町《たくまちょう》の紫雲出山《しうでやま》遺跡は瀬戸内海に突き出した半島上にあり、標高三五一メートルの山頂付近に集落が営まれ、大量の石鏃《せきぞく》が出土している。

環濠集落や高地性集落は基本的には王の国の拠点集落であり、その集落が他とは隔絶した存在を示す必要から、環濠を設け、立地を高地にしたのであろう。やがて他の王との争いが生じ、防御性が高まってゆくなか、戦争関連遺構・遺物なども多く出土している。

広く日本列島を見渡すと、北部九州から伊勢湾沿岸にかけての集落では発達した矢尻や殺傷された人骨、破損と修繕のなされた武器などの戦争に関わる可能性がある考古学的事実が指摘されているが、南九州から東海・南関東・北陸にかけては、戦争があったと考えられる考古学的事実を示す遺物や遺構は比較的少ないようである。時期と地域とによって、同じ弥生時代後期の遺跡が示す様相もずいぶん異なっていることがわかる。

そうした国はどのようにして生まれてきたのであろうか。邪馬台国では「男子を以て王となし住《とど》まること七・八十年、倭国乱れ、相攻伐《こうばつ》すること歴年、乃《すなわ》ち共に一女子を立てて王となす。名づけて卑弥呼《ひみこ》と曰ふ」とあり、内乱によって卑弥呼が女王に立てられ、弟が補佐にあたっていたという。

唐古・鍵遺跡（田原本町教育委員会提供）

卑弥呼が亡くなった後には、「男王を立てしも国中服せず。さらに相誅殺し、当時千余人を殺す。また卑弥呼の宗女の台与、年十三なるを立てて王となし、国中遂に定まる」と、男王を立てたものの再び国が乱れてしまい、卑弥呼の宗女の台与を女王に立ててようやく収まったという。女王の存在は特別なものではなく、何か事があれば女王を立てるのが基本であった。

二　国づくり神話

日本の史書はどう記しているのであろうか。その語るところは神話時代の物語であり、事実とは明らかに相違するのだが、国づくりがどのように考えられていたのかを探るのに、またそれが後にどう継承されていたのか、後世への影響を探る上で重要な手がかりを与えてくれる。

神話であるが故にその影響力は大きく、また神話としてよりも事実として受け止められてもいった。その史書の一つが、天武天皇が発意し元明《げんめい》天皇の和銅五年（七一二）正月二十八日に太安万侶《おおのやすまろ》が完成させた『古事記』である。その編まれる十年前に『大宝律令』が施行されており、八年後には『日本書紀』が完成を見ている。そうしたなかで生まれたのであるから『古事記』はまさに日本が律令体制国家へと動いてゆくなかで編まれた国の自叙伝といった趣がある。

古来の伝承を稗田阿礼《ひえだのあれ》に誦み習わせていたものを文字化したものといい、漢文ではなく、日本語によって日本の歴史を叙述しており、天皇を中心とした世界観を根拠づけている。律令制を形成するなかで成文法が定められ、文字によって制度や機構を運営しようという動きに連動して生まれてきた作品である。

上巻では神々の物語を語り、中巻では天皇の世界である天下の成り立ちを、下巻は天下の歴史物語を語るなど、まさに日本国の自叙伝であるが、そこに幾つかの国の成り立ちについての記述が見えるので、そこから国づくりがいかになされたのかを考える手がかりが得られる。

その上巻は悪行から高天原《たかまがはら》を追放されて葦原中国《あしはらのなかつくに》に下った速須佐之男命《はやすさのをのみこと》（スサノヲ）による国づくりの話が語られている。スサノヲが高天原を追われ出雲の肥《ひ》の河上《かわかみ》の鳥髪《とりかみ》に降りた時、箸《はし》が流れてきたので、人がいると思って訪ねてゆくと、国神《くにつかみ》である大山津見神《おおやまつみのかみ》の子足名椎《あしなづち》とその妻の手名椎《てなづち》、そして二人の子である櫛名田比売《くしなだひめ》らが泣いているのに出会った。

彼らの話を聞けば、娘が八人いたが、高志《こし》の八俣《やまた》ノヲロチが襲って来ては次々に娘が食われてしまっており、この娘もそうなるという。そこでスサノヲは櫛名田比売を妻とすることを約束させた後、酒を飲ませ酔って寝ていた八俣ノヲロチを倒し、その身から出てきた大刀《たち》を天照大神《あまてらすおおみかみ》に献上し、姫を娶《めと》って出雲の須賀《すが》の地に宮を置いたという。

ここに国づくりの原型が認められる。それは国の神の一族に王として迎えられた外来王というあり方である。その際に倒された八俣ノヲロチとは、いわばスサノヲのライバルであり、これを倒して国を掌中にしたのである。宮を造った時に詠んだ歌「八雲立つ　出雲八重垣　妻籠《ご》みに　八重垣

作る　その八重垣を」は国づくりの歌であった。

スサノヲは櫛名田比売との間に八島士奴美神《やしまじぬみのかみ》を儲けたが、ほかにも大山津見神の娘神大市比売《かむおおいちひめ》との間に大年神《おおとしのかみ》を儲けるなど多くの比売との間に子を儲け、そのうちの刺国大神《さしくにおおのかみ》の娘の刺国若比売《さしくにわかひめ》との間に儲けたのが大国主神《おおくにぬしのかみ》（オホクニヌシ）で、続いてこのオホオクニヌシの国づくりの物語が始まる。

大国主の国づくり

オホクニヌシこと大穴牟遅神《おおなむぢのかみ》には多くの兄弟（八十神《やそがみ》）がいて、彼らはともに稲羽《いなば》の八神比売《やかみひめ》に求婚しようと連れ立ち、稲羽国に出掛けて行ったが、八十神は大穴牟遅神に大きな袋を持たせ従者のように引き連れていったという。

その一行が気多《けた》の前《さき》までやって来たとき、丸裸になった兎が伏せっていたので、これを見た八十神が、海塩を浴び山の頂で強い風と日光に当たり横になるようにと教えたので、兎がその通りにしたところ、海塩が乾くにつれ体中の皮が裂けてきた。兎がその痛みに苦しんで泣き伏していると、最後にやってきた大穴牟遅神が、どうして泣いているのかと聞くと、これに兎は顚末《てんまつ》を語った。

隠岐《おき》の島にいてこの地に渡ろうと思ったが、渡る手段がなく、やむなく和邇《わに》たちを欺いて語りかけた。あなたたち一族と私たち一族を比べ、どちらの数が多いのか競争しようではないか、できるだけ同族を集めてきていただきたい、この島から気多の岬まで並んでくれたら、私がその上を踏んで走りながら数えて渡りましょう、と誘った。

するると和邇が集まって列をなしたので、その上を踏んで数えるふりをしながら渡り、今にも陸地に飛び降りようとした時に、私はついつい嬉しくなって、だまされたな、と言ってしまった。これを聞いて怒った最後の和邇に、私はたちまち捕らえられ、すっかり毛を剝《む》かれてしまったのです。そのため泣いて憂いていたところ、八十神が教えてくれたのでその通りにすると、この身がたちまち傷ついてしまいました。

兎のこの話を聞いた大穴牟遅神は、すぐに水門《みなと》に行って真水で体を洗い、その水門の蒲《がま》の穂をとって敷き散らし、その上を転がれば、膚はもとのように戻り、必ず癒えるであろう、と教えたので、兎がそうしたところ、体が元のようになったという。

この兎は稲羽《いなば》の素兎《しろうさぎ》といい、兎神ともいわれており、やがて体が回復すると、次のように予言したという。八十神は八神比売を絶対に得ることはできますまい、袋の中身を競っていてもあなたが手に入れるでしょう、と。その通り、八神比売は八十神に向かって、あなたたちの言うことは聞かない、大穴牟遅神と結婚する、と言ったという。

この物語をオホクニヌシの物語として見れば、力によって国を得たスサノヲとは違う、特別な能力により国を得た話となる。そのことからオホクニヌシが兎の傷を治した点に注目し、医療者としての能力を有する性格を見る見方が出されているが、稲羽の国の物語としてみたらどうなろうか。

因幡の国の継承

八神比売の婿取り物語として捉えなおしてみると、八十神がオホクニヌシに持たせた袋であるが、これには姫への結婚の婚資（貢物）が入っていたのであり、素兎の役割は姫の婿となる神がふさわしいかどうかを試験する役割を担わされていたと考えるべきであろう。

兎がその役割を担うことはヨーロッパでも兎が春の女神の使者としての役割を有し、また予言者としての性格を有し、さらに異界からの使者としての役割のあったことが参考になる。稲羽の兎も同じような性格を帯びていたものと考えられる。

兎はオホクニヌシが姫の婿となることを予言したが、兎の役割はそれだけではなかった。和邇との間で同族の数を比較して競い、隠岐から稲羽（因幡）に渡ったのは、和邇の数の調査、ひいては因幡の国内の豪族たちの実情の調査、あるいは隠岐から因幡にかけての境界領域の調査をも意味すると考えられる。

国の王として迎えるために、姫はその支配する因幡の国内を調査するように兎に命じたところ、調査の対象となった豪族たちからの反撃を受けたということであろう。稲羽の素兎の話は因幡の国づくりの物語であるとともに、その国の継承の物語でもあった。しかしここでもさらなる試練が待っていた。オホクニヌシは兄弟である八十神と戦わねばならなかったのである。スサノオが倒した八俣ノヲロチのようなライバルの存在を克服してゆく必要があった。

姫がオホオクニヌシと結婚すると言うや、兄たちは怒り出し、伯耆の手間《てま》の山《やま》の麓でオホオクニヌシを殺害してしまう。しかし母の願いによりオホオクニヌシは復活を遂げて、スサノヲのいた根《ねの》堅洲国《かたすくに》に赴いてその娘の須勢理毘売《すせりひめ》と結婚するなどして、幾つかの難関を克服した末、スサノヲから大刀や弓などの武具を与えられ、八十神を追い払ってオホクニヌシ神となり、宇都志国玉神《うつしくにたまのかみ》となって須勢理毘売を正妻となし国を造るよう命じられている。

稲羽の八神比売を妻としたオホクニヌシは、さらに越国《こしのくに》の沼河比売《ぬなかわひめ》との婚姻を目指して赴いたが、ここでは八千矛神《やちほこのかみ》という名で登場しており、家の戸の前で「八千矛の神の命《みこと》は八島国《やしまくに》妻まきかねて遠々《とほとほ》し高志の国に賢《さか》し女《め》をありと聞かして　麗《くわ》し女を有りと聞こして　さ呼ばひに有り立たし」と始まる歌を歌うや、内からも応じる歌があって、明くる日に結婚するに至ったという。これは越国の王とその国づくりの物語である。

三　大和の国づくり

国づくりと国譲り

国づくりを出雲でもオホクニヌシが行おうとしたが、独りでは不可能であると語ったところ、海面が光り輝くなか到来した神が、我をよく祭れ、倭の国の「青垣の東の山の上にいつきまつれ」（青々とした垣のように巡る山上に祭って仕えよ）と語ったという。これは大和御諸山《みもろやま》（三輪山《みわやま》）の上に鎮座するオホモノヌシの神であり、この神がやがて天孫降臨した日の神の子孫である神武天皇による大和の国づくりへとつながってゆくことになる。

　天照大神は葦原中国をわが子に治めさせたいと思って天菩比神《あめのほひのかみ》を派遣したが、降ったままになってしまい、天津国玉神《あまつくにたまのかみ》の子思金神《おもひかねのかみ》を遣わすと大国主神の娘を娶ったものの、復命してこない。このように種々行った末に建御雷命《たけみかづちのみこと》を派遣してオホオクニヌシに問いただした。すると子が了承すればそれに従うと答えたので、事代主神《ことしろぬしのかみ》と建御名方神《たけみなかたのかみ》の二人に聞いて了承を得、こうして国譲りがなったことを建御雷命が天照大神に告げた。

　天照大神から八尺《やさか》の勾玉、鏡、草薙《くさなぎ》の剣《つるぎ》を与えられ、天から降った神々のうちの天津日子番邇々《あまつひこほのにに》芸命《ぎのみこと》が、筑紫《ちくし》の日向《ひむか》の高千穂《たかちほ》の霊峰に降ったが、この地は韓国《からくに》（朝鮮半島）に向かい、「笠沙《かささ》」の前《さき》を通って朝日がまっすぐにさす国、夕日の照らす国であって、大変すばらしい土地であるという。

　その日の神の子孫である日向の高千穂宮にあった神倭伊波礼毘古命《かみやまといわれひこのみこと》（イワレヒコ）が、兄の五瀬《いつせの》命《みこと》とどこに行けば天下の政治を平安にすることができるかを協議して、東を目指すことになった。その目指したのがオホモノヌシの神が鎮座する大和である。

　日向から筑紫に向かい、豊国《とよのくに》を服属させて筑紫の岡田宮にあり、ついで安芸《あき》の多祁理宮《たけりのみや》や吉備《きび》の高島宮に滞在し、さらに東に向かい浪速の渡りを経て白肩津《しらかたのつ》に停泊し、この時に登美能那賀須泥毘《とみのながすねひ》古《こ》（ナガスネヒコ）と戦った。しかし兄が傷を負ってしまい、その兄が日の神の子として日に向かって戦うのはよくないので迂回するようにと語り、紀伊の男《を》の水門まで来たところで亡くなってしまう。

そこでイワレヒコは熊野に回って村に着いたところで、熊に出会って気を失ってしまう。しかし天照大神・高木神《たかぎのかみ》に命じられた建御雷命から、葦原中国を平定する時に使った大刀を与えられて、これを切り抜けると、その後は高木神から与えられた八咫烏《やたがらす》の導きによって吉野河に出て、山坂を踏みうがって越え、宇陀《うだ》に出た。こうして最後にはナガスネヒコを討ち、乱暴な神たちを平定し、服従しない者どもを追い払って、畝傍《うねび》の橿原《かしはら》の宮に来て天下を治めたという。これが神武天皇の「東征」の物語である。

神武天皇の物語

イワレヒコは日向では阿多《あた》の小椅《おばし》の君の妹のアヒラヒメを娶っていたのだが、さらに皇后となるべき嬢子《おとめ》を求めた。すると神の御子と伝える嬢子、三嶋《みしま》のミゾクヒの娘のセヤダタラヒメの子が候補にあがった。

セヤダタラヒメはたいへん美しかったので、三輪のオホモノヌシが、その姫が厠《かわや》にいる時を狙い、赤く塗った矢に姿を変えその河から流れついた。姫は驚いてその矢を持って床の辺《べ》に置いたところ、矢はたちまち美しい男に変身し、その姫が結婚して生んだのがヒメタタライスケヨリヒメであり、そのヒメとイワレヒコとが結婚したのである。

ここに登場するオホモノヌシとは、オホクニヌシの別名、分身であって、ここでの神武天皇の大和の国づくりは、オホクニヌシの国づくりの方法に倣ったことになる。すなわち大和の国づくりは、オホクニヌシが先鞭をつけ、それを天孫の子孫である神武天皇が継承し、支配を行うようになったというのが、話の骨子である。

神武天皇の大和の国づくりをさらに詳しく語るのが『日本書紀』であり、次にこれを見ておこう。『日本書紀』は養老四年（七二〇）に舎人《とねり》親王が勅を承って奏上した「日本紀《にほんぎ》」三十巻、系図一巻であり（『続日本紀』）、以前から何度かあった修史事業の決定版であって、国家統治の正統性を示す性格のものである。

最初の二巻は神代を記述し、以下の人皇巻は天皇の代々の歴史を描く。神武天皇紀はその巻三にあてられており、文章は『古事記』とは異なって正格の漢文で記され、本格的な修史を目指して作成されたものとわかる。

日向の高千穂宮にあった神日本磐余彦《かむやまといわれひこ》天皇（イワレヒコ）は、兄や皇子を集め次のことを語った。天孫降臨以来、多くの年月を経てきたが、我らは未だに西辺にあって全土が王化されていない。東には美しい土地があり、青い山々が四周を取り囲んでいるその地には、天から饒速日命《にぎはやひのみこと》が下っていると聞いている。その地こそ大業を広げ、天下を治めるにふさわしく、そこを都とすべきである。こう宣言すると皆がこれに同意し、東の大和の地を目指すことになった。日向を船で出て宇佐に至り、宇佐津彦・宇佐津姫の宮に招かれた時にはその姫に侍臣の天種子命《あめのたねのみこと》を娶《めあ》わせている。続いて筑紫《ちくし》の崗之水門《おかのみなと》を経て安芸の埃宮《えのみや》に入り、その後は吉備国に入って高島宮の行宮をつくり、船と兵糧を蓄えた船団を出し、速吸之門《はやすいのと》に来て国津神の珍彦《うずひこ》を水先案内として浪速国に至った。

別伝から見た「東征」

河内から入って龍田へ進軍したところ、道が険阻なために先に進めないので、軍を東に向け生駒山を経て中州に入ろうとしたのだが、この地を支配する長髄彦《ながすねひこ》（ナガスネヒコ）と孔舎衛坂《くさえざか》で戦うところとなり、苦戦した末、兄の五瀬命《いつせのみこと》が流れ矢を受けて負傷して撤退、兄は矢傷が重くなって紀伊国の竈山《かまやま》で死去してしまう。

そこで日に向かって戦うことを止め、天の意思に沿って南の熊野を経て北に向かって戦おうとすると、その苦難のイワレヒコを救ったのが天照大御神である。東征がはかばかしくないことを憂え、武甕槌神《たけみかづちのかみ》に相談して、霊剣を授けたり、八咫烏を送って導かせたりしてイワレヒコを支援した。ナガスネヒコとの決戦においてもなかなか勝てなかったが、天が曇り、雹《ひょう》が降ってきて、そこに鵄《とび》が現れてイワレヒコの弓の先に止まるや、電撃のような金色の煌《きらめ》きを発し、ナガスネヒコの軍が混乱したので攻めると、これを見届けた饒速日命がナガスネヒコを殺して降伏したという。

ここで注目したいのは、大和には同じ天孫降臨の身である饒速日命が支配しており、それに仕えるナガスネヒコと戦って大和の盟主となった点である。どうしてイワレヒコが勝利を収めたのか。

イワレヒコを天照大御神が助けたのは、大業を広げ天下を治める使命を与えていたからであって、イワレヒコはライバルを倒し、大和の国を支配するようになったのであり、それはスサノヲと同じような国づくりの方法だったことがわかる。

ナガスネヒコと戦うまでのイワレヒコは、日向からの浪速までの東上において武力を全く用いておらず、イワレヒコの「東征」とは、西の国の文化を摂取する旅である。西の各地で育まれていた文化が大和に流れこんでくることを象徴的に語ったものであり、イワレヒコは西の文化を吸収し、大和の南の熊野や吉野の住む人々を武力で従えたことによって大和の盟主となったのである。

イワレヒコは国見岳で八十梟帥《やそたける》を討ち、磯城《しき》に攻め入って征服すると、さらに高尾張邑《たかおわりのむら》の土蜘蛛《つちぐも》を捕らえ殺して中州を平定し、畝傍山の東南の橿原の地を都に定め、美和《みわ》の大物主の娘を正妃となし、橿原宮で践祚《せんそ》し、始馭天下之天皇《はつくにしらすすめらみこと》と称したという。

この大和の国を治めるために、神武天皇は功があった道臣命《みちおみのみこと》に築坂邑《つきさかのむら》を与え、大来目《おおくめ》には畝傍山の西に居住させ、椎根津彦《しいねつひこ》を倭国造《やまとのくにのみやつこ》に、弟猾《おとうかし》を猛田邑《たけだむら》の県主《あがたぬし》、弟磯城《おとしき》を磯城の県主に任じ、また高皇産霊尊《たかみむすびのみこと》の子孫の剣根《つるぎね》を葛城国造《かずらきのくにのみやつこ》に任じたという。もちろん国造や県主などがこの時に任じられたわけではないが、大和の国の支配の原型がこの時に定まったことを語っている。ついで天下を平定し海内の無事を詔し、鳥見《とみ》に皇祖天神を祀り、巡幸して腋上《わきがみ》の丘に登ったところ、地形が蜻蛉《とんぼ》（秋津《あきづ》）の尾に似ていたことから、その地を秋津洲《あきづしま》と命名したという。

四　外来の王

継体朝と光仁朝

一世紀から三世紀にかけての時代に誕生した王たちは、卑弥呼やその跡を継いだ台与に見られるような女王であったり、オオクニヌシや神武天皇に見られるような外来の王であったりしたが、こうした王に対する考え方はその後の日本の歴史を通じて広く認められるもので、王のあり方を基底することになった。

たとえば六世紀の継体《けいたい》天皇の皇位継承についても同様である。武烈《ぶれつ》天皇に皇嗣《こうし》なく、後嗣を定めずに亡くなったため、大連《おおむらじ》の大伴金村《おおとものかなむら》、物部麁鹿火《もののべのあらかひ》、大臣《おおおみ》の巨勢男人《こせのおひと》らが協議し、王位継承者を探した。まず丹波国《たんばのくに》にいた仲哀《ちゅうあい》天皇五世の孫にあたる倭彦王《やまとひこのおおきみ》を王に迎えようとしたが、倭彦王は迎えの兵士を見て恐れをなし、山の中に隠れて行方不明となってしまった。

次に越前《えちぜん》にいた応神天皇五世の孫である男大迹王《をほどのおおきみ》を迎えようとした。男大迹王も心中に疑いを抱き、河内馬飼首荒籠《かわちのうまかいのおびとあらこ》に使いを出し、大連や大臣の本意を確かめた後に決心すると、翌年、河内国樟《くず》葉宮《はのみや》において即位し、武烈天皇の姉妹にあたる手白香皇女《たしらかのひめみこ》を皇后とした、という。

継体天皇は第一の候補ではなく、二番手として選ばれたものであって、手白香皇女の夫として王に迎えられたことがわかる。重要なのは手白香皇女の存在であり、その皇女を皇后とすることにより王となったのである。継体天皇が征服王朝を築いたという見解があるが、そうではなく畿内の豪族たちに擁立された王であった。

この外来王という性格はその後にも認められる。神護景雲《じんごけいうん》四年（七七〇）八月に称徳天皇が亡くなると、天皇には皇子がおらず、また兄弟もいなかったことから群臣が集まって評議した。吉備真備《きびのまきび》が天武天皇系の長《なが》親王の子文室浄三《ふんやのきよみ》やその弟大市《おおち》を推したのに対し、藤原永手《ながて》・宿奈麻呂《すくなまろ》・百川《ももかわ》らは天智天皇の孫で施基《しき》皇子の子白壁王《しらかべのおおきみ》を推した。その時に永手らが白壁王を指名する称徳天皇の遺詔を読んだことから、白壁王が即日に皇太子となった。

宝亀元年（七七〇）十月に白壁王は即位したが、白壁王は称徳天皇の異母妹・井上《いのうえ》内親王を妻としていたのであって、この井上内親王の夫であることが決め手となって皇位に即《つ》いたのである。光仁朝の始まりであり、即位後に井上内親王を皇后に、儲けていた皇子の他戸《おさべ》親王を皇太子となした。

その後は外来王が位に即くことは絶えてしまうのだが、このことに大きな影響を与えたのが摂関政治の成立である。摂政・関白が天皇を支える体制が成立したことにともない、皇位継承が安定をみたのである。では外来王の国づくりの思潮が全く失われたのかといえば決してそうではない。形を変えて様々な場に認められる。

外来王の思潮

『今昔物語集』二十六巻八話の「飛驒国《ひだのくに》の猿神、生贄《いけにえ》を止めし語《ものがたり》」にはこう見える。仏道を行とする僧が飛驒の山野に分け入っているうちに深山で道に迷ったが、迎えられた豊かな家で手厚くもてなされた末、その家の娘を妻とするところとなったが、実はその娘は猿神の生贄にされようとしていたのであった。

そこで僧はその神の正体をあばき、猿神をこらしめたことから、やがて「郷の長者」として崇められてゆき、郷の人々を進退《しんだい》し仕えさせることになったという。国というにはまことに小さな単位であるが、思潮という面から見れば同工異曲と評価できよう。

同じ『今昔物語集』二六巻の十七話は、利仁《としひと》将軍が摂関家に仕える五位を越前の敦賀に連れ出し歓待したという話であり、芥川龍之介の小説『芋粥《いもがゆ》』の素材とされたが、利仁はその家の主人である有仁の娘婿であって、これも越前の豪族にいわば外来王として迎えられたのであった。

さらに十二世紀に入ると、都から源氏の貴種を迎え、武士が家を興そうとした例が多く認められる。上総《かずさ》の平氏に迎えられた源氏の源義朝は、その地で成長し「上総の曹司《ぞうし》」と呼ばれたが、やがて相模《さがみ》の三浦氏に迎えられて悪源太義平を儲けると、義平は武蔵《むさし》の秩父氏に迎えられた叔父源義賢を武蔵の大蔵で討つところとなり、その義賢の遺児が木曾《きそ》で成長したのが木曾義仲であった。

このように外来王の思潮は村や家の形成の面で広く認められるのであり、その典型と言えるのが鎌倉幕府を形成した源頼朝の場合である。義朝が尾張《おわり》の熱田大宮司の娘との間に儲けたのが頼朝であり、都で成長するなか、平治の乱により伊豆に流された。その頼朝の伊豆での動きを記している『曾我物語』によれば、頼朝は伊豆の在庁官人である伊東祐親《すけちか》の娘との間に子をなしたことから、同じ伊豆の在庁官人である北条時政の許に逃れ、やがてその娘の政子と結婚するに至ったという。

武家政権の形成

伊豆の源頼朝もそのままならば伊豆で一生を終えたことであろうが、平清盛が後白河法皇を鳥羽殿に押し込め安徳天皇を即位させたことから、即位の可能性の遠のいた法皇の皇子である以仁王《もちひとおう》が源頼政から平氏を討つように勧められ挙兵したことから、ここに以仁王の乱が起き事情が一変した。平氏を討てという以仁王の令旨《りょうじ》が出され、これが頼朝の叔父行家により伊豆の北条館にもたらされた。この令旨が源頼朝・北条時政の手によって開かれたことから幕府が形成されたと『吾妻鏡《あづまかがみ》』は考えたのであろう。その治承四年（一一八〇）四月二十七日条にはこう見える。

高倉宮の令旨、今日、前武衛の伊豆国北条館に到着す。（中略）北条四郎時政主《ぬし》は当国の豪傑なり。武衛を以て婿君となし、専ら無二忠節を顕す。これに因り最前、彼の主を招き、令旨を披《ひら》かしめ給ふ。

令旨に象徴される朝廷の権威と、頼朝という武士の長者という貴種性、さらに時政に代表される東国の武士団の実力、これら三つの結びつきによって幕府が始まったと『吾妻鏡』は見ているが、この結びつきには頼朝と政子との婚姻が極めて重要な意味をもっていたことがわかる。

事態の急変に応じて頼朝は決断して「累代の御家人」を動員して挙兵すると、初戦で山木兼隆を血祭りにあげた後、政子を伊豆山の文陽房覚淵《もんようぼうかくえん》の坊に預け、世上が落ち着くまで潜んでいるように伝え、伊豆を出て相模の三浦氏との合流に向かった。その途中の石橋山の戦いには敗れこそしたが、房総半島に落ち延び巻き返しが始まった。

下総《しもうさ》の千葉常胤《つねたね》からの進言によって、「要害の地」であり、「御嚢跡《ごのうせき》」(先祖の跡地)である鎌倉を本拠地となし武家政権を築くに至る。富士川の合戦で勝利しすぐに上洛を考えたのだが、東国の豪族に引き留められ、鎌倉に基盤を据えて幕府を形成するところとなった。伊豆山に匿われていた政子が鎌倉に迎えられたが、日柄がよくないので鎌倉の境界の地である稲瀬川の東に一泊し、翌十月十一日に鎌倉に入っている。

この政子の鎌倉入りとともに鎌倉の武家政権の世界は開かれたのであり、鎌倉幕府は頼朝と政子の夫婦によってつくられたのである。まさに頼朝は外来王として迎えられ、武家政権を形成したわけである。承久元年(一二一九)に頼朝の子実朝が甥の公暁《くぎょう》に殺害される事件がおきると、御家人たちは連署して都から将軍を迎えたが、その妻は頼家の娘の竹御所であった。外来王の思潮は脈々と流れていたことになる。

2 統合の仕掛け

『日本書紀』と『宋書』倭国伝

一　統治の構造

古墳時代をどう読むか

西暦二六六年、倭《わ》の女王が西晋《せいしん》の武帝に使者を派遣して朝貢したと『晋書《しんじょ》』武帝紀にある。しかし、その内容がどんなものか明らかでなく、その後の記事もない。ただこの時期の前後から日本列島では前方後円墳の時代が始まる。

三世紀後半から奈良盆地の纏向《まきむく》や吉備《きび》の津寺《つでら》・加茂《かも》、筑紫《つくし》の比恵《ひえ》・那珂《なか》などの集落に各地から土器が運ばれてきており、それとともに奈良盆地では箸墓・西殿塚・桜井茶臼山・メスリ山古墳など墳丘の長さ二〇〇メートルを超える古墳が続々と築かれるようになった。

列島に広く分布する前方後円墳は、同じような形をとり、どの方向からも仰がれるように高く造られている点で王墓としての特徴をよく備えている。頂上が平坦に造られ、裾部から頂まで高く造られ、その斜面は二五度以上の急勾配をなし、築造時には葺き石が敷かれて、登ることができないようになっている。大型の前方後円墳の周りには小型の前方後円墳や円墳・方墳などが造られていることが多い。

こうした特徴をもつ前方後円墳の広がった時代は、三世紀から四世紀にかけての前期、四世紀から五世紀にかけての中期、五世紀後半から六世紀にかけての後期の三期からなるが、この時代、大陸では秦《しん》・漢《かん》帝国という巨大コスモスが滅んで、その周辺にミクロコスモスが生まれていた。同じ時期に高句麗《こうくり》をはじめとして朝鮮半島でも特徴的な大型墳墓が成立しており、日本列島でもそのミクロコスモスの形成へと動いていたのである。

前方後円墳の特徴は様々に考えられるが、まずは王墓として築かれた点があげられよう。『魏志《ぎし》』倭人伝は、卑弥呼《ひみこ》が亡くなった時、「大いなる冢《つか》を作る。径《けい》百余歩、徇葬《じゅんそう》する者、奴婢百余人」と、王墓が築かれたことを記している。墳墓には始原としての権力がそこに表現されていた。こうした王の存在がやがてその後の大王・天皇へとつながる王権のあり方を基底することになる。

いっぽうそれは地域の人々が見上げる形での地域統合をも物語るものであって、同じような権力との交流を経ながら、地域に蓄積された力をまとめる権力がつくりあげられてゆき、しだいに地域的権力から統一的権力へと向かうことになったのである。すなわち前方後円墳には地域統合のシンボルと王の力の誇示という二面の性格があった。

また各地の前方後円墳は、同じ地域に連続して造られていることが多く、そこからは氏の流れが形成されていたことがうかがえる。

氏の形成

上毛野氏《かみつけのうじ》の本拠地である群馬県の古墳を見てみよう。前橋市に所在する前橋八幡山古墳と前橋天神山古墳はともに四世紀に築造され、墳丘長が一三〇メートルに及び、後者からは中国伝来の舶載《はくさい》鏡《きょう》が四面出土している。五世紀初頭になると、その南西一〇キロほどの高崎市の倉賀野《くらがの》地域に拠点が移ったと見え、墳丘長が一七五メートルの浅間山《せんげんやま》古墳が、さらに東三〇キロの太田市には東日本最大規模の墳丘長二一〇メートルの太田天神山古墳が五世紀中葉に築かれている。

このように数多くの古墳が築かれているのだが、『日本書紀』は、崇神《すじん》紀四十八年（以下、『日本書紀』からの引用は天皇の名に「紀」をつけて記す）に崇神天皇の皇子豊城入彦命《とよきいりひこのみこと》が東国統治を命じられ、「上毛野君・下毛野君の祖」になったと記す。垂仁《すいにん》紀五年には、八綱田《やつなた》が命を受けて狭穂彦《さほひこ》を討ち、「倭日向武日向彦八綱田《やまとひむかたけひむかひこやつなた》」の名を与えられたとあるが、八綱田は『新撰姓氏録《しんせんしょうじろく》』によれば豊城入彦命の子という。

続いて景行《けいこう》紀五十五年、豊城入彦命の孫の彦狭島王《ひこさしまおう》が東山道一五か国の都督に任じられたが、途中の春日《かすが》の穴咋邑《あなくひのむら》で没したため上野国《こうずけのくに》に葬られ、代わって彦狭島王の子の御諸別王《みもろわけのおう》が景行紀五十六年に蝦夷《えみし》を討ったとある。さらに安閑《あんかん》紀元年には武蔵の笠原直使主《かさはらのあたいおみ》と笠原直小杵《おき》の内紛が起きた際に、上毛野君小熊《かみつけのきみおぐま》が小杵から援助を求められたと見える。これらがどこまで事実を伝えているのかは検討を要するが、氏の系譜が生まれていたことは確かであろう。

埼玉県の埼玉《さきたま》古墳群の稲荷山《いなりやま》古墳の後円部から出土した鉄剣の銘文には、辛亥《しんがい》年（四七一）に「ヲワケの臣」が代々にわたって宮廷に「杖刀人《じょうとうじん》の首《かしら》」となって奉仕していたことが記されている。その代々について、上祖のオホヒコ、その児、タカリのスクネ、その児、テヨカリワケ、その児、タカヒ（ハ）シワケ、その児、タサキワケ、その児、ハテヒである、とあり、児、児とつながってはいても、どのような関係のつながりかは明らかではないものの、その名からすれば、ヒコ、スクネ、ワケの三つの段階があったことがわかる。

大和では、磯城《しき》古墳群の近くで物部《もののべ》氏が、馬見《うまみ》古墳群の近くで葛城《かつらぎ》氏が、桜井茶臼山古墳、メスリ山古墳群の近くで阿倍氏が勢力を広げていたことがわかっている。この大和における王統形成の動きを詳しく語っているのが『古事記』『日本書紀』に見える神武天皇に始まる大和王権の形成の物語であったが、九世紀に編まれた『新撰姓氏録』は、京および畿内に住む一一八二氏をその出自によって「皇別」・「神別」・「諸蕃」に分類してその祖先を明らかにするとともに、氏名の由来や分岐の様子などを記している。

その筆頭にあげられている「皇別」とは神武天皇以降に、天皇から分かれた氏族のことである。そこで次に天皇の氏の物語を『日本書紀』の叙述に沿って見てゆこう。

大和王権の物語

神武天皇から第九代の開化天皇に至るまでは、宮が大和に置かれ、陵墓も大和に存在していたとはあっても、神武を除いてその事績がほとんど記されていない。基本的に大和の王として君臨し、王統が父系で継承されていることを示そうとしたのであろう。いわば天孫氏の系統が大和の王としての地位を占めることになったことを語っている。

大きな変化は崇神天皇の治世であって、極めて多くのことがここから語られている。崇神天皇は宮を大和の三輪山西麓の磯城《しき》に瑞籬宮《みずかきのみや》を築くと、崇神紀四年十月に次のように宣言した。

> 今し朕《われ》、大運を奉承《うけたまは》り、黎元《おほみたから》を愛《めぐ》み育《やしな》ふ。いかにしてか、つひに皇祖《みおや》の跡にしたがひ、永く窮《きはま》り無き祚《あまつひつぎ》を保たむ、其れ群卿《まへつきみたち》・百僚《もものつかさたち》、いましが忠貞をつくし、共に天下《あめのした》を安《やす》みせむこと、亦よからずや。

天皇は群卿や百僚を召し、皇祖の跡を継承したことを語って、天下安泰のために共に努力するよう求めたという。天皇を支える群卿の存在に初めて触れている点が注目される。天皇は群卿とともに天下を安寧に保ちたいと宣言したのである。崇神紀十年七月条ではその群卿に次のように命じている。

> 民を導く本は、教化《おしえおもぶ》くるに在り。今し既に神祇を礼《ゐやま》ひて、災害《わざわひ》皆つきぬ。然《しか》れども、遠荒《とおきくに》の人等、猶し正朔《せいさく》を受けず、是未だ王化に習はざるのみ。其れ群卿を選びて四方に遣し、朕《われ》が憲《のり》を知らしめよ。

民を導き教化するためには王化を進める必要があるとして、群卿のなかから使者を選んで四方に派遣し、従わぬ者がいたならば兵をもって討つよう指示したのである。九月に北陸道に大彦命《おほひこのみこと》、東海道に武渟川別命《たけぬなかはわけのみこと》、「西道」(山陽道)に吉備津彦命《きびつひこのみこと》、「丹波」(山陰道)に丹波道主命《たにはのみちぬしのみこと》ら四道将軍の派遣を命じている。

その後、孝元天皇の皇子武埴安彦《たけはにやすひこ》の謀叛があったために出発が遅れたが、畿内が平穏になった段階で再出発し、翌年に地方の賊軍を平定して帰参したという。ただこの四道将軍による諸国平定に関しては具体的な記事が一つもなく、平和的な文化交流を意味するものと考えられる。

崇神紀五、六年に疫病が国内に流行し、背く者が現れたので、疫病を鎮めるために宮中で祀っていた天照大神と倭大国魂神《やまとのおおくにたまのかみ》を外に移して祀ることとし、天照大神を豊鍬入姫命《とよすきいりひめのみこと》に託して笠縫邑《かさぬいのむら》で祀らせ、さらに倭大国魂神については渟名城入媛命《ぬなきいりひめのみこと》に託し長岡岬《ながおかみさき》で祀らせたが、全身がすっかり衰えていたため、長尾市宿禰《ながおちのすくね》に命じた(垂仁紀二十五年条)。

かつて神武天皇が大物主神の娘を后として大和支配の基礎を築いたのを受ける形で、崇神天皇はその二神をきちんと祀る体制を整えたわけであり、さらに大和の各地の神を祀る体制をも整えていった。天皇は政治の中心にあるとともに、神祇の主宰者としても臨むようになったことを語っている。

二　倭国平定の物語

画期としての崇神・垂仁天皇

大和国内の支配を固めた崇神天皇は、崇神紀十二年には戸口を調査、課役を賦課し、倭国全体の支配へと進んでいったことから、『日本書紀』は、初めて天下が平穏になったとして「御肇国天皇《はつくにしらすすめらみこと》」と褒め称えられたといい、『古事記』は、天下を統一して人民に平和で豊かな生活をもたらしたのでその御世を称え、初めて国を治めたという意味から「所知初国之御真木天皇《はつくにしらすみまきのすめらみこと》」と称されたという。

崇神紀四十八年、豊城命《とよきのみこと》（豊城入彦命）と活目命《いくめのみこと》（垂仁天皇）を呼んで、弟の活目命を皇太子となし、豊城命には東国を治めさせて治世の充実をはかるなか、飯入根《いいいりね》が出雲の神宝を献上してきてその治世の効果が現れたとしている。崇神紀六十五年には任那国《みまなこく》が蘇那曷叱知《そなかしち》を派遣して朝貢してきたと語り、この時期から朝鮮半島との交流が記されるようになるが、これが『日本書紀』における任那国の初見である。

このような崇神天皇の治世を受けたのが、崇神天皇の第二子の垂仁天皇で、夢の標《しる》しによって立てられたという。垂仁天皇は纏向《まきむく》に遷都すると、垂仁紀二年に蘇那曷叱知が帰国するにあたり、その国を「任那」と命名し赤絹を与えたところ、これを新羅《しらぎ》の人が奪ったため新羅と任那の対立が始まったという。任那は倭国からの呼称であり、その実態は明らかではない。

垂仁天皇の治世で目立つのは、渡来人伝説や出雲の野見宿禰《のみのすくね》が大和の当麻蹴速《たいまのけはや》と相撲をとって蹴殺したという相撲節会《すまいのせちえ》の起源説話、皇后となった日葉酢媛《ひばすひめ》が亡くなった際に野見宿禰の進言によって殉死の風俗に替え、埴輪を埋納したという埴輪の起源説話など、後世につながる風俗の起源説話の多い点である。

埴輪に関しては、『古事記』にも「石祝《いしき》作りを定め、土師部《はじべ》を定めたまいき」とあり、石棺を作る部民《べみん》や赤土で種々の器を作る部民を定めたとあって、これは前方後円墳の時代によく対応している。

垂仁紀二十五年には天照大神の祭祀を皇女の倭姫命《やまとひめのみこと》に託したところ、命は近江から美濃を経て伊勢に入り、そこに伊勢神宮を建て、斎宮を五十鈴川のほとりに建てたという。二十七年には諸社に武器を献納し、神地・神戸を定め、大和の来目邑《くめむら》に初めて屯倉《みやけ》を設け、河内国の高石池や茅渟《ちぬ》池を造ったのをはじめとして、諸国に多くの池溝を開いて農業を盛んにしたと伝えるなど、仁政に尽くしたとされる。

三十年には大和の石上《いそのかみ》神宮を物部氏に管理させたという伝承や、九十九年に亡くなった天皇の陵を守る三宅氏の始祖について載せるなど、崇神・垂仁紀には大和王権の基礎が大いに整えられたことが語られている。

倭国の「平定」へ

神武天皇に始まる歴史物語には、天皇自身が積極的に各地に向かった記事はないのだが、垂仁天皇の第三子である景行《けいこう》天皇の代になると、全国平定に向けて積極的に動いたことを語っている。

その最初は景行紀三年の紀伊国への行幸で、四年には美濃国に行幸し泳宮《くくりのみや》に滞在した時、八坂入媛命《やさかのいりひめのみこと》を妃となし、十二年に九州で熊襲《くまそ》が背くと聞くや、これを討つべく天皇自ら西下したという。

この九州への征討にあたり、周防《すおう》国の娑麼《さば》で神夏磯媛《かむなつそひめ》から賊徒の情報を得たのでこれを攻めて滅ぼし、筑紫に入っては豊前の京都《みやこ》郡に行宮《あんぐう》を設け、豊後の碩田《おほきた》において土蜘蛛《つちぐも》を誅し、日向国に入ると熊襲梟帥《くまそたける》をその娘に殺させ、翌年夏に熊襲の平定を遂げて日向高屋宮《ひむかのたかやのみや》に留まったという。

ここに六年間滞在するなか、火国《ひのくに》の国造や日向の国造を定め、子湯県《こゆのあがた》に赴いた時には望郷の歌を詠み、ついで熊県《くまのあがた》や葦北《あしきた》を経て火国に入り、高来県《たかくのあがた》・阿蘇国・筑紫の御木《みけ》、八女《やめ》を経て的邑《いくはのむら》を巡って大和に戻っている。

続いて東方に武内宿禰《たけのうちのすくね》を遣わして北陸・東方諸国を視察させたところ、熊襲が再叛したということから、二十七年に皇子の日本武尊《やまとたけるのみこと》を遣わして熊襲の征討にあたらせると、日本武尊は川上梟帥《かわかみのたける》を謀殺して翌年に復命している。四十年には東の蝦夷が叛いたことから、その征討も日本武尊を向けることとし、天皇は皇子を呼び出し美濃国を与え、斧《おの》と鉞《まさかり》を授けて赴かせた。

日本武尊は伊勢神宮に参って叔母の倭姫命から草薙の剣を授かり、東に向かって駿河《するが》に赴いた時、賊に狩りに誘われて野で焼かれそうになったのだが、燧《ひうち》をとりだし迎え火により焼き殺した。これが焼津の名の起こりという。さらに相模《さがみ》から上総に渡る時に暴風に見舞われたものの、弟橘媛《おとたちばなひめ》が人身御供になって暴風は鎮まった。

陸奥国《みちのくのくに》に入ったが、戦わずして蝦夷を平定し、日高見国《ひたかみのくに》から常陸《ひたち》を経て甲斐国《かいのくに》の酒折宮《さかおりのみや》にやってきたところで、歌をもって伴人《ともびと》に日数を尋ねたところ、灯火番の人が次のように唱和したという。

新治筑波《にひばり》を過ぎて　幾夜かねつる

かがなべて夜には九夜　日には十日を

こうして信濃国《しなののくに》を経て尾張国《おわりのくに》に戻り、その後は近江国《おうみのくに》へ出向いたところで、胆吹山《いぶきやま》の荒神に祟られて身体が不調に陥り、そのまま伊勢国《いせのくに》に入ったのだが、能褒野《のぼの》で病により亡くなってしまう。『古事記』は亡くなる前に次の望郷の歌を詠ったと記す。

倭は　国のまほろば　たたなづく　青垣　山籠れる　倭し麗し

命の　全《また》けむ人は　畳薦《たたみこも》　平群《へぐり》の山の　熊白檮《くまかし》が葉を　髻華《うづ》に挿せ　その子

日本武尊は白鳥陵《しらとりのみささぎ》に葬られた際、八尋《やひろ》の白鳥となって天に翔け上がったという。崇神天皇による四道将軍の派遣に始まる諸国平定の話は、この日本武尊の武力征圧によって完成を見たことになる。いわば日本武尊は景行天皇の分身であり、その話を英雄時代として語ったのである。

「三韓征伐」の伝承

成務《せいむ》天皇は景行天皇の第四皇子であるが、景行紀五十一年に天皇が正月の宴に群卿を招いた時にこの皇子と武内宿禰だけがやって来なかった。理由を尋ねたところ、門下にあって非常事態に備えていたと答えたので、天皇はそれを称えやがて皇太子としたという。

成務天皇は武内宿禰を大臣となし、諸国の行政区画として国郡《くにこおり》・県邑《あがたむら》を定め、それぞれに造長《みやつこおさ》・稲置《いなぎ》を任命し国県を分かち、南北東西の道に随って邑里を定め、地方行政機構の整備を図ったので、ここに人民は安住し、天下は太平になったという。『先代旧事本紀《せんだいくじほんぎ》』の「国造本紀《こくぞうほんぎ》」に載せる国造の半数が、その設置時期を成務朝であったと伝えている。

天皇を直接に補佐する臣として大臣（「棟梁《とうりょう》の臣」）の存在が記されているが、大臣は群卿のなかから選ばれ天皇を後見し、天皇と群卿をつなぐ存在として後に登場するものであって、その存在を遡らせて武内宿禰に仮託したのであって、いうまでもなく実在は疑わしい。

続く仲哀《ちゅうあい》天皇は日本武尊の子で、成務天皇に子がいなかったために位に即くと、気長足姫尊《おきながたらしひめのみこと》を皇后（神功《じんぐう》皇后）となし、熊襲討伐に向けて皇后とともに筑紫に赴いたところが、神懸りをした皇后から、西海の宝の国（新羅）を授けるようにという神託が伝えられた。ところが天皇はそれを信じず神を非難したため、神の怒りに触れて亡くなってしまう。

神功皇后はすぐに都に帰らず、九州の勢力を鎮めた後、住吉大神の神託によって子（のちの応神天皇）を妊娠したまま筑紫から玄界灘を渡って朝鮮半島に出兵し、新羅の国を攻めたところ、新羅は戦わずに降服して朝貢を誓い、高句麗《こうくり》や百済《くだら》も朝貢を約したという。いわゆる「三韓征伐」の伝承である。

この神功皇后の伝説は危機を救う女王の伝承から生まれたものであり、後世になると、女王の出兵の部分は消え、朝鮮出兵の先蹤《せんしょう》とされ、モンゴル襲来時には高麗《こうらい》派兵の動きが起きたり、豊臣秀吉の朝鮮出兵が行われたりしたのであった。

神功皇后が畿内に帰ると、皇子（応神天皇）に対し異母兄である香坂《かごさか》皇子や忍熊《おしくま》皇子が反乱を起こして戦いを挑んできたが、武内宿禰や武振熊命《たけふるくまのみこと》の働きによりこれを平定したという。皇后紀三年に皇子を皇太子となし六十九年に亡くなると、その跡は応神天皇が継いでいる。

『日本書紀』は神功皇后を巻九に立項しているが、『古事記』は立項しておらず仲哀天皇紀の中に記し、神宮皇后を天皇と扱ってはいない。外征中であったことや、景行天皇からの譲位の意思が明らかでなく、群卿からの推薦もなかったと見たのであろう。だが、『新唐書』列伝の東夷倭日本には「仲哀死以開化曾孫女神功爲王」、『宋史』の列伝日本国にも「次神功天皇 開化天皇之曾孫女 又謂之息長足姫天皇」とあって、天皇として扱っている。

外交の動き

『日本書紀』の記述から史実を探るのはとても難しいが、当時の遺品や遺物からも多少はうかがえる。天理市の石上神宮に古くから伝えられてきた神宝の七支刀《しちしとう》がそれである。

これは鍛造両刃づくりで長さが約七五センチ、身の両側に互い違いに小枝を三本派生させる特異な形をとり、両面に金象嵌《きんぞうがん》の銘文が刻まれている。次のように、その銘文は刀の表に製作年代とその干支、品名、吉祥句、作者の名を記し、裏にいかなる目的で造られたのかを記している。

（表）泰和四年五月十六日丙午正陽、造百練鉄七支刀、□辟百兵、宜供供侯王□□□□

〔泰和四年五月丙午の正午、よく鍛えた鉄で七支刀を造った。これで多くの災厄を避けることができ、侯王が持つにふさわしい。〕

（裏）先世以未有此刀、百済王世子奇生聖音故為倭王旨造伝示後世

〔先世以来、このような立派な刀はなかったが、百済王の世子奇生が倭王のためにわざわざ造ったものである。後世まで伝え示されたい。〕

泰和四年とは中国東晋の太和四年（三六九）と考えられ、『日本書紀』神功紀五十二年条に百済の肖古王《しょうこおう》からの貢納の一つに七枝刀（七支刀）があったという記事が見えており、両者が関連することは明らかだが、銘文からすれば七支刀は貢納品とは考えられず、友好品として贈られたものであろう。この時期の日朝関係史の一齣《ひとこま》が浮かびあがってくる。

神功皇后が亡くなった後、応神天皇は「海部、山部、山守部、伊勢部を定めたまひき。また、剣池を作りき」と、内政に意を尽くすかたわらで「新羅人参り渡り来つ。ここをもちて武内宿禰命引

率て、堤池に役《えだ》ちて、「百済池を作りき」と、武内宿禰を通じて渡来人の活用をはかったという。

百済国王は応神紀十五年に良馬二頭を阿直岐《あちき》に付けて献上したが、この阿直岐が後の阿直岐史《ふひと》の始祖であるという。天皇から博士はいるかと尋ねられ、王仁《わに》なるものがいると答えたので、王仁が百済から召されたが、この王仁が後の書首《ふみのおびと》の始祖になったという。二十年には「倭の漢直《あやのあたい》の祖阿知使主《おやあちのおみ》、其の子都加使主《つかのおみ》、並びに己が党類十七県を率て、来帰り」と見える。これらの記事は後の渡来人関係記事を遡らせたものと考えられるが、多くの渡来人が来たことをうかがわせる。

朝鮮半島の情勢変化とともに加羅《から》の国々から多くの人々が、倭国に渡って先進文明をもたらしたらしいことは、須恵器《すえき》や竈《かまど》、馬具などの新たな技術を物語る考古的遺物がこの時期畿内地域を中心にして出土していることから知られている。加羅とは半島南部の洛東江《らくとうこう》、蟾津江《せんしんこう》流域に分布する小国家群のことで、この地では洛東江流域の金官《きんかん》国や大伽那が有力であって、そのうちの金官国の辺りを倭国は「任那」と称したものらしい。

もう一つの遺物が、朝鮮半島北方の国内城（吉林省集安）を都とした高句麗の広開土王の事績を記した碑文である。広開土王は領土を拡大し、礼成江を境界とする朝鮮半島南東部にあった百済に攻勢をかけ、壬辰《じんしん》年（三九二）に石硯城を含めて十城を奪取し関弥城を陥落させ、乙未《いつぴ》年（三九五）には礼成江にまで反撃してきた百済軍を撃破し、丙申《へいしん》年（三九六）に漢江を越えて侵攻し百済の五十八の城を陥落させ、百済王から多数の生口《せいこう》や織物を献上させ、永く隷属することを誓わせた、という。

ところが丁酉《ていゆう》年（三九七）、百済が王子腆支《てんし》を倭に人質として送り通好したことから、庚子《こうし》年（四

○○）に倭の侵攻を受けていた半島の南西部の新羅に歩兵五万騎を派遣して救援した。この時、新羅の王都に倭軍がいたが、高句麗軍が迫ると退いて、半島南部中央の任那・加羅の地まで後退したのを追って帰服させたという。しかし新羅王も王子を倭に人質として送って通交し、甲辰年《こうしん》（四〇四）に倭軍が高句麗の帯方界に侵入してきたので、王はこれを迎え撃って倭軍を大敗させ、こうして丁未年《ていび》（四〇七）には王は敵をことごとく斬殺し、勝利をあげたという。

以上、二つの遺品は古墳時代の倭国関連品として注目される。

三　倭の五王

倭王の讃と珍

中国の南朝の宋は劉裕《りゅうゆう》によって四二〇年に建国されたが、その歴史書『宋書』倭国伝には倭国から派遣された使者の動きが記されているので、この史書から倭国の情勢を見てゆこう。それは「倭国は高麗の東南大海の中にありて、世々貢職を修む」と始まり、次のような記事を載せている。

高祖の永初二年、詔《みことのり》していはく、倭の讃、万里貢を修む。遠誠宜しくあらはすべく、除授を賜ふべし。

永初二年（四二一）、倭王の讃が宋に使者を派遣し、高祖武帝から官位を賜ったという。この前年に南朝の宋が建国されるや、百済がすぐに朝貢し叙爵されているので、これに倣って倭国も使者を派遣したのであろう。

その四年後の「太祖の元嘉二年」にも、「讃、また司馬曹達《しばそうたつ》を遣わして表を奉り、方物を献ず」と、司馬曹達を遣わして宋の文帝に貢物を献じた記事が見える。讃は朝鮮半島の三か国、特に百済に倣い宋と結ぶことを考えたのであって、これ以後、倭の五王たちが宋と結ぶことになる。

讃の使者が「司馬」という中国の官名を称しているのは、中国の秩序に入ったことを意味しており、日本列島統合の目処が一応ついたことを物語っていよう。この讃については応神《おうじん》天皇の第四子の仁徳《にんとく》天皇と見る説が出されていて、『古事記』下巻の最初を飾るのが仁徳天皇の記事であり、『日本書紀』も巻十一では詳しくその事績を語っていることなどから生まれた説である。

仁徳天皇は河内平野の水害を防いで開発するため、難波の堀江を開削し、茨田《まんだ》堤を築造し、山背《やましろ》の栗隈県《くりくまあがた》に灌漑用水を引かせ、茨田屯倉を設け、和珥《わに》池、横野堤を築造し、灌漑用水として感玖《こむく》大溝を掘削するなど、広大な田地を開拓する大事業を推進し、初めて国郡の境を分かち郷土の産物を記録するなどの民政が、そこでは特筆されている。

ただ讃を仁徳天皇と見なすだけの確証はなく、伝承や説話が多く、在位も八十七年の長きに及んだとあって疑わしい。さらに讃の跡を継承したのが、「弟珍立つ」とあって珍とするが、仁徳天皇の跡を継承したのは子の履中《りちゅう》天皇であり、讃は仁徳天皇ではなさそうである。その讃が亡くなると弟の珍が使者を派遣したが、このことを語るのが次の記事である。

讃死して弟珍立つ。使いを遣わして貢献し、自ら使持節《しじせつ》、都督《ととく》倭・百済・新羅・任那・秦韓《しんかん》・慕韓《ぼかん》六国諸軍事、安東大将軍、倭国王と称し、表して除正せられんことを求む。詔して安東将軍・倭国王に除す。珍、また倭隋等十三人を平西・征虜・冠軍・輔国将軍の号に除正せんことを求む。詔して並びに聴す。

讃が亡くなって弟の珍が倭王になると、再び使者を派遣して貢物を献じたが、その際に自らを使持節、都督倭・百済・新羅・任那・秦韓・慕韓の六国諸軍事、安東大将軍、倭国王と称し、それへの正式な認証を求めてきた。そこで太祖は元嘉十五年（四三八）に詔を出し、安東将軍・倭国王に任じ、倭隋ら十三人にも平西・征虜・冠軍・輔国将軍に任じて欲しいという求めがあったので、これをも認めたという。

珍は讃の死の跡を継承し、安東大将軍、倭国王のみならず朝鮮半島を支配する権限をも与えるように求めたのだが、それらすべては認められず安東大将軍よりもやや地位の低い安東将軍に任じられ、倭国王と珍に仕える十三人それぞれの役職が認められたのである。

珍が配下への官爵を求めたのは、中国の官制を通じて体制の安定化をはかろうとしたからであり、平西・征虜・冠軍・輔国将軍といったその官爵は、安東将軍と比較して地位がさほど低くないので、倭国王は配下の群卿と隔絶した存在ではなかったことがわかる。珍は宋の冊封体制下に入って朝鮮半島への利権を求め、国内支配を強化しようとしたのである。

冊封体制とは本来、中国の皇帝が国内の貴族や功臣に爵位や封地を与えるものであったが、それを周辺の諸国や民族にまで及ぼし、首長に爵位や官号を与えて国際秩序を整えてきており、珍に認められた安東将軍が官、倭国王が爵に相当する。

倭王の武へ

珍の跡を享《う》けた済は、元嘉二十年（四四三）に宋の文帝に朝献したが、この時にも安東将軍、倭国王となされ、元嘉二十八年（四五一）には「使持節、都督倭・新羅・任那・加羅《から》・秦韓・慕韓六国諸軍事」を加号され、さらに安東将軍の号も与えられるなど、大幅に権限が認められ、臣下の二十三人についても軍・郡に関する称号が与えられた。

倭国王の力がしだいに認識されてきたことよるものであるが、済の在世期間は短くすぐに亡くなってしまい、その「世子の興」が使を宋に遣わして貢献してきた。この興の派遣した使者に応じ、世祖は大明六年（四六〇）に詔を出した。

倭王の世子興、奕世すなはち忠、藩を外海に作し、化を稟《う》け境を寧《やす》んじ、恭しく貢職を修め、新たに辺業を嗣ぐ。宜しく爵号を授くべく、安東将軍・倭国王とすべし。

興に辺境の地をしっかり治めるように命じ、安東将軍・倭国王に任じ、ついで安東大将軍に任じている。ただ倭国への権限を与え認めはしても、朝鮮半島についての権限については前と同じく認めていない。このような倭からの四人の王の遺使に続いて倭の武の代になると、事情がやや違ってくる。

興が亡くなると弟の武が立ち、自ら使持節、都督倭・百済・新羅・任那・加羅・秦韓・慕韓七国諸軍事、安東大将軍、倭国王と称し、順帝の昇明二年（四七八）に使を遣わして上表した。その上表文を掲げる。

封国は偏遠《へんえん》にして、藩を外に作《な》す。昔より祖禰《そでい》、躬《みずか》ら甲冑《かっちゅう》をつらぬき、山川を跋渉《ばっしょう》し、寧処《ねいしょ》に遑《いとま》あらず。東は毛人《もうじん》を征すること五十五国、西は衆夷を服すること六十六国、渡りて海北を平ぐること九十五国、王道融泰《ゆうたい》にして、土を廓《ひら》き畿を遐《はるか》にす。累葉朝宗して歳に愆《あやま》らず。

武は先祖からの偉業によって東は毛人の五十五か国を、西は衆夷の六十六か国を、そして北は九十五か国を支配下においたことを誇り高く語って、中国の「王道」の徳があまねく行きわたり、その領域が遠くに及んでいることを絶賛した。北の九十五か国とは朝鮮半島の国々をさすが、その際、高句麗への対抗心も露わに語っているが、この部分は現代語に訳して記そう。

我は愚かであるが王統を継承し、統治するところを率い天子に仕えようとしており、百済から遙かなる道のりではあっても、航海の準備は怠らなかった。しかし高句麗が理不尽にも百済を併合しようと企て、辺境の地での殺戮《さつりく》などをやめようとしない。使者を送るたびに途中を押し止められてしまい、良風を失っていては、海路があっても、あるいは通じ、あるいは通じないという有様である。

さらに私の亡き父済は、高句麗が海路を塞ぐのを憤って百万の戦備を整えたところ、兵士たちが声をあげて喜び、大挙して出征しようとしたのだが、にわかに父と兄を喪い、その成就の功は得られなくなった。私は籠もることを余儀なくされ軍隊を動かせず、いたずらに安息して未だに勝利していない。

今に至って甲を練り、兵をおさめ、父と兄の志を継ごうと思う。義士や勇猛な軍隊が文武の功を立て、白刃が眼前に交わろうとも、顧みはしない。もし皇帝の徳によりこの強敵を打ち摧《くだ》き、我が国難を除き太平をもたらしてもらえれば、歴代、天子への忠誠が変わることはない。私はひそかに自らを開府儀同三司《かいふぎどうさんし》と仮称し、その他の官爵もみな仮授して忠節に励んでいる。

このように語ったのは、高句麗がこの三年前に百済の都漢城を陥落させており、これへの対抗によるであろう。「開府儀同三司」とは、三司こと太尉《たいじょう》・司徒《しと》・司空《しくう》とは同格の地位であって、府こと官庁を開設できる資格を有する官である。他国の王でこの官号を有していたのは僅かで、その一人が高句麗王であったことから、これへの対抗心があった。

これに応じて武に認められたのは、使持節、都督倭・新羅・任那・加羅・秦韓・慕韓の六国諸軍事、安東大将軍、倭王であって、この時期までに倭王の全国支配達成が国際的に認められたことになる。

五王の時代

大和王権は三世紀から五世紀にかけて地域の王を統合して国内支配を固め、対外情勢に対応していったのであるが、この倭の五王は『古事記』や『日本書紀』などが記している、どの天皇の時代に該当するのであろうか。

このうちの武については、『日本書紀』が雄略天皇の和風諡号を大泊瀬幼武命《おおはつせわかたけるのみこと》と記し、『古事記』も大長谷若建命と記しており、その名の一部「タケル」をあてたものと見られていたところに、埼玉県の稲荷山古墳鉄剣の銘文に「獲加多支鹵大王」、熊本県の江田船山古墳の鉄剣の銘文に「獲□□□鹵大王」と見える名と一致を見て、雄略《ゆうりゃく》天皇であったことが認められている。そこで遡って仁徳天皇以後の動きを見てゆこう。

仁徳天皇が亡くなった後、その皇子の履中天皇は、住吉仲皇子《すみのえのなかつみこと》が皇位を奪おうと叛いたとして弟の瑞歯別皇子《みずはわけ》（後の反正天皇《はんぜい》）に誅殺させて即位した。翌年には蘇我満智《まち》・物部伊篚弗《いこふつ》・平群木菟《つく》・円《つぶらのおほみ》大使主らを国政に参画させると、履中紀四年には諸国に「国史《ふみひと》」と呼ばれる書記官を設けて国内の情勢を報告させ、同六年には蔵職《くらのつかさ》と蔵部を置いている。しかしこの年に病気のため稚桜宮《わかざくらのみや》で亡くなったという。在位年数が短く人材を登用して国政に参画させ、その跡を弟が継いだことが注目されよう。

履中天皇が亡くなると、翌年に同母弟の反正天皇が即位して、兄弟継承が始まったが、皇太子を立てず、子孫が即位することもなく、天下太平にして何事もなく在位五年で亡くなったという。反正天皇が皇太子を定めなかったので、群卿は相談して雄朝津間稚子宿禰尊《おあさづまわくごのすくねのみこと》を推挙したが、病気を理由に再三辞退し空位が続いたものの、やがて即位することになった（允恭《いんぎょう》天皇）。その允恭紀三年に新羅から医者を招聘して病気を治療し、四年には諸氏族の氏姓の乱れを正すため、飛鳥甘樫丘《あまかしのおか》において盟神探湯《くがたち》を実施した。

上古の政治では人民が所を得ていて姓名に混乱はなかったのだが、即位して四年になっても、上下互いに争って人民に安寧がなく、あるいは誤って自分の姓を失い、あるいは故意に高い氏を自認しているため、治世が行き届くことがない。どうにかしてこの混乱を糺すように群臣に検討せよ、と命令を出し、やがて熱湯の中の泥に手を入れて探ったり、掌に焼いた斧を置くなどの真実の証を求める手段を用いて、正しい氏姓を定めたという。

政治的統一に応じて氏姓の社会的な秩序を整え、皇后のために刑部《おさかべ》という部を設定し、衣通郎《そとおしのいらつめ》媛《つめ》のために藤原部を設けるなど名代・子代の部を設定することで、王族の財産を保証する措置をとるなど、その治世は四二年に及び、亡くなると新羅王はこれを悲しんで弔使が送られてきたという。允恭の後は皇太子の木梨軽皇子《きなしのかるのみこ》が暴虐をふるったことから群臣が従わず、第二子である安康《あんこう》が位に即いたが、眉輪王《まよわのおおきみ》に殺害され、弟の雄略《ゆうりゃく》天皇が立ったという。

以上の天皇の在位年数を見てゆくと、履中の六年に対し、次の反正が五年とともに短いが、允恭は四十二年と長く、しかも允恭紀二十四年から四十二年までの十八年間については『日本書紀』が記事を欠くのは不自然である。続く安康が三年、雄略が二十三年と、允恭以外は極端に長くはない。このあたりからある程度の現実の反映、ないしは歴史物語から歴史的事実への転換があったと見るべきなのかもしれない。

倭の五王の使者派遣と履中天皇以下在位年数の関係を表にしてみると、允恭を除けばすこぶる対応していることがわかる。

使者派遣年	倭王	関係天皇
永初　二年（四二一）	讃	履中が六年在位
元嘉十五年（四三八）	珍	反正が五年
元嘉二十年（四四三）	済	允恭が四十二年（記事は二十三年）
大明　六年（四六〇）	興	安康が三年
昇明　元年（四七七）	武	雄略

かなりの部分は対応するものの、やや問題箇所もあるので、これだけではすっきりしない。そもそも具体的に五王が誰であるかについては、『日本書紀』の記事の不正確さの故もあって、確証を得ることは難しい。ここでは五世紀になって倭王が国内を統一し、中国の王朝に使者を派遣し自らの王権を認めさせ、朝鮮半島への権益を主張し、認めさせようと努力していたことを指摘しておくにとどめよう。

大王のモニュメント

五世紀の全国統一を示すモニュメントと見られるのが和泉・河内の巨大前方後円墳である。畿内五大古墳群と称される大和の大和《おおやまと》・柳本《やなぎもと》古墳群、佐紀《さき》古墳群、馬見《うまみ》古墳群、和泉の百舌鳥《もず》古墳群、河内の古市《ふるいち》古墳群のうち、四世紀後半になって、大和・柳本古墳群から大和北部の佐紀古墳群に大規模古墳築造の場が移る。

墳丘の長さ二〇七メートルの佐紀陵山《さきみささぎやま》古墳に始まり、墳丘長二一八メートルの佐紀石塚山古墳、二七六メートルを有する五社神《ごさし》古墳へと続いて、二四〇メートル以上と推定される宝来山《ほうらいやま》古墳に至るが、これを最後に佐紀古墳群からも大型古墳が姿を消してしまう。

それとともに大型古墳の造営は西の大阪平野南部に移る。百舌鳥古墳群、古市古墳群であるが、古市古墳群は河内の羽曳野《はびきの》市から藤井寺市にかけて広がり、百舌鳥古墳群は堺市北西部の上町台地に続く台地上に広がり、東西、南北ともそれぞれ約四キロメートルの範囲に分布する。

その最初は四世紀後半に築造された墳丘長が二〇七メートルの古市古墳群の仲津山古墳であり、これを先駆として五世紀初頭には百舌鳥古墳群の墳丘長約四〇〇メートルに及ぶ石津ミサンザイ古墳が築造された。その規模からもこれまでの大型古墳とは違った性格をもつと考えられる。

さらに続くのが古市古墳群の誉田御廟山《こんだごびょうやま》古墳で墳丘の長さ四二〇メートル、古墳の周囲には多くの陪塚《ばいちょう》があり、応神天皇の陵墓と見なされたため後円部の南側には後に応神天皇を祀る誉田八幡宮が設けられた。これに続くのが列島最大規模の百舌鳥古墳群のうちの大仙陵《だいせんりょう》古墳で、墳丘は五〇〇メートル以上もあったと見られ、多くの陪塚が存在しているが、これを最後に巨大古墳は姿を消してしまう。

大仙陵古墳（伝、仁徳陵）空撮（堺市博物館提供）

では大阪平野南部に巨大古墳が出現することをもって、この地の勢力により王権が掌握されたといえようか。古墳はその被葬者の本貫地に営まれる性格のものという面は確かにあるが、この場合は全国を統合したことを物語るものであって、倭国王の墳墓として新たな意味が付与され、大阪平野南部に墳墓が築かれたものと見ることが可能である。

その巨大墳墓の被葬者については、上石津《かみいしづ》ミサンザイ古墳が履中天皇、誉田御廟山古墳が応神天皇、大仙陵古墳が仁徳天皇陵とされているがいずれも不明としかいえない。時期からすると、履中、反正、允恭、安康、雄略の倭の五王のうち雄略を除く四王、特に履中、反正、允恭の三王のそれである可能性が高いものの、これも可能性にとどまる。

大型の前方後円墳は、地域統合のモニュメントとして登場してきたが、それが継続されて造られていったのは、古墳に埋葬された王の王統が形成されてきたことを示しており、さらに巨大古墳には、それの所在する畿内地方に生まれた大和政権が、日本列島を統合していったことを物語っていよう。

すなわち巨大古墳の存在は、畿内地域の統合という意味というよりは、大王による列島の統一と大王統が形成されてきたことを示すものである。ところが五世紀後半になると、畿内地域における大型前方後円墳がしだいに姿を消してしまう。東国や九州では変わらずに前方後円墳が造られており、多様な古墳も登場する。しかしそれは権力の中心が東国や九州に移ったことを意味するのではなく、新たな時代の到来を意味するものであった。

四　擁立された王と統合の思潮

擁立された王

古墳時代の政治の動きのなかで重要な働きをしていたのが群卿や皇后の存在である。擁立された王という点から見れば、卑弥呼もまた同様であるが、ではこの擁立された王のあり方は、後世にどう影響を与えたのであろうか。

允恭天皇は、父仁徳天皇が亡くなったが、即位時に長らく病気だったことから「日継を知らすことえじ」と皇位を辞退したものの、「大后を始めて諸の卿等、堅く奏すによりて、乃ち天の下を治めき」と、皇后や群卿らに強く推されて即位し、天下を治めたという。

その允恭天皇が亡くなった時には木梨軽皇子が即位することと定められていたが、暴虐を行ったため、「百官《ももつかさ》と天の下の人ら」が背いて、穴穂皇子《あなほのみこ》を立てることになって、即位したのが安康天皇である。軽皇子の即位を定め、事情が変わったことから軽皇子に背いて安康天皇を立てたのは「百官」などの群卿《まえつきみたち》であった。

清寧《せいねい》天皇の場合は皇后も子もいなかったために、亡くなった時に天下を治める王がいなくなってしまい、「日継知らさむ王」を尋ねた末、履中天皇の孫である億計《おけ》・弘計《をけ》王の兄弟が候補とされ、弘計王が迎えられ顕宗《けんぞう》天皇が立てられている。

継体《けいたい》天皇も、武烈《ぶれつ》天皇が後嗣を定めずに亡くなったため、大連《おおむらじ》の大伴金村《かなむら》、物部麁鹿火《あらかひ》、大臣《おおきみ》の巨勢男人《こせのおひと》らが協議して、越前にいた応神天皇の五世の孫の男大迹王《おほどのおおきみ》が迎えられて位に即いた。

群卿の存在に注目してゆくと、その活動を『日本書紀』が具体的に記すようになるのは用明《ようめい》天皇の時代からである。用明紀二年に、仏教を受け入れるかどうかを大臣を通じて「卿ら議せ」と指示しており、崇峻《すしゅん》紀四年には、「任那」復興について群卿が、「卿ら如何に」と問われて審議している。

さらに推古《すいこ》天皇が女帝として即位した時の事情を『日本書紀』は次のように記している。

群臣、渟中倉太珠敷《ぬなかくらふとたましき》天皇の皇后額田部皇女《ぬかたべのひめみこ》に請《まを》して、践祚《あまつひつぎしろ》しめさしめまつらむとす。皇后辞譲《いな》びたまふ。百寮、表を上りて勧進《すすめまつ》る。

敏達《びだつ》天皇の皇后であったことから、群臣に擁立されて即位したとある。推古紀三一年の新羅征討もまた群卿に諮られているが、その群卿のあり方について指針を定めたのが聖徳太子の十七条の憲法である。

『日本書紀』推古紀十二年（六〇四）四月三日条は、「夏四月《なつうづき》丙寅朔《ひのえとらのついたち》、戊辰《つちのえたつ》の日、皇太子、親《みずか》ら肇《はじ》めて憲法十七条を作る」と、皇太子が十七条の憲法を作ったと語り始め、その条文を「一に曰く」という形で順次載せている。その第四条である。

群卿・百寮、礼を以て本とせよ。其れ民を治むるの本は、要《かなら》ず礼にあり。上礼なければ、下斉《ととのほ》らず。下礼無ければ、必ず罪有り。ここを以ちて群臣礼あれば、位の次乱れず、百姓礼あれば、国家自づから治まる。

群卿・百寮を対象として礼の重要性をを強調したもので、八条は「群卿・百寮、早く朝《あた》りて晏く退でよ」と、政治の務めについて群卿・百寮に勤務の精励を求め、十四条では「群臣・百寮、嫉妬有ること無かれ」と、群臣・百寮に嫉妬を禁じている。

推古天皇は死の前日に敏達天皇の嫡孫である田村皇子を枕元に呼んで、「謹しんで物事を明察」するように諭し、聖徳太子の子山背大兄王《やましろのおおえのおう》にも、群卿の意見を納れるように誡め、後継者の指名を避けて亡くなった。そこで蘇我蝦夷《えみし》は自分が望んでいる候補に群臣が納得しないことを恐れ、群臣を集めて審議させたところ、意見が分かれたが、山背大兄皇子には「群卿の言」であると偽って伝え、田村皇子を即位させたという。

王の思潮

王に対するこうした考え方は長く保持されてゆくことになった。大陸の皇帝に倣って位置づけられたはずの律令制において、天皇の規定がほとんど見られないのである。

律令体制に向けて産声をあげた大化の改新の第一声、六四五年の東国国司への詔は次のように語っている。万民を治めるのには、王が「独制」すべきではなく、「臣」の輔翼が必要である。それというのは「代々の我が皇祖等、卿祖の考とともに治む」(代々の王は群卿らの祖とともに治めてきた)ところであったからと述べ、我もまた卿らと共に治めようと思うので、東国に国司を使わし治めるとしている。

こうして始まる律令体制において、中国に倣って律令が制定されたが、その元となった唐の開元令に見える皇帝の行列に関する規定（鹵簿令《ろぼりょう》）や、衣服に関する規定（衣服令）を欠くのをはじめ、律令では天皇の存在を規定していない。

広く律令制に基づいて政治体制を整えたものの、天皇をきちんと位置づけなかったのは、かつての王の性格を継承したからであろう。そのため中国のような専制君主である皇帝が統治する体制は生まれず、律令政治の運用は太政官に結集する公卿たちが天皇を補佐して行われるところとなったのである。

やがて時代が進むなか、太政官に結集する公卿を統括する摂関や内覧の臣が、天皇を補佐する摂関政治が行われ、さらに上皇が後見して天皇を護持し太政官の公卿たちを統括して政治を行う院政が行われるようになった。続いて武家政権が成立すると、ここにおいても武家は天皇を補佐する形をとり、当初の王の性格は変容を遂げながらも維持された。平清盛は武士たちを動員して大番役により皇居の警護を担うなどして、朝廷の体制を維持し、源頼朝も以仁王《もちひとおう》の令旨《りょうじ》に基づいて挙兵し、平氏を滅ぼすと、大番役を継承するとともに、諸国の守護を担っていった。

承久の乱で、幕府軍が京に進軍するのをためらったものの、京方を破ると、後鳥羽上皇以下の三上皇を配流した上で、後堀河天皇を即位させ、その父である後高倉院による院政を発足させている。天皇制がどうして存続してきたのかはよく論議されるところだが、それはこうした王の性格に基づいている。

鎌倉幕府を開いた源頼朝も東国の豪族たちに擁立されていた。富士川の合戦で勝利してすぐ上洛を考えた頼朝は東国の豪族に引き留められ、鎌倉に基盤を据えて幕府を形成するところとなった。その頼朝が亡くなると、武士たちは後継者の頼家の親裁権に制限を加え、さらにその頼家を退けて弟実朝《さねとも》を擁立している。実朝が殺害されると、武士たちは連署して朝廷に新将軍の下向を要請して迎えている。

やがて武士たちは執権が主催する評定衆《ひょうじょうしゅう》の会議によって政治を推進する執権体制を生み出したばかりか、京から将軍を迎え、その将軍が独自の動きをとりはじめると、都に追放して新たな将軍を迎えるようになってゆく。

統合のシンボル

前方後円墳の存在に認められた地域統合のシンボルという点についてはどうか。前方後円墳が消滅し、仏教が伝来するなか、仏教寺院が各地の国造や郡司などの豪族により建立されていったが、その際に塔が決まって建てられており、これが地域統合のシンボルになった。

推古紀三十二年（六二四）に「寺四十六所」があったが、持統《じとう》紀六年（六九二）には「天下の諸寺、およそ五百四十五寺」と爆発的に増加している。この時期になると地方寺院の造営にあたったのは評（郡）の司である。『出雲国風土記《いずものくにふどき》』には、「飯石郡少領主《いいしぐん》」の出雲臣、「出雲郡大領」の日置臣、「大原郡大領」の勝部臣《すぐりべのおみ》が新造の寺院の造営者として見える。

『日本霊異記《にほんりょういき》』には、百済救援に加わった備後《びんご》三谷郡の郡領が三谷寺を造営したという話が載るが、広島県三次《みよし》市の寺町廃寺の調査により、これが史実として確かめられている。伊予の越智《おち》郡大領が百済救援の敗戦から帰国後に、郡を立て、寺をつくることを天皇に認められた話も見えるが、伊予の久米評には付属する寺院の跡が発掘されている。

律令体制の進展とともに、地域統合のシンボルは同じ塔でも、国分寺の塔に移っていった。聖武《しょうむ》天皇は天平九年（七三七）に国ごとに釈迦《しゃか》仏像《ぶつぞう》一軀と挟侍《きょうじ》菩薩像《ぼさつぞう》二軀の造像と大般若経の書写を命じた後、天平十二年（七四〇）に法華経十部を写し七重塔を建てるように詔を出し、翌年二月十四日に「国分寺建立の詔」を出して、各国に七重塔を建て、金光明《こんこうみょう》最勝《さいしょう》王経《おうきょう》と法華経を写経し納めるように命じている。

建てられた国分寺の多くは国府の周辺にあって、国庁とともに国最大の建築物であり、大和国の東大寺は総国分寺とされ、全国統合のシンボルとされた。国分寺の衰退とともに、こうした塔の機能は、院政期になると白河院による京の法勝寺の九重塔へと継承され、それが南北朝期になって焼失すると、もう再建されずに代わって足利義満により相国寺《しょうこくじ》の七重塔が建立されている。

十六世紀の戦国時代になると、塔に代わって城郭が地域統合の機能を帯びるようになる。このことは前方後円墳と比較してみれば、その分布や巨大性、地域性、装飾性などがよく似ていることでわかる。この時代を前提として次の時代には集権的国家が形成されていったことにも共通性が認められる。もちろん城郭には大名が居住し、古墳が死者の埋葬の場であるという点での違いはあるのだが、古墳には死者が居住していると考えるならば、やはり居住性が認められよう。

3 文明化の動き

『日本書紀』と『万葉集』

一　文明化への初発

渡来人の活用と文字の使用

四七八年の倭《わ》王武の上表文は駢儷体《べんれんたい》の漢文で書かれていたが、この漢文を記したのは渡来人であろう。雄略《ゆうりゃく》紀二年十月条に天皇は「史部《ふみとべ》の身狭村主青《むさのすぐりあを》、檜隈民使博徳《ひのくまのたみのつかひはかとこ》」を寵愛したと記しているが、二人は十二年四月に呉国に使者として派遣され、十四年四月に呉の使者や呉が献上した「才伎《てひと》」（技術職人）や「漢織《あやはとり》、呉織《くれはとり》」の織物の衣縫い二人とともに住吉津に到着している。

雄略紀七年に天皇の詔を受けた大伴大連室屋《おおとものおおむらじむろや》は、東漢直掬《やまとのあやのあたひつか》に命じて今来《いまきの》才伎を飛鳥の地に居住させたと見えており、雄略は死に際して室屋に東漢直掬の後事を託したとある。この掬は、新たに渡来した人々を指揮して住まわせたというから、この時期に渡ってきた倭漢氏の指導者になったと考えられる。

すでに応神天皇の時代に渡来人を活用するようになっていたが、応神紀の百済からの渡来人の話は信憑性に問題があり、実際は雄略天皇の時代のことを遡らせたものと考えられている。

こうした渡来人の活用とともに文字が広く使用されてゆくようになった。それを裏付けるのが、文字を刻んだ刀剣が東西の二つの古墳から出土した事実である。そのうち埼玉県の埼玉《さきたま》古墳群のうちの稲荷山《いなりやま》古墳の後円部からは画文帯環状乳神獣鏡《がもんたいかんじょうにゅうしんじゅうきょう》や多量の埴輪などとともに鉄剣が出土し、そ

［右］稲荷山古墳鉄剣表（埼玉県立さきたま史跡の博物館蔵）

［左］稲荷山古墳鉄剣裏（埼玉県立さきたま史跡の博物館蔵）

の両面に漢字が金象嵌《きんぞうがん》で表されていた。銘文は次の通りである。

（表）

辛亥年七月中記、乎獲居臣、上祖名意富比垝、其児多加利足尼、其児名弖已加利獲居、其児名多加披次獲居、其児名多沙鬼獲居、其児名半弖比、

（裏）

其児名加差披余、其児名乎獲居臣、世々為杖刀人首、奉事来至今。獲加多支鹵大王寺、在斯鬼宮時、吾左治天下、令作此百練利刀、記吾奉事根原也。

この表の字は「辛亥の年七月中、記す。ヲワケの臣。上祖の名はオホヒコ。其の児、タカリのスクネ。其の児、名はテヨカリワケ。其の児、名はタカヒ（ハ）シワケ。其の児、名はタサキワケ。其の児、名はハテヒ」と読め、裏の字は「其の児、名はカサヒ（ハ）ヨ。其の児、名はヲワケの臣。世々、

杖刀人の首と為り、奉事し来り今に至る。ワカタケ（キ）ル（ロ）の大王の寺、シキの宮に在る時、吾、天下を左治し、此の百練の利刀を作らしめ、吾が奉事の根原を記す也」と読める。

これによれば稲荷山古墳の被葬者である「ヲワケの臣」は、代々宮廷に「杖刀人の首」として奉仕していたという。剣の表にはその代々が記され、裏にはヲワケの臣が「ワカタケルの大王」の宮がシキに在った時、天下を助けたのでこの利刀を作らせ、自分が奉仕してきた根原を記した、とある。

「辛亥年」は「ワカタケルの大王」が雄略天皇であることから、四七一年と考えられ、五世紀後半には雄略天皇統治による大和政権の力が明確に北関東まで及んでいたことがわかる。

埼玉古墳群と江田舟山古墳

刀剣の出土した埼玉古墳群は、前方後円墳八基と円墳一基の大型古墳のみが今に残っているが、かつては大型古墳の周りに小型古墳があり、円墳三五基、方墳一基からなっていた。畿内で大型の前方後円墳が衰退していった時期、逆に隆盛を迎えており、この地域には独自の動きがあったことがわかる。

問題はヲワケの臣がこの地域でどのような地位にあったかであるが、地方の首長というよりはそこから派遣されて宮中に奉仕した存在であろう。というのもヲワケの臣が葬られた墳墓は、粘土槨《ねんどかく》と礫槨《れきかく》の二つの埋葬施設があるうちの中心部の粘土槨ではなく、礫槨に副葬されていて追葬されたものと考えられているからである。

もう一つの鉄剣出土地は、熊本県の玉名《たまな》郡に所在する古墳時代中期の江田船山《えたふなやま》古墳である。菊池川の左岸、標高約三〇メートルの清原《せいばる》台地に立地する清原古墳群を代表し、墳長は六二メートル、前方部の長さが二五メートル、後円部の直径は四一メートル、くびれ部近くの前方部両側には台形状の造出しが確認されている。周溝から発見された遺物は、墳丘から落ちた円筒埴輪・朝顔形埴輪および蓋形・家形・馬形と考えられる埴輪の破片や須恵器《すえき》の高坏《たかつき》・大甕などがある。

その出土品には中国・朝鮮系の遺物を多く含み、鏡は神人車馬画像鏡と画文帯神獣鏡をはじめ獣帯鏡や変形四獣鏡などである。装身具一式がそろっており、武器・武具のうち銀錯銘大刀《ぎんさくめいたち》と呼ばれる直刀は、刀身の平地の片面に花と馬、片面に魚と鳥が銀象嵌で表され、棟の部分に銀象嵌で次の銘文が刻まれていた。

治天下獲□□□鹵大王世、奉事典曹人名无利弖、八月中、用大鉄釜幷四尺廷刀、（中略）作刀者名伊太和、書者張安也、

銘文の「獲□□□鹵大王」は、稲荷山古墳から出土した鉄剣に「獲加多支鹵大王」という文字があったことから、「ワカタケル大王」と読め、雄略天皇に比定されている。被葬者の「ムリテ」はその雄略の宮中に「典曹人」として仕えたとあるが、典曹とは文を司る職掌である。

東西日本の古墳から同じ王の名を記した刀剣が出土した事実は、大和王権の支配が広域に及んでいたことを示している。東国からは武人が、西国からは文人が中央に出仕していたと言えようが、江田船山古墳の出土品には武具も多いので、文人としてのみと見なせない。

奉事人制の展開

五世紀中葉以降の大和政権は、各地域社会の首長たちを通じて宮に出仕させる人々を組織していたことがわかった。稲荷山古墳の被葬者「ヲワケの臣」は「杖刀人の首」として宮中に仕え、江田船山古墳の被葬者の「ムリテ」は「典曹人」として仕えていたとあるのだが、彼らは地方の首長そのものではなく、首長から派遣された存在と見られる。

雄略紀には「養鳥人《とりかひ》」「宍人《ししひと》」「船人」などが見られることから、これらを総合してその体制を「人《ひと》制《せい》」として理解する考えが出されているが、それでは内容がよく理解できないので、稲荷山鉄剣に「吾が奉事の根原を記す」とあることから、奉事人制と表現することとしよう。彼らは後に見られる地方首長から派遣されたトネリ（舎人）やカシワデ（膳夫）の前身であり、また采女《うねめ》や随身《ずいじん》、防人《さきもり》なども同様な存在の系譜上にあると考えられる。

彼らを従えたワカタケル大王は、天下を治めたと称されていたように有力な首長たちを組織するとともに、その優勢な力を削ぐことに腐心したのである。文明化の道を歩むなかで、集権化を進めていったことがわかる。

その地方豪族の首長の存在を物語っているのが、群馬県高崎市の三ッ寺I遺跡である。榛名山《はるなさん》の東南麓を流れる井野川の支流の猿府川《さるふがわ》の右岸に展開する首長居館であって、たまたま六世紀初頭に榛名山が大噴火したことから埋もれてしまっていたものが発掘されたのである。居館の北と東は猿府川を利用した濠となし、南と西には人工的な濠を造り、一辺が約一四〇メートルの方形をなしている。

郭内は柵列で区分され、南北に二分されその南区画の中央に四面庇をもつ一辺が一三メートルほどの大型の掘立柱建物が建ち、これが主屋と考えられており、その近くには二つの水に関わる施設が認められる。一つは上屋のかけられた立派な井戸、もう一つは濠と結ばれた石敷きの施設であって、ともに祭祀に関わって構築されたものと考えられている。

このほかに北や西の区画内には従者や工房に関わる竪穴式住居などがあり、おそらく未発掘の部分には倉庫群があったと推定されている。居館本体部は大規模な盛土がなされており、その下から幾つかの竪穴式住居が検出されたことから、もともと民衆が暮らしていた集落があったものと推定されている。この集落住居から出土した土器の編年から、居館は五世紀の後半にはあったと見られ、終末は榛名山の噴火の六世紀初頭頃と見られている。

雄略天皇はこうした東西の豪族を組織するとともに、畿内豪族については圧迫を加えていった。そのうち葛城《かつらぎ》氏については、雄略の兄安康《あんこう》天皇を殺害した眉輪王《まよわのおおきみ》が葛城円大臣《かつらぎつぶらのおおおみ》の元に逃れたことから二人を殺害し、葛城氏の血を引く市辺押磐皇子《いちのへのおしはのみこ》を欺し討ちしている。中国地方で最大の勢力を誇った吉備氏については、雄略紀七年に下道臣前津屋《しもつみちのおみさきつや》が天皇を呪詛したとして討ち、上道臣田狭《かみつみちのおみたさ》も、妻の吉備稚媛《きびのわかひめ》を奪い取った上に「任那国司《みまな》」に任じて遠ざけ、それが反乱をおこしたことからこれも退けている。

こうして中国に使者を派遣しその秩序に入る意味はもはやなくなった。雄略（倭の武王）以降、中国への遣使は途絶え、冊封体制は事実上、解消されたのである。

この雄略天皇の時代が文明化の起点となったことは『万葉集』の巻頭を飾るのが、次の雄略天皇の歌とされるものであることからもうかがえる。

泊瀬朝倉宮《はつせあさくら》に天の下治めたまひし天皇の代〈大泊瀬稚武天皇《おおはつせわかたけるのすめらみこと》〉

　天皇の御製歌

籠《こ》もよ　み籠持ち　ふくしもよ　みぶくし持ち　この岡に　菜摘ます児　家告《いへの》らせ　名告らさね　そらみつ　大和の国は　おしなべて　我こそ居れ　しきなべて　我こそいませ　我こそは告らめ　家をも名をも（一）

岡で菜を摘む乙女よ、名乗って欲しい、大和の国をことごとく治めている我である、我から名乗るゆえに、と詠む。王者にふさわしい歌であり、文明化の始まりを雄略天皇の時代に見た認識から、日本文化を謳う『万葉集』をその天皇から始めたのであろう。

仏教説話集の『日本霊異記』の最初の「雷《いかづち》を捉えし縁《えに》」の話も、雄略天皇の時代のものであって、天皇の奉事人である随身として仕えた少子部《ちいさこべ》の栖軽《すがる》の話であった。

短命な大王たち

雄略に始まる国内支配の強化であったが、順調には進まなかったらしい。雄略第三子の清寧《せいねい》が位に即いたが五年にして亡くなり、清寧に皇子が生まれなかったため履中《りちゅう》天皇の孫顕宗《けんぞう》、仁賢《にんけん》が播磨にあったのを探し出すなど、相次いで立てられていった。

顕宗は父を殺害した雄略を恨んでその陵墓を破壊しようと思ったが、仁賢が諌めて思いとどまったといい、このように古墳を崇めなくなったところに既に古墳時代の終焉の近いことがうかがえる。その在位は僅か三年で仁賢が位に即くと、この大王の時代には国中がよく治まったと『日本書紀』は記しているが、仁賢もまた在位十一年で亡くなって、子の武烈《ぶれつ》が位に即いた。いずれの大王も短命に終わったのは集権化を進めるなかでの混乱によるものであろう。

皇子のいない武烈が武烈紀八年（五〇六）に亡くなると、男子の王族はついにいなくなり、大連《おおむらじ》の大伴金村《かなむら》、物部麁鹿火《あらかひ》、大臣《おおおみ》の巨勢男人《こせのおひと》らが協議して、越前にいた応神《おうじん》天皇の五世の孫の男大迹《おほど》王《おおきみ》を迎えると、翌年、河内国の樟葉宮《くずはのみや》で即位し、武烈天皇の姉妹にあたる手白香皇女《たしらかのひめみこ》を皇后とした。

その継体紀七年、百済《くだら》の武寧《ぶねい》王が五経博士《ごきょうはかせ》を派遣してきた。易・詩・書・礼・春秋を講ずるもので、中国の高度な文明を伝えようとしたものであって、文明化は新たな段階に入った。継体紀十年

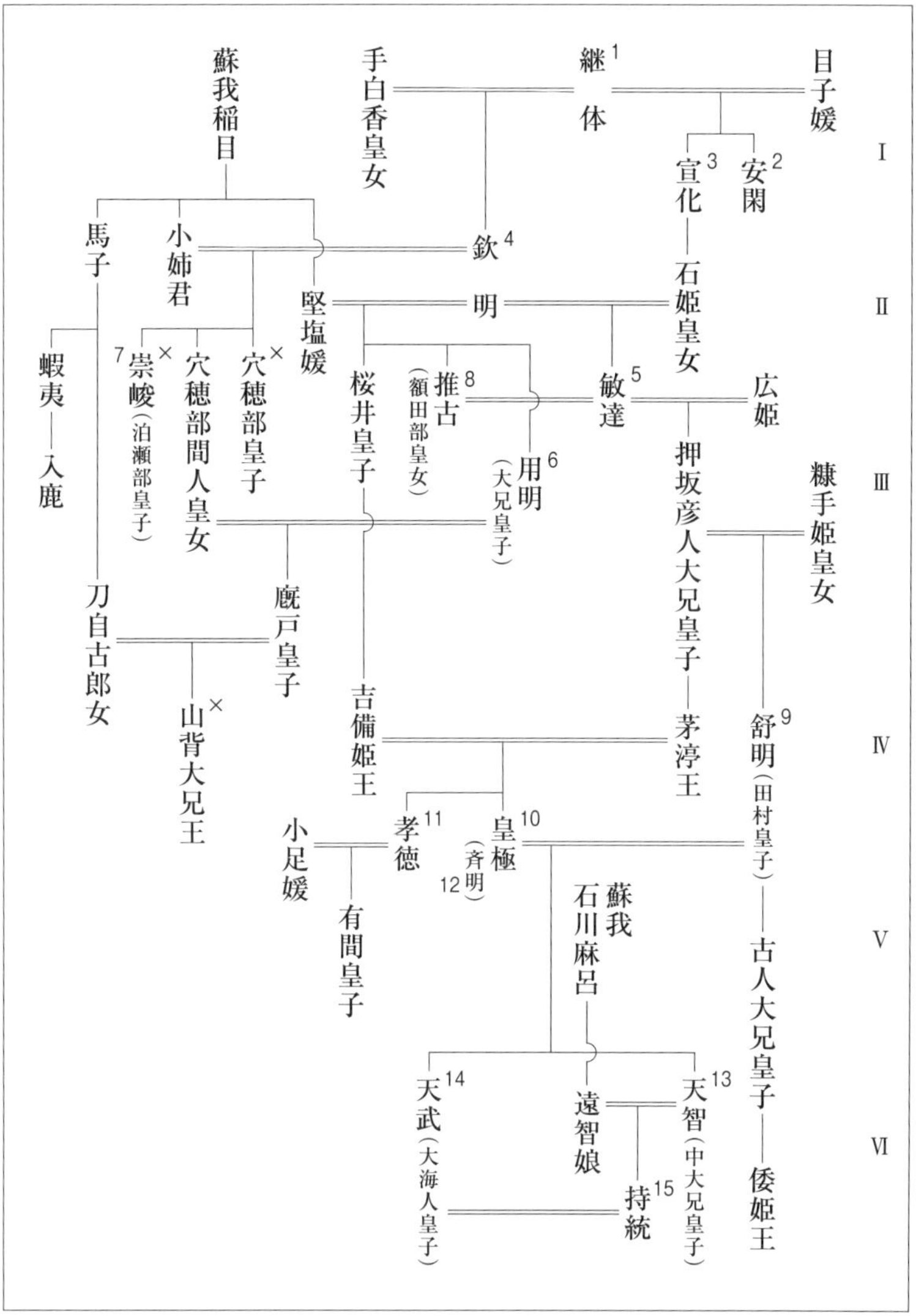

系図1　6・7世紀の大王家系図

には漢高安茂《あやのこうあんも》が派遣され、継続的に五経博士が送られてくるようになる。
新羅《しらぎ》は五一四年に法興王《ほうこう》が即位し勢力を延ばすとともに、五二〇年に律令を制定し、五二一年に南朝の梁《りょう》に入貢し、五二四年には百済の聖明王も梁に入貢するなど、にわかに朝鮮半島の動きが活発になっており、金官国が新羅に軍事的に制圧された事件によって、倭は五二七年（継体紀二十一）に近江毛野《おうみのけぬ》を派遣することとなったが、そこで起きたのが九州北部に勢力をもつ磐井《いわい》の反乱である。

この乱について『古事記』は、筑紫君磐井《つくしのきみ》が天皇の命に従わないので、天皇が物部荒甲《あらかい》と大伴金村を派遣して磐井を殺害させた、と簡潔に記している。継体天皇は磐井の反乱を鎮圧したものの間もなく亡くなり、安閑《あんかん》天皇が位に即いたが、この時期から屯倉《みやけ》と国造《くにのみやつこ》の制が全国的に広がる。

首長間の対立や一族の内紛に乗じて、中央の力が地方に及ぶなか、地方の首長を国造となしてその地域の支配を認めたが、彼らには屯倉を中央の直轄領として献上させ、そこを通じて支配をさらに広げるようになったのである。『日本書紀』には屯倉が置かれた記事が多く見え始め、安閑紀二年五月には筑紫の穂波《ほなみ》屯倉・鎌《かま》屯倉以下、尾張国の間敷《ましき》屯倉・入鹿《いるか》屯倉、上毛野《かみつけの》国の緑野《みどの》屯倉、駿河国の稚贄《わかにへ》屯倉などまとまって置かれたとある。八月に詔を出して国々に犬養部《いぬかひべ》を置き、九月には桜《さくら》井田部連《いのたべのむらじ》・県犬養連《あがたのいぬかいのむらじ》・難波吉士《なにわのきし》らに屯倉の税を主掌するように命じている。

安閑天皇も早くに亡くなったので、群臣が剣や鏡を奉って弟の宣化《せんか》天皇を立てると、天皇は蘇我《そがの》稲目《いなめ》を大臣になしたが、これ以後、大臣には蘇我氏が継続して就任して群卿《まえつきみ》を統括しており、この段階で大臣の制度が設けられたものと見られる。

だが宣化天皇も早く亡くなり、手白香皇女との間に生まれた欽明《きんめい》天皇が五三九年（宣化紀四年）に即位すると、大伴金村と物部尾輿《おこし》を大連となし、蘇我稲目宿禰を大臣とした。大伴氏と物部氏は天皇の親衛軍として旧勢力を代表する豪族であって、やがて大伴金村が失脚するなか、蘇我氏は稲目が娘の堅塩媛《きたしひめ》や小姉君《おあねのきみ》を妃となすなどして力をふるうようになる。

蘇我氏は六世紀に新たに台頭した豪族と考えられ、朝廷の財政に関与して吉備の白猪屯倉《しらいのみやけ》の設置に関わり、渡来系の船史《ふねのふひと》に船賦を管理させたことなどが知られている。渡来系氏族と密接な関係をもつなか、宗我部《そがべ》という部の民を所有し、朝鮮半島の文化に早くから接して文明摂取に積極的で、王族との婚姻関係を通じて最有力豪族に成長してきたのである。

二　仏教伝来

仏教公伝

欽明天皇が五四〇年位に即くと、八月に高句麗・百済・新羅・「任那」からの使者が到来し、貢物を献納した。百済の聖明王《せいめい》（聖王）は新羅の圧迫を受けて、五三八年に都を熊津《ゆうしん》から泗沘《しひ》（南扶余《ふよ》）に移しており、新羅に対抗するために倭に援軍を要求するなか、欽明紀六年（五四五）九月に天皇のために丈六《じょうろく》（一丈六尺）の仏像を造っている。

仏教の伝来については、早くに渡来人たちが私的に仏教をもたらしていたと考えられ、歴史書『扶桑略記《ふそうりゃくき》』によれば、五二二年に来朝したという司馬達等《しばたっと》（止利《とり》仏師の祖父）が大和高市郡に本尊を安置し「大唐の神」を礼拝していたと伝えている。すでに倭には渡来人たちが私的に仏教をもたらし、仏像や経典が伝えられていたらしい。

しかし公の形で仏教を伝えたのは百済の聖明王であり、王は倭国に仏教という先進文明を伝えることにより交流を深めようとした。かつて武寧王が五経博士を送って中国の高度な文明を伝えようとしたのに倣ったものである。

その聖明王からの仏教伝来を伝える史料のうちの『日本書紀』は、欽明紀十三年（五五二）十月に百済の聖明王が使者を派遣し、釈迦仏の金銅像や経論などともに仏教流通の功徳を賞賛した上表文を献上したと記している。この上表文は『金光明最勝王経《こんこうみょうさいしょうおうきょう》』に基づく後世の文飾が指摘されており、その信憑性は疑問視されている。

いっぽう『上宮聖徳法王帝説《じょうぐうしょうとくほうおうていせつ》』や『元興寺伽藍縁起《がんごうじがらんえんぎ》幷《ならびに》流記資財帳《るきしざいちょう》』は、欽明天皇の「戊午年」に百済の聖明王から仏教がもたらされたとするが、『日本書紀』の欽明天皇治世期（五七一年まで）には戊午の干支の年が存在せず、最も近い戊午年は宣化天皇三年紀（五三八）であるから、ここでも史料の信憑性については疑わしさが残る。宣化天皇の紀年については疑問も多い。ただ、欽明紀六年（五四五）九月に天皇のために丈六の仏像が造られたとあることから、現在のところでは、五三八年説が有力視されている。この時期には倭の側に仏教を受け入れる準備が整っており、具体的な時期はともかく、仏教が六世紀の中葉には倭国に公の形でもたらされたことは間違いない。

百済王からの仏像を見た欽明天皇は、その見事さに感嘆し、群臣に対し、西方の国々の仏は端厳で、未だ見たことのない相貌であるが、これを拝礼すべきかどうか、と諮問した。天皇はまずは仏像のすばらしさに心を打たれたのである。古墳にとって変わる視覚文化として仏教が受容された一面のあったことは見逃せない。

崇仏と廃仏

天皇の諮問に、百済との関係が深く仏教の伝来を通じて政治的、経済的な優位を占めようとしていた蘇我稲目は、西の諸国はみな仏を拝礼しており、我が国だけがこれに背くことはできない、と受け入れを勧めた。しかし物部尾輿らは、我が国の王の天下のもとには天地に百八十の神があり、今改めて蕃神を拝するならば、国神たちの怒りをかう恐れがある、と反対を表明した。

仏教受容をめぐって意見が二分したので、欽明天皇は仏教への帰依を断念したが、試みに蘇我稲目には仏像を授け私的な礼拝や寺の建立のみを許可したことから、稲目は飛鳥の小墾田《おはりだ》の家に安置し、業を修めたという。しかしその後に疫病が流行すると、物部・中臣《なかとみ》氏はそれを国神が「仏神」を怒ったためであると奏上したことから、天皇も仏像の廃棄や寺の焼却を認め、有司は仏像を難波の堀江に流し伽藍を焼いた、と『日本書紀』は伝える。

欽明紀十四年（五五三）正月の百済からの救援要請に内臣《うちつおみ》が派遣されて、馬二頭、船二艘、弓矢五十具など渡されると、その見返りとして倭の要請に応えて翌年二月に、五経博士王柳貴《おうりゅうき》に替えて固《こ》徳《とく》馬《ま》丁安《ちょうあん》が派遣され、医博士、易博士、暦博士の交替とともに、採薬師や楽人が派遣され、さらに僧道深《どうじん》ら七人を替えてきたという。仏教という普遍宗教・世界宗教による文明化の波は着々と日本列島に及んできたのである。

しかし倭国の文明化に寄与した百済の聖明王は、その年の新羅との交戦によって戦死してしまい、五七一年四月に欽明天皇も亡くなり、位に即いたのは欽明天皇の第二子で、母が宣化天皇皇女石姫《いしひめ》の敏達《びだつ》天皇である。天皇は「仏法を信《う》けたまはずして、文史《しるしぶみ》を愛《この》みたまふ」と、仏法を信じずに文学や歴史を好んだという。蘇我稲目の子馬子《うまこ》が大臣に、物部尾輿の子守屋《もりや》が大連に任じられ、ここに再び崇仏派、排仏派の対立の再現となった。

天皇は宮を百済大井《くだらのおおい》の地に造ったが、ここは蘇我氏が根拠地としていた飛鳥の小墾田宅の近くであったから、以後、飛鳥の地を中心に政局が展開してゆく。敏達紀五年（五七六）三月に有司の勧めにより天皇の異母妹の豊御食炊屋姫命《とよみけかしきやひめのみこと》（後の推古天皇）を皇后とした。皇后は稲目の孫である。

敏達紀六年（五七七）十一月に百済の威徳《いとく》王が経論や律師《りっし》・禅師・比丘尼《びくに》などの僧、造仏工、造寺工などを献上したので、難波の大別王《おおわけのきみ》の寺に安置すると、その二年後には新羅からも仏像が献上されてきた。百済・新羅はともに仏教を国家仏教として受容しており、倭も仏教信仰の国であると対外的に見なされていたのである。

仏教信仰の広がり

馬子は敏達紀十三年（五八四）九月に百済から鹿深臣《かふか》がもたらした弥勒の石像、佐伯連がもたらした仏像の二体を請い受けて、修行者を探し尋ね、播磨にいた高麗の僧恵便《えべん》を師として、司馬達等の娘・善信尼《ぜんしんに》らを日本人最初の出家者となした。さらに仏殿を宅の東に造って法会を営み、石川の宅にも仏殿を設け、十四年には大野丘に塔を建て、司馬達等が得た舎利を納めている。

しかし敏達天皇は仏法を信じない立場をとっていたから、再び疫病が流行すると、馬子が罹患したのをとらえて、物部守屋・中臣勝海《かつみ》らは仏教崇拝が原因であると訴え、許可を得て大規模な廃仏《はいぶつ》を実施し、仏像の廃棄や伽藍の焼却のみならず、尼僧らの衣服をはぎ取り、大和の海石榴市《つばいち》で鞭打ちをするなどの動きに出た。すると馬子のみならず天皇も病に罹ったので、馬子は三宝の力を借りなければ治らないと天皇に申し、馬子独りが仏法を行うことが許され、新たに寺院を造って尼たちを迎えて供養したが、その秋八月に天皇は亡くなってしまう。

こうして欽明天皇の第四皇子で、稲目の娘堅塩媛を母とする用明《ようめい》天皇が位に即いた。用明天皇は「仏法を信けたまひ、神道を尊びたまふ」と、神仏をともに尊崇する立場をとって仏教への関心が深かった。用明紀二年（五八九）に病気になった天皇は、「朕、三宝に帰《よ》らむと思ふ。卿等議れ」と、天皇として初めて仏教の信受（「三宝帰依」）を表明した上で、どうすべきかを群臣に諮った。

当然、欽明天皇の時と同様な理由により物部守屋らは猛反対したが、既に天皇が帰依を表明しているることから、蘇我氏は詔《みことのり》に従うべきであると主張し、天皇の治病のため「豊国法師《ほうこく》」が内裏に召されるなどして、この時期には蘇我氏の優位は明らかとなった。

天皇の臨終に際して司馬達等の子の鞍部《くらつくり》多須奈《たすな》が、天皇のために出家して道を修め、丈六の仏像を造りたいと言ったので、天皇は悲しんで心を乱したという。なお今の南淵の坂田寺にある仏像がこれであると『日本書紀』は記す。

用明天皇が亡くなると、欽明天皇と小姉君との間の皇子である穴穂部皇子《あなほべのみこ》を推すために物部守屋が兵を挙げる準備をしていたことが漏れてしまい、馬子が穴穂部皇子を討ち、さらにその兄弟の泊《はっ》瀬部皇子《せべのみこ》や用明天皇の皇子の聖徳太子ら諸皇子と有力豪族を味方につけ、守屋の固める河内の別業を攻めて滅ぼし、泊瀬部皇子を位に即けることで決着をみることになる。

皇太后（推古）が詔を下して、泊瀬部皇子に即位を命じ、翌八月に泊瀬部皇子が即位したが（崇峻《すしゅん》天皇）、天皇が自分を嫌っていると感じた馬子が天皇を殺害したことから、崇峻紀五年（五九二）十二月、推古天皇が飛鳥の豊浦宮《とゆらのみや》で即位した。

推古天皇は敏達天皇から崇峻天皇までの即位に深く関わってきており、私部《きさいべ》といわれる部の民を有して経済的基盤もあり、その大権や財力を行使し、ついに自ら即位することになったのである。

推古朝の仏教政策

蘇我氏が支援した推古天皇の即位によって、もはや仏教受容への反対勢力はなくなった。推古紀二年（五九四）二月条は、「皇太子及び大臣に詔して、三宝を興隆せしむ」と、天皇が「三宝を興す」

と積極的に宣言し、仏教に力を入れた政策を展開していったと記している。

推古を基本的に支えたのは蘇我氏であるが、注目すべきは蘇我氏が大和の飛鳥の地に基盤を置くようになったことで、稲目はここに向原家、小墾田家、軽曲殿などの居宅を持ち、さらに馬子は、本格的な寺院として飛鳥寺の造営は物部氏滅亡後の崇峻紀元年（五八八）から着手していた。

この年、百済から仏舎利、僧、寺工、瓦博士、画工らが贈られ、「法興寺」（飛鳥寺）の建立が着手された。東漢氏系《やまとのあやうじ》の飛鳥衣縫造樹葉《あすかのきぬぬいのみやつこのこのは》から土地を譲り受けての造営であって、塔が建てられ始めて、三年後に完成すると、高句麗僧の慧慈《えじ》や百済僧の慧聡《えそう》を住まわせ、馬子の子善徳《ぜんとこ》が寺司となった。

推古紀十一年（六〇三）十月に天皇は、即位した時の豊浦宮から飛鳥寺近くの小墾田宮に移ると、十三年四月に皇太子・大臣と諸王・諸臣らに詔して、共同に誓願を立て、初めて銅・繡《しゅう》の丈六の仏像、各一体を造ることになり、そこで鞍作鳥《くらつくりのとり》が丈六の仏像を造り始めた。

これを聞いた高句麗の大興王が黄金三百両を贈ってきたので、推古紀十四年に仏像が完成して金堂に安置されている。飛鳥寺は、境内の発掘により一塔三金堂形式の伽藍配置であったことが明らかになっている。この造営に至るまでの動きといい、一塔三金堂形式の伽藍配置といい、また百済・高句麗の協力といい、飛鳥寺は王権と列島の統合を象徴するものとなった。『日本霊異記』の第三話は、雷の好意によって授かった子の力が強かったという、敏達朝の時代の話ではあるが、その子は長じて飛鳥寺の童子となったという。

他方で推古紀十五年の二月には、「今し朕が世に当りて、神祇を祭祀《いはひまつ》ること、豈怠《あにおこた》ること有らむや。故、群臣、為に心を竭《つく》して、神祇を拝びまつるべし」という詔を出し、皇太子や大臣、百寮を率いて、神祇を拝礼しており、神祇にも力を入れている。これは仏教興隆を快く思わない群臣や国造らへの対応と見られるが、天皇の仏教興隆によって、推古紀三二年（六二四）には「寺四十六所」があったという。

古墳時代の後期に始まった文明化の動きは、文字の利用に始まって仏教の伝来とともに着手されてきたのであり、その動きを支えたのは朝鮮半島の百済の人々であったが、やがて遣隋使を派遣して中国から直接に文物を輸入し、文明化を加速させる方向へと進んでいった。その象徴的存在が聖徳太子である。

三　文明化の象徴

聖徳太子

推古紀元年（五九三）四月条は、「厩戸豊聡耳皇子《うまやどのとよさとみみのみこ》を立てて皇太子としたまふ。よりて録摂政《まつりごとふさねつかど》らしめ、万機を以ちて悉に委ぬ」と、推古天皇が甥の厩戸皇子（聖徳太子）を皇太子として万機を摂行《せっこう》させたと記す。

皇子は父が用明天皇（推古天皇の同母兄）、母が推古異母妹の穴穂部間人皇女《あなほべのはしひとのひめみこ》で、敏達紀三年（五七四）に生まれた。父の母が蘇我稲目の娘堅塩媛《きたしひめ》であったことからも知られるように、蘇我氏と強い血縁関係にあり、蘇我氏とともに推古天皇を支え倭国の文明化を推進することになった。

『日本書紀』はこの厩戸皇子の事績を異例なほどに詳しく扱っているので、順次、その活動を追ってゆこう。推古紀元年（五九三）、厩戸皇子は物部氏との戦いの際の誓いを実行し、摂津難波に四天王寺を建立し、その二年後、高句麗から渡来した僧彗慈《えじ》から、隣国の隋《ずい》が官制の整った強大国で、仏法を篤く保護していることを聞き、遣隋使の派遣を考えるようになり、推古紀八年（六〇〇）に初めて遣隋使を派遣したという。

翌年に斑鳩宮《いかるがのみや》を造営し、推古紀一二年（六〇四）には冠位十二階を定め、十七条の憲法を制定している。翌年に斑鳩宮へ移り住んだが、その西方に建立されたのが法隆寺である。

政治体制を整えた太子は推古紀十五年（六〇七）に再び小野妹子《おののいもこ》・鞍作福利《くらつくりのふくり》を遣隋使として隋に送って、国際的にも倭国の立場を確立させた。仏教を篤く信仰し、推古紀二十三年（六一五）までに『三経義疏《さんぎょうぎしょ》』を著し、推古紀二十八年（六二〇）には、馬子とともに『国記』、『天皇記』などを編纂、国内の政治を整えていった。すなわち皇子の政策は以下のようにまとめられる。

① 遣隋使を派遣して中国の文物を取り入れた。
② 十七条の憲法を定めて政治のあり方を示した。
③ 冠位十二階を定めて人材の登用をはかるとともに身分を整えた。

④　四天王寺の造営や経典の注釈書を著して仏教の興隆につとめた。
⑤　蘇我馬子とともに天皇記・国記・臣連伴造国造《おみむらじとものやっこくにのみやっこ》百八十部《やっこもの》并《あわせて》公民等《おおみたからども》の本記《もとつふみ》を編纂。

その政策の細部にわたって携わったのかは疑問があるにせよ、それらに関与していたことまで疑うまでもなく、総じて推古朝の文明化の政策に基づくものであると評価できよう。たとえば④の仏教の興隆は、推古朝の政策であって、太子はそれに沿って動いたのである。『三経義疏』を著した点については、「三経」の一つ『勝鬘経《しょうまんぎょう》義疏』には、鎌倉時代製作の版本が法隆寺に存在しており、これに酷似する敦煌本が知られるので、太子の独創を示すものではないことが明らかとなり、仏教への太子の信仰や理解が深かったことを物語る証拠と考えられるにとどまっている。

ただ仏教説話集『日本霊異記』の序は太子をこう記し、仏法興隆における太子の存在を大きく取りあげている。

> 生まれながらして高弁に、兼ねて未事《ゆくさきのこと》を委《し》り、一たび十の訴えを聞きて一言も洩したまはず、生年二十五にして天皇の請を受けて、大乗経を説きたまひき。造りたまへる経の疏《しょ》は長《とこしえ》に末の代に流《つた》はる。

その上巻の四話においても、推古天皇の皇太子となったことに始まり、厩戸豊聡耳、聖徳、上宮という三つの名があったという由来を記し、太子が片岡の村の道端にいた乞食を労《ねぎら》ったところ、その乞食が実は「聖」であったことがわかったことなどを記した後、「聖人は聖を知り、凡人は知らず。凡夫の肉眼には賤しき人と見え、聖人の通眼《つうげん》には隠身《いんしん》と見ゆ」と、聖人には真の姿が見えると評している。

遣隋使派遣

遣隋使の派遣については詳しく見ておこう。推古紀八年（六〇〇）、初めて遣隋使が派遣され、直接に中国から受容する文明化の推進への段階に入った。その派遣の第一回については『日本書紀』に記事がなく太子がどこまで関わったのかは知り得ない。記事がないのは不思議にも思われるが、『日本書紀』はこれまでにも大陸への遣使については常に記しているわけではないので、特に問題とはならない。

法隆寺（小川一真撮影、国立国会図書館蔵、明治43年）

遣隋使派遣の大きな契機は対外的な事情にあった。大陸では五八九年に隋が南朝の陳《ちん》を滅ぼして統一王朝を築いたことで、百済がすぐに、高句麗が二年後に入貢して隋の冊封《さくほう》体制下に入った。

倭は新羅に奪われた「任那」と称される旧加耶地域の復興を念願とし、五九一年から紀・巨勢・大伴など中央豪族を将軍に任じ、筑紫に二万人を派兵し「任那の調」の貢上を求め、それが足かけ五年に及んでいたというが、その新羅も遅れて五九四年に隋に入貢したことから、倭でも体制の整った段階で遣隋使を派遣するに至ったのであろう。五九七年に百済王子の阿佐が倭国に朝貢、五九八年には新羅、五九九年には百済の使者が来朝するなど、朝鮮諸国が相次いで倭国との通交をはかってきた時期を見計らってのものであろう。

『隋書』の倭国伝には、高祖文帝が倭の遣使に尋ねたところ、それに答えた様子が記されている。「倭王」について「姓は阿毎《あめ》、字は多利思比孤《たりしひこ》、号は阿輩雞弥《おほきみ》、使を遣して闕《けつ》に詣る」と答えているのは、倭王のアメは天、アメタリシヒコは天から下られた方、オホキミは大王の意味なので、天孫《てんそん》降臨《こうりん》の考え方に基づいて名乗ったのであろう。

続いて倭王の政治については、天を兄とし日を弟としており、その天が明けないうちに政を行い、日が出ると政務を弟にまかせている、と答えると、文帝は、それでは義理が立たない、と批判して改めるように訓令したという。政治を直接に行うのが朝だけで、その他を臣下たちに委ねてしまうことについて批判したのであった。

これから見れば、初度の遣隋使派遣にはさほどの成果はなかったかもしれないが、その歴史的意義は大きく、推古紀十五年（六〇七）七月、倭は再び遣隋使を派遣した。これについては『日本書紀』に「大礼小野妹子を大唐に遣す」と記されている。

その時に倭王が隋の皇帝煬帝《ようだい》に宛てた国書が『隋書』に見えており、「日出づる処の天子、書を日没する処の天子に致す。恙《つつが》無きや」と書き始められていたことから、これを見た煬帝が立腹し外交担当の鴻臚卿《こうろけい》に「蕃夷《ばんい》の書、無礼なるものあらば、また以て聞するなかれ」と、無礼な蕃夷の書を今後は見せるな、と命じたという。

この「日出づる処」「日没する処」の表現は、仏教書『大智度論《だいちどろん》』に「日出処是東方、日没処是西方」とあることによるもので、東西の方角を表す仏教用語であった。「天子」はアメタリシヒコの漢訳で、書を「致す」とあるのは、君臣関係にない場合に用いられる書式と考えてのものであろう。あるいはこの付近に仏教に造詣の深い太子の考えが入っていたのかもしれないが、『日本書紀』にはそうした記述はない。

そもそも遣隋使は朝貢の姿勢を示し、仏教や先進的文物を学ぶことを目的としていたのであるから、煬帝にとっては全く受け入れられる表現ではなかったであろう。しかしそれにもかかわらず煬帝は返礼として裴世清《はいせいせい》を倭国に派遣している。それは、当時、隋と対立していた高句麗が倭国と通交するようになっていたことへの警戒感と、倭国を教導する目的とがあり、その国情を知りたかったことなどによろう。

文明化の推進

隋の使者を翌年に迎えた倭は、一緒に帰国した妹子が持ち帰った隋の礼書『隋朝儀礼』に基づいて待遇している。新しい館を建て、飾船や飾馬を用意し、衣服と冠をそろえ、盛大に出迎えた。裴世清が持ってきたという国書が『日本書紀』に見える。

それは「皇帝、倭皇に問ふ」と始まり、朕は宝命を受けて天下に臨み、徳をひろめ、それをすべての人に及ぼそうと考えている。人民を愛育したという情に、遠いや近いという区別はない。倭の皇王は海のかなたにあってよく民庶を撫で治め、境内は安楽で風習もおだやかに、その志に深く至誠の心があり、遠くからはるばる朝貢したのをうれしく思う。

これに対する倭の返書の書き出しは、『日本書紀』に「東の天皇、敬みて西の皇帝に白す」とあることから、これをもって天皇号の始まりと見ることも可能である。『隋書』には使者が倭王（推古天皇）に謁見したことが書かれているのに倭王を女性であったと記していないのが気になるが、外交使節がすべてを語るわけではなく問題はなかろう。小野妹子も隋からの返書を百済に掠取されたと報告して伝えてはいないのである。

推古紀十六年（六〇八）九月に裴世清の帰国を送って、再び遣隋使の派遣となった。大使に小野妹子、小使に吉士雄成《きしのおなり》を任じたが、この時には渡来系の留学生八人が同行している。留学生のうち学生は倭漢直福因《やまとのあやのあたいふくいん》、奈羅訳語恵明《ならのおさえみょう》、高向漢人玄理《たかむくのあやひとくろまろ》、新漢人大圀《いまきのあやひとだいこく》、学問僧は新漢人日文《にちもん》（後の僧旻《みん》）・南淵請安《みなみぶちのしょうあん》・志賀漢人《しがのあやひと》慧遠《えおん》・新漢人広済《こうさい》らであり、彼らは二十年から三十年にわたって滞在し、その間の隋の滅亡と唐《とう》の建国を体験したことから、帰国してから大きな役割を果たすことになる。

隋使を迎えたことにより、推古紀十九年（六一一）に新羅・「任那」使が来朝し、これに対応して百済の来貢も頻繁となり、高句麗もまた来朝するようになった。『隋書』は倭を「大国」と評しているが、それは朝鮮諸国が次々と倭に来朝したことを見てのことであろう。それもあって隋の国勢が衰えて、朝鮮三か国が遣隋使を停止したにもかかわらず、倭のみは六一四年に犬上御田鍬《いぬがみのみたすき》を派遣したのである。

この時に隋に渡って王朝交替を間近に見た恵日《えにち》は、推古紀三十一年（六二三）に新羅を経て帰国すると、唐に留学している者を帰国させるべきことや、大唐国は「法式」が備わっているので常に交流すべき国であると奏上している。ここに唐の「法式」が注目され、倭国でも法式を定める方向へと進んでゆくことになる。

以上に見てきた遣隋使派遣においても太子がどれだけ関与していたのかも定かでないが、遣隋使派遣はその後の遣唐使派遣へとつながり、倭国の文明化を加速化していった。

十七条の憲法

②の、十七条の憲法を定めて政治のあり方を示したという点はどうであろうか。これがどのように定められたのか、いかなるものであるかについては一切、記されておらず、そのため疑問視されているが、逆に何故この箇所にすべてを作文して入れたのかと問えば、全くの後世の創作と見るわけにはゆかない。

後世の手が入っていることは、幾つかの言葉遣い、たとえば第十二条に「国司・国造、百姓に斂《をさめと》ることなかれ」とあるが、このうちの国司が当時にない表現であることなど、例証があげられている。では『日本書紀』編集時における全くの創作かといえば、仮に創作の部分はあったにせよ、すべてを編集時の創作と見るよりも、何らかの太子の言説があって、それに追加されたものと考えるべきであろう。何もないところに十七条の記事を入れたというよりは、そう考えるほうが自然というべきである。

そこで見てゆくと、第一条は「和を以ちて貴しとし、忤《さか》ふること無きを宗とせよ」、第二条は「篤く三宝を敬へ。三宝とは仏・法・僧なり」、第三条は「詔を承りては必ず謹め、君は天なり、臣は地なり」と始まっており、この最初の三か条は君臣の道についての一般原則を示したものにほかならない。

続く第四条は「群卿・百寮、礼を以ちて本とせよ」と群卿・百寮を対象にした条文であって、ここでは対象が群卿・百寮に限定されている。これに続く第五条は「饕《むさぼり》を絶ち欲を棄てて、明《あきらか》に訴訟を弁《わきた》めよ」と始まり、訴訟に公平にあたることを求めており、群卿・百寮と対象が記されていないものの、前の条の続きと考えられ、群卿・百寮を対象とした条文と見てよく、第六条も「懲悪《ちょうあく》勧善は、古の良典なり」と始まって、勧善懲悪を勧めているので、これまた群卿・百寮を対象とする条文と見てよい。

しかし七条になると「人各任《にん》有り」と始まって、適切な人事を行うことが肝要であることを語っていて、群卿・百寮が対象というよりは、為政者としての心構えを指摘したものといえよう。七条までが一区切りをなすが、八条になると、「群卿百寮、早く朝《まゐ》りて晏《おそ》く退《まか》でよ」とあって、再び群卿・百寮を対象とする勤務の精励を求める条文となり、以下、九条の「信は是れ義の本なり」、十条の「忿《ふん》を絶ち瞋《しん》を棄てて、人の違ふことを怒らざれ」、十一条の「功過を明察して、賞罰は必ず当てよ」までの条文は、いずれも群卿・百寮を対象とする政務遂行上での心得を記したものである。

さらにこれに続く十二条は「国司・国造、百姓に斂《をさめと》ることなかれ」とあり、国司・国造の地方官を対象とし、十三条は「諸の官に任《よさせ》る者、同じく職掌を知れ」とあって、諸官を対象としているが、再び十四条では「群臣・百寮、嫉妬有ること無かれ」と、群臣百寮を対象とし、以下、十五条「私を背きて公に向くは、是れ臣の道なり」、十六条「民を使ふに時を以ちてするは、古の良き典なり」、十七条「夫れ事は独断すべからず。必ず衆と論《あげつら》ふべし」と、いずれも群臣・百寮を対象とした条文が続いている。

こうした構成から考えると、まず三条が生まれ、続いて七条までが追加されて、ここまでが一区切りであって、それにさらに十三条まで、そして最後の十七条までが追加されていったという、幾つかの段階が指摘できよう。

そう見てゆくならば、聖徳太子が直接に関わった条項は、少なくともこのうちの七条までであった可能性が高く、それ以後の条文は官僚を対象とした同じような内容の反復であるから、後世になって追加された可能性が考えられる。

以上、東アジアの小国である倭国は、天皇の中央集権の強化をはかり、文明国家を形成するために努力し、遣隋使を派遣して隋の進んだ文化や制度を輸入し、仏教の興隆につとめてきたが、十七条の憲法はいわばそうした文明化の精神を示したものであり、その文明化を象徴する政治家を太子に代表させたことから様々な言説が付加されていったことになろう。

太子伝説

太子は、推古紀九年（六〇一）に斑鳩宮を造営して二十年後の推古紀三十年（六二二）にそこで倒れ、皇子の回復を祈って看病していた夫人が先に没すると、後を追うように二月五日に亡くなり、斑鳩宮は上宮王家《かみつみやおう》の山背大兄王《やましろのおおえのおう》に引き継がれた。

しかし山背大兄王が有力な皇位継承権者であったことから、蘇我入鹿《いるか》によって滅ぼされる。皇極《こうぎょく》紀二年（六四三）に巨勢徳多《こせのとこた》や土師娑婆連《はじのさばのむらじ》の軍勢をさしむけ王の住む斑鳩宮を攻めたので、王は生駒山に逃れたが、斑鳩寺に戻って自害し、聖徳太子の血を引く上宮王家は滅亡したのである。

『日本書紀』は、太子が天皇の分身ともいうべき皇子であることや、その血を引く上宮王家が滅亡したことから、太子に文明化の精神を託するようになったのである。聖徳という名は、徳ある聖人という意味だが、太子の存在が高められてゆくなか、やがてその政治の指針によって今日の国家がここにまで至ることができたというメッセージが託されるようになった。聖徳太子は、七世紀の律令体制の国家形成をするにあたり、その礎を築いた政治家としての人物像がしだいに膨らんでいったのである。

聖徳太子という名は和銅五年（七一二）献上の『古事記』には全く記されておらず、養老四年（七二〇）完成の『日本書紀』でも推古天皇の記事に「東宮聖徳」と記してはいるが、「聖徳太子」という名はない。没後百年以上を経た天平勝宝三年（七五一）に編纂された『懐風藻《かいふうそう》』で初めて記されており、その序において、冠位十二階について「聖徳太子におよびて、爵を設け官を分かち、はじめて礼義をさだめたまふ」と指摘するが、太子が仏教を崇めはしても、詩文を作る余裕はなかった、と語っている。

こうして太子を中心とした文明国家の形成の動きは、大化の改新を経て律令国家の形成をもたらしたものと捉えられ、その日本国家の礎を築いた卓抜な政治指導者として聖徳太子の像が膨らむようになったのである。

四　文明化と国内改革

和歌の時代の到来

蘇我馬子が推古紀三十四年（六二六）二月五日に亡くなり、その二年後に推古天皇が亡くなったことから、蘇我蝦夷《えみし》は群臣の意見を聞いて、山背大兄王を推す叔父の境部摩理勢《さかいべのまりせ》を滅ぼして田村皇子（敏達の孫）を天皇となし（舒明《じょめい》天皇）、政治の実権を握った。

ここに神代からの歴史を叙述してきた『古事記』の記事が終わり、それに代わって『万葉集』の歌が多く見受けられるようになる。雄略天皇の巻頭歌に続くのは舒明天皇の次の歌である。

高市《たけち》岡本宮に天の下治めたまひし天皇の代〈息長足日広額《おきながたらしひひろぬか》天皇〉

天皇、香具山《かぐやま》に登りて望国《くにみ》したまふ時の御製歌

大和には群山あれどとりよろふ　天の香具山登り立ち国見をすれば　国原は煙立ち立つ　海原はかもめ立ち立つ　うまし国ぞあきづ島大和の国は（二）

大和には多くの山があるが、特に頼もしい天の香具山に登って国見をすると、広い平野に竈《かまど》の煙が立ち上り、広い水面にはカモメが飛び立っている、ほんとうに良い国だ、大和の国は、と詠む。王が高所に登って国を見て国の形勢を判断する国見の行事の際に詠んだ歌であり、為政者としての抱負が込められている。推古の跡を継いだ舒明天皇から新たな時代が始まったことを物語る歌である。

天皇は舒明紀元年（六二九）に田部連《たべのむらじ》を屋久島に派遣するとともに、朝鮮三国との通交を維持し、翌年に犬上御田鍬を遣唐使として唐に派遣した際には、使者のほかに学問僧や学生を多数派遣している。唐からは僧の霊雲《りょううん》、旻、清安や高向玄理らが帰国したので、天皇は旻を迎えて国王の寺院として百済大寺を創建し、皇后を立てて中大兄皇子《なかのおおえのみこ》（天智天皇）・間人皇女《はしひとのひめみこ》（孝徳天皇の皇后）・大海人《おおあまの》皇子《みこ》（天武天皇）らを相次いで儲け、国政に意を注いだ。

天皇が大和の宇智の野（五条市大野町周辺）に狩猟に赴いた際、その供をしていた間人連老《はしひとのむらじおゆ》が次

の歌を奉ったという。

やすみしし我が大君の朝日には　取り撫でたまひ　夕にはい寄り立たしし　みとらしの　梓の弓の中弭《なかはず》の音すなり　朝狩に今立たすらし　夕狩に今立たすらしみとらしの　梓の弓の中弭の音すなり（三）

反歌

たまきはる宇智《うち》の大野に馬並《なめ》て　朝踏ますらむその草深野《くさふかの》（四）

天皇が愛用する梓弓の中弭の音に朝夕の狩りがあることを知り、宇智の野に馬を並べた朝の風景を詠んでいる。間人連老は六五四年に遣唐使として派遣されている。

文明化を進めるなかで、この時期から和歌の文化が成長したのであり、新たな時代は『万葉集』の和歌とともにあったことになろう。

乙巳の変と大化の改新

舒明天皇が六四一年に亡くなると、継嗣となる皇子が定まらず、翌年に皇后が皇極《こうぎょく》天皇として即位した。引き続き蘇我蝦夷が大臣として重きをなし、子の入鹿が国政を握った。この蘇我政権の専横に不満を抱いたのが中臣鎌子《かまこ》であって、蘇我打倒の計画を進め、クーデターの中心たりうる人物を探すなか、たまたま法興寺の打毬《だきゅう》で中大兄皇子の皮鞋が脱げたのを鎌子が拾って皇子に捧げたのが縁となり親しい関係となったという。

皇子と鎌子はともに南淵請安の私塾で『周礼《しゅらい》』の教えを学び、蘇我氏打倒の密談をするなか、蘇我一族の蘇我倉山田石川麻呂を同志に引き入れ、その娘を中大兄皇子の妃とするなか、機会は六四五年の三韓からの進貢（三国の調《みつき》）の使者が来日した時に訪れた。

三国の調の儀式には入鹿も出席することから、その機会に暗殺を決断すると、同年六月十二日、実行に移して入鹿殺害に及んだ。驚いたのは天皇で、中大兄皇子から入鹿が皇族を滅ぼし皇位を奪おうとしたと語るのを聞くや、直ちに殿中へ退いてしまった。翌日に蝦夷は館に火を放ち自害する。

この乙巳《いっし》の変《へん》により、皇極天皇は天皇の地位を降りると言明し、六月十四日に軽皇子《かるのみこ》へ譲位し（孝《こう》徳《とく》天皇）、中大兄皇子が皇太子となる体制となった。天皇の終身性が否定され、皇極天皇による譲位が引き起こされたのだが、この意味は大きい。中大兄皇子はその下で政治を執る目論見がはずれてしまい、政治的駆け引きに拍車がかかることになった。

自ら手を汚さずに実権を握ることになったのが孝徳天皇であって、その力を示すべく推進していったのが「大化の改新」政治である。六月十九日、孝徳天皇と前天皇、中大兄皇子は、群臣を大槻の樹の下に集めて盟約を結ばせた。「今より後は君に二政なく、臣に朝に二心なし」と天神地祇に誓わせて、大化元年と初めて元号を定めている。広大無辺の徳化を及ぼそうという意図に基づく命名であった。

天皇は仏法を尊び神道を軽んじ、その人となりは柔仁で儒学を好み、貴賤を選ばず登用した、と評されたように、積極的な文明化政策をとった。八月五日に東国と大和六県に、九月には諸国に使者を派遣するなど、最初に手を付けたのが地方政治の改革であった。

改新の詔と改革の挫折

東国の国司派遣の詔を出した翌大化二年（六四六）正月には、いわゆる「改新の詔《みことのり》」を出したが、その詔は次の四か条からなる。

第一条は、国内の土地・人民を天皇・王族・豪族が私的に所有・支配することを廃止。第二条は、政治の中枢となる首都の体制、畿内・国・郡《こおり》などの地方行政組織の整備と、その境界の画定、中央と地方を結ぶ駅伝制の制定。第三条は、戸籍・計帳による人民把握と、班田収授《はんでんしゅうじゅ》という土地制度の策定、第四条は新しい税制であった。

これらの条文には付則があって、その多くが後の養老令などと同文であることから、『日本書紀』編纂に際して追加、ないしは書き替えられた可能性が高いとされているが、このような方針が紆余曲折を経ながらも政策として進められ、やがて律令の制度として結実してゆくことになる。

三月には薄葬令《はくそうれい》と称される儒教的秩序に基づく造墓規制と風俗統制からなる旧俗矯正の詔を出し、陵墓を造ることについては王以上、上臣、下臣などの身分別に定め、天皇陵にかける時間を七日以内に制限したが、ここに古墳時代は事実上終わりを告げることになった。

習俗の改革では冠位制度を改定し、大化三年に冠位十三階、大化五年に十九階となし、天皇を頂点とした序列を整えた。世襲制の役職である伴造や品部を廃止し、特定の氏族が役職を世襲する制度も廃止、八省百官《はっしょうひゃっかん》の制定により左大臣・右大臣を頂点とする太政官を置き、職位に応じた冠、衣服、礼儀作法を制定した。

大化四年（六四八）、天皇が近江の比良宮の行宮《あんぐう》に行幸した時に詠まれたのが次の歌で、作者は鏡王《かがみのおおきみ》の娘の額田王《ぬかたのおおきみ》と伝えられているが、『万葉集』の編者は未詳としている。

秋の野のみ草刈り葺き宿れりし　宇治の都の仮廬《かりいほ》し思ほゆ（七）

天皇の改革が性急だったことから大きな反発を受けた。大化四年（六四八）の冠位十三階の施行に際しては左右両大臣が新制の冠の着用を拒み、翌年に左大臣阿倍内麻呂が死去した直後に、右大臣蘇我倉山田石川麻呂が謀反の嫌疑をかけられて山田寺で自決を遂げている。

しかし天皇はめげなかった。六五〇年に白い雉《きじ》が献上されたことから年号を白雉《はくち》と改め、地方では評《こおり》という地方組織への改革を進め、群臣の離反には対外政策で威信の回復をはかった。朝鮮三国との外交問題を整理して緊張を和らげるいっぽう、数度にわたって遣唐使を派遣し、進んだ法制度や文化の輸入につとめ、さらに北陸道の越国《こしのくに》に渟足柵《ぬたりのき》と磐舟柵《いわふねのき》を設けて東北地方の蝦夷に備えたのであるが、その努力も空しかった。

天皇が難波長柄豊崎宮の造営をはかって宮殿が白雉三年（六五二）に完成したところ、この難波宮造営と性急な改革に不満をもつ中大兄皇子が、翌年に難波宮から飛鳥河辺宮に戻ると、群臣もこれに従ったので孝徳天皇は孤立し、翌年に憤死してしまう。

中大兄皇子は皇極天皇の重祚《ちょうそ》を願い（斉明《さいめい》天皇）、やっと乙巳の変前に皇子が考えていた体制が六五五年実現するが、その中大兄皇子が飛鳥で詠んだ歌を掲げる。

わたつみの豊旗雲《とよはたくも》に入日さし　今夜の月夜さやけかりこそ（一五）

緊迫する国際情勢

この時期に大陸で唐王朝が六一八年に築かれ、皇帝の太宗が版図拡大を狙って朝鮮半島に侵出するなか、朝鮮半島で分立していた高句麗・百済・新羅の三国がそれぞれに権力集中に動きに出ており、倭国でもそれに応じて斉明天皇が越国守の阿倍比羅夫《ひらふ》を東北地方に派遣して蝦夷の服属をはかり、比羅夫は蝦夷と粛慎《みしはせ》人を捕虜として帰還している。

このように領域支配権を拡大させてゆくなかでも政情不安は続いた。斉明紀四年（六五八）、孝徳天皇の遺児有馬皇子《ありまのみこ》が謀反を理由に処刑されたのである。前年に紀伊の牟呂《むろ》の湯（白浜）に赴いて病気療養をした皇子が、その湯の効用を天皇に説いたので、天皇と中大兄皇子が温泉に出かけていた際、蘇我赤兄《あかえ》が有馬皇子に謀反を唆したという。

しかし唆したその赤兄が皇子を謀叛人となして皇子を捕らえ白浜に護送したところ、皇子は何も釈明せずにそこで処刑されてしまう。この時の歌が『万葉集』巻二の挽歌の巻頭を飾っている。

有馬皇子自ら傷みて松が枝を結ぶ二首

岩代の浜松が枝を引き結び　ま幸《さき》くあらばまたかへり見む（一四一）

家にあれば笥《け》に盛る飯を草枕　旅にしあれば椎の葉に盛る（一四二）

幸いにも家に帰ることができればよいが、と詠んだのだが、その願いも空しかった。

斉明紀六年（六六〇）、百済が唐・新羅の連合軍に攻められて滅びたという報が入り、百済の遺臣の鬼室福信《きしつふくしん》・黒歯常之《こくしじょうし》から倭に対し、「質」として滞在している百済王の太子豊璋《ほうしょう》王を擁立するので救援して欲しいと訴えてきた。そこで斉明天皇は救援を決定、天皇自らが九州に下る。その一行が瀬戸内海を経て伊予に寄港した時、額田王が次の歌を詠んでいる。

熟田津《にきたつ》に船乗りせむと月待てば　潮もかなひぬ今は漕ぎ出でな（八）

額田王は鏡王の娘で大海人皇子との間に十市皇女《とおちのひめみこ》を生んだ歌の名手であった。この地に天皇が寄ったのは諸国からの徴兵を待ち、石湯行宮《いわゆのかりみや》こと道後温泉で病気療養をするためもあった。歌の熟田津は道後温泉近くまで入り込む入江の湊であった。

翌年、天皇は九州に向かったのだが、滞在先の朝倉宮で急死してしまい、同行していた中大兄皇子は即位せずに「称制」として朝廷の実権をにぎる。阿倍比羅夫が筑紫大宰帥《だざいのそち》に起用され、九州の豪族を中心とした軍兵が半島に渡海した。

当初は優勢が伝えられていたが、防御に有利な周留城から避城に遷都することを望んだ百済軍が、倭軍の反対を押し切って移動しようとしたところを唐・新羅軍に攻められ、形勢は逆転。その翌年の六六三年八月、倭・百済連合軍は唐・新羅軍のいる白村江《はくすきのえ》河口に突撃したところを、待ち構えていた唐・新羅水軍に大敗を喫してしまう。

唐・新羅軍に敗れた百済は完全に消滅し、倭は朝鮮半島と結んできた交わりを絶たれ、半島への足掛かりを失って唐の脅威にもさらされることとなった。この敗戦を契機に中央集権体制の構築の必要性を痛感した倭国は、唐や新羅による侵攻に備え防御体制を整えていった。

文明化の思潮

倭国が進めた文明化の動きはその後にどのような影響を与えたのであろうか。時代はとんで鎌倉幕府に認められる。承元四年(一二一〇)九月三十日、彗星が光を東方に指し、三尺余りで芒気殊《こと》に盛ん、という状態で出現したことから、朝廷と幕府は徳政政策に動きだした。

後鳥羽《ごとば》上皇は新制という新たな法令を出し(建暦《けんりゃく》の新制)、華美な風を戒め、朝廷の公事を整えるなどの政治秩序の整備に向かったが、幕府の源実朝も十月十三日に諸国御牧の興行を守護地頭らに命じるなどの政策を展開した。以前から求めていた聖徳太子の『十七箇条憲法』や天王寺に納められて法隆寺にある重宝等の記録などを見、十一月二十二日に持仏堂で聖徳太子の御影を供養している（『吾妻鏡』）。聖徳太子の精神に倣ったのである。

それから二十年後に鎌倉幕府は『御成敗式目《ごせいばいしきもく》』を制定したが、その五十一箇条は憲法十七条の三倍の条数にあたっており、公家の律令があるにもかかわらず、新たな武家の法を制定することから、聖徳太子に遡ってその精神を受け継ぐものとする主張を込めていたことがわかる。

そうした流れから禅宗を中心とする大陸文化を受容してゆく。大陸から多くの人と物とが唐船を通じてやってきた。鎌倉には建長寺《けんちょうじ》や円覚寺《えんがくじ》などの五山が建てられ、大陸から渡ってきた中国の僧が迎えられ、中国語が日常会話で用いられていたという。詩文や儒学などの教養文化のみならず、唐膳や精進料理、飲茶の習慣など飲食などの生活文化も入ってきて、銭や陶磁器が流入してきたことから、兼好《けんこう》は『徒然草《つれづれぐさ》』でその傾向を「いとおろかなり」と強く批判したほどであった。いっぽう日本の商人や留学僧が直接に大陸に渡ることも多くなった。

いわばこれが第二の文明化であって、この段階を経て日本の社会は大きく変化してゆくことになる。蝦夷地や琉球の地との交渉も頻繁になり、日本列島が一つの文化圏として動き始めたのもこの時期からである。鎌倉幕府が倒れた後、後醍醐《ごだいご》天皇の建武政権に反旗を翻した足利尊氏が制定した『建武式目』も十七箇条からなっていたのである。

第三の文明化は、十六世紀後半の戦国時代に西洋文明を受容した時期である。鉄砲やキリスト教の教えなどヨーロッパの文明が入ってきたことから、それを積極的に摂取するようになった。鉄砲は戦国大名の戦術を大きく変化させ、活版印刷技術が新たな情報文化を生むなど、時代の流れを加速化させ、キリスト教の思想もこれまでの仏教信仰や政治思想に大きな影響を与えるようになった。

そして第四の文明化が明治維新であり、これは第一の文明化の過程とよく似ている。洋学の受容、開国と譲位、文明開化、お雇い外国人の雇用、欧化政策などのいわゆる文明開化である。日本が近代化をどうして早くに達成できたのかということがよく論議されるが、一つに古代からの文明化の思潮が背景にあったことがあげられよう。

もちろんそれぞれに全く時代背景や基調となる思潮は異なるのだが、そこには文明化の思潮が通底にあったと指摘できよう。たとえば明治の『大日本帝国憲法』を制定するにあたっては、憲法の言葉は十七条の憲法から採られたのである。

4

制度の構築

『万葉集』と『懐風藻』

一　律令国家建設の歌声

中大兄皇子の政策

六六三年八月、倭《わ》・百済《くだら》連合軍が唐《とう》・新羅《しらぎ》軍に白村江《はくすきのえ》の戦いに敗れると、この敗戦を契機に中央集権体制の構築の必要性が痛感され、国内体制の整備とともに、唐や新羅による侵攻に備え防御体制が整えられていった。

中大兄皇子《なかのおおえのみこ》は天智紀三年（六六四）に甲子宣《かっしのせん》を発令し、二十六階の新たな冠位制度や、大氏《おおうじ》・小《こ》氏《うじ》・伴造《とものみやつこ》の氏上《うじのかみ》の決定、民部《かきべ》・家部《やかべ》の制定などを行ったが、これは中央豪族を掌握する意図によるもので、新たな政治への強い意思を示そうとしたのである。また辺境防備のために防人《さきもり》を配置し、情報を伝えるための烽《とぶひ》を対馬・壱岐・筑紫に配備している。防人は東国から派遣されており、『万葉集』巻二十には編者の大伴家持《おおとものやかもち》が聞き取ったその歌がまとまって見える。

天平勝宝七歳乙未の二月に、相替りて筑紫に遣はさるる諸国の防人等が歌

恐《かしこ》きや命被《みことかがふ》り明日ゆりや　草《かえ》がむた寝む妹《いむ》なしにて（四三二一）

右の一首、国造丁長下《ながしも》郡の物部秋持《あきもち》

我が妻はいたく恋ひらし飲む水に　影さへ見えてよに忘られず（四三二二）

右の一首、主帳丁麁玉《あらたま》郡の若倭部身麻呂《わかやまとべのみまろ》

後年の歌ではあるが、二人はともに遠江国《とおとうみのくに》から派遣された防人で、国造や郡司の主帳《しゅちょう》のもとから派遣されてきて難波で家持により採録されたのである。「遠の朝廷《みかど》」と称される大宰府には天智紀三年（六六四）水城《みずき》が築かれ、翌年には北に大野城、南に基肄城《きいじょう》の山城が構えられてその備えとされたが、後に大宰府に赴任した大伴旅人《たびと》の歌に水城が詠まれている。

大夫《ますらを》と思へる我《あれ》や　水茎の水城の上に涙拭《のご》はむ（九六八）

防衛のためのこれら諸城は亡命百済貴族の指導によって築かれたものであって、彼らは倭国の官人にも登用され、近江からさらに東国に移住して、その農業技術を駆使し東国の開発にあたることにもなってゆく。

『万葉集』は全二十巻のうち巻一の前半部分（一～五十三番）は原万葉集というべきもので、各天皇を「天皇」と表記する。その次が巻一の後半部分と巻二で、持統天皇を「太上天皇《だいじょう》」、文武天皇を「大行天皇《たいこう》」と表記し、元明《げんめい》天皇の在位期を現在としているので、この時期に編まれている。

こうした先行する和歌を再編集するとともに、巻三～巻十五と巻十六の中心部分を一挙に編んだと見られている。このことは巻十五までの目録のみしかない古写本（「元暦《げんりゃく》校本」「尼崎本」）の存在や、

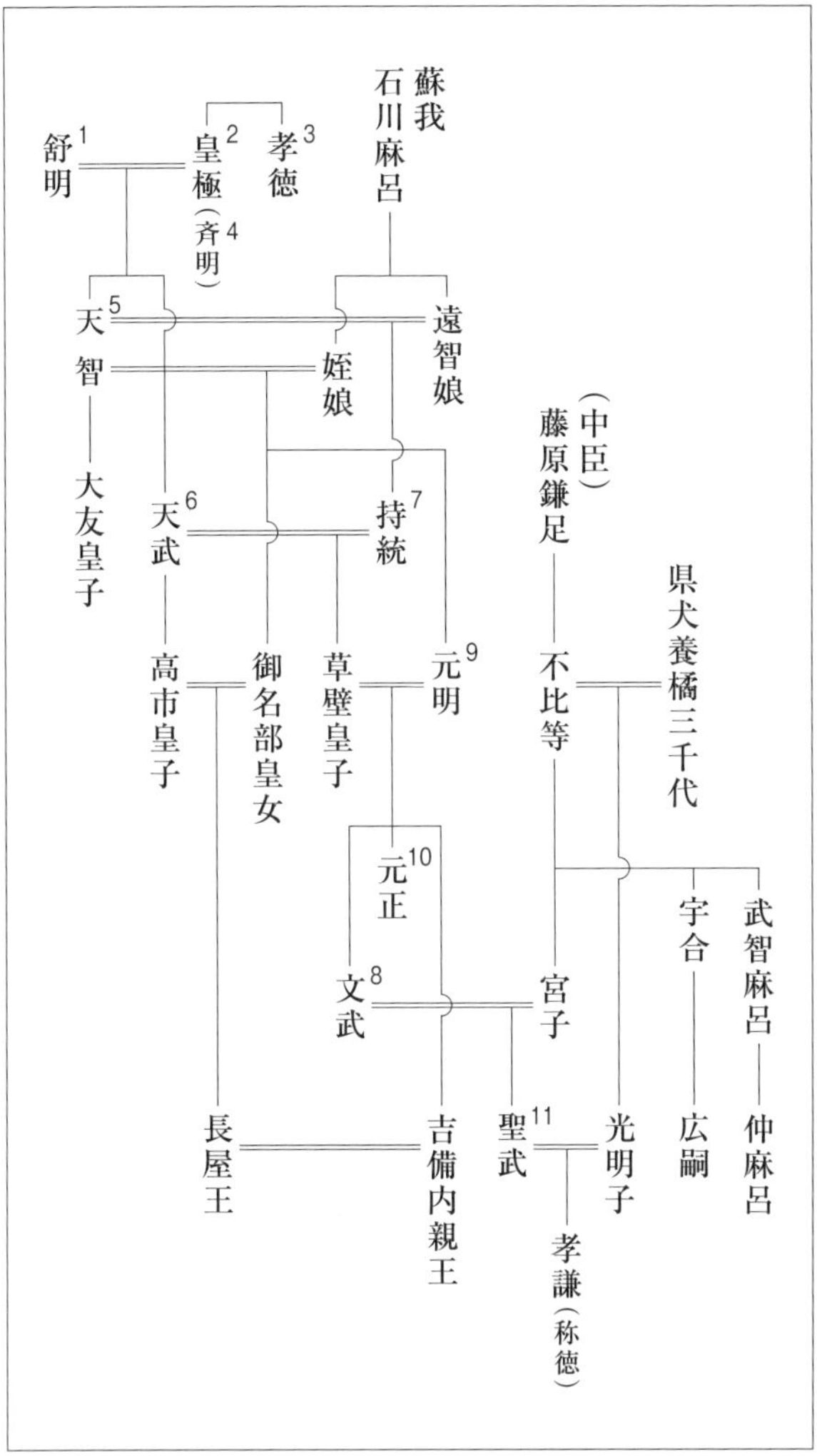
蘇我石川麻呂
1 舒明
2 皇極（4 斉明）
3 孝徳
5 天智
遠智娘
姪娘
大友皇子
6 天武
7 持統
（中臣）藤原鎌足
県犬養橘三千代
高市皇子
御名部皇女
草壁皇子
9 元明
不比等
10 元正
宇合
武智麻呂
8 文武
宮子
長屋王
吉備内親王
11 聖武
光明子
広嗣
仲麻呂
孝謙（称徳）

系図2　天皇・藤原氏系図

先行資料の引用の仕方、あるいは部立による分類の有無などによる考察の結果であって、巻十六以降は増補部分と見られている。大伴家持の歌が圧倒的に多く、その一族の歌も数多いこと、また増補部分については家持の歌日記風であることなどから編者は大伴家持であったと見てよい。

近江遷都

天智紀六年（六六七）に都が飛鳥から近江に遷された。対外情勢からの緊急避難という側面もあるが、遷都により新たな政治を行うことを考えてのことであろう。難波に遷す手もあったろうが、ここは孝徳天皇の宮を拒否したという経緯もあり、候補にはあがらなかった。

『日本書紀』が「天下の百姓、都遷すことを願はずして、そえみあさむく者多し」と記すように、飛鳥の都から離れることへの批判は大きかったのだが、実行に移した。次の歌は大和を離れ三輪山が隠れるまで見ながら近江に下ってゆく寂しさを詠んだ額田王《ぬかたのおおきみ》の歌とそれへの反歌である。

　額田王、近江国に下る時に作る歌、井戸王《いのへのおおきみ》の即ち和《こた》ふる歌

味酒《うまさけ》三輪の山あをによし奈良の山の　山の際《ま》にい隠るまで道の隈い積もるまでに　つばらにも見つつ行かむを　しばしばも見放《みさ》けむ山を　心なく雲の隠さふべしや（一七）

　反歌

三輪山をしかも隠すか雲だにも　心あらなも隠さふべしや（一八）

故郷を離れる寂しさを詠む額田王の歌に応じて、王に仕える井戸王が、せめて雲だけでもその気持ちを察して欲しいと詠んでおり、大和への望郷の念がうかがえる。

天智紀七年（六六八）五月、中大兄皇子は大海人皇子《おおあまのみこ》や中臣鎌足《なかとみのかまたり》らをいざない、琵琶湖対岸の蒲生野《がもうの》に薬を採取する薬狩りに出掛けたが、その際に額田王が大海人皇子に歌いかけ大海人皇子が答えた歌がある。

あかねさす紫野行き標野《しめの》行き　野守《のもり》は見ずや君が袖振る（二〇）
紫草《むらさき》の匂へる妹を憎くあらば　人妻ゆゑにわれ恋ひめやも（二一）

大海人皇子と中大兄皇子との関係は微妙なものがあって、大海人皇子は中大兄皇子の娘を次々に四人まで妻とし、また額田王との間に十市皇女《とおちのひめみこ》を儲けていたところが、その後に額田王は中大兄皇子の妃になっている。この歌には二人の微妙な心の動きがうかがえよう。なお『小倉百人一首』は最初に次の中大兄皇子の歌を据えている。

秋の田のかりほの庵の苫《とま》をあらみ　わが衣手は露に濡れつつ

しかしこれは『万葉集』には見えず、その内容も農民の歌であるから、他の人の歌と考えられている。後世になると人の身になって歌を詠むことが多かったから、皇子の歌という伝承が信じられたのであろう。

皇子は六六八年にようやく即位し(天智天皇《てんじ》)、六七〇年に「戸籍《へのふみ》を造り、盗賊と浮浪《うかれびと》とを断む」と戸籍を作らせている。この「庚午年籍《こうごのねんじゃく》」は盗賊や浮浪人が横行する地方支配の実情を調査し、造都のための労働力を確保する意図もあって永久保存され氏姓の根本台帳として機能してゆく。人民を把握する体制を築き中央集権体制へと邁進していったのである。

六七一年には初めての法典『近江令《おうみりょう》』を施行したとされる。疑問視されてはいるものの、後の律令への動きが始まっていたことは明らかである。この四月には漏刻が置かれ、時が刻み始め、時の支配も始まった。

近江朝廷の時代

律令整備へと動いていった近江朝廷の画期的な性格を伝えているのが漢詩集『懐風藻《かいふうそう》』である。これは天平勝宝《てんぴょうしょうほう》三年(七五一)に編まれ、編者には大友皇子の曾孫にあたる淡海三船《おうみのみふね》と考える説など幾つか出されているが確証はない。近江朝から奈良朝までの六十四人、一一六首の詩を収め、作者は天皇をはじめ皇子・諸王、諸臣や僧侶などである。

序において、近江朝の安定した政治による平和が詩文の発達を促し、多くの作品を生んだと記し、天智天皇の治世を次のように記している。

既にして以為《おも》ほしけらく、風を調へ俗《よ》を化むることは、文よりは尚《たふと》きはなく、徳を潤《ぬ》らして身光《てら》すは、熟《いずれ》か学より先ならむ、と。ここに則ち庠序《しょうじょ》を建て、茂才《もさい》を徴《め》し、五礼《ごらい》を定め、百度を興したまふ。

天皇は良風を整え、民を教化するには文より大事なものはなく、立派な人物になるためには学問よりも優先すべきものはないと考えられ、学校を建てて英才を集め、五礼の身分秩序を定め、法制度を制定したという。この新たな制度を担う官僚の教養として漢詩文が学ばれていったのである。次の二首はその巻頭を飾る大友皇子の作品である。

五言　宴《えん》に侍《じ》す　一絶

皇明《こうめい》日月《ひつき》とかがやき、帝徳は天地と載せたまふ。三才みな泰昌《たいしょう》、万国臣義を表はす（一）

天皇の宴に侍し、その徳の偉大さを、天地と万物とを育む恩徳によって天・地・人の森羅万象が調和し、万国が帰順する節義を表していると詠む。

大友皇子は天皇に愛され、『懐風藻』は、唐の使節の劉徳高《りゅうとくこう》から「この皇子、風骨世間の人に似ず、実にこの国の分に非ず」と高く評価されたと記す。それだけに天皇は皇子を継承者と考えていたものらしい。

六六八年末に高句麗が滅び対外関係が緊迫するなか、六七一年に天皇は太政官制をしくと、大友皇子を太政大臣に任命し、左大臣に蘇我赤兄《あかえ》、右大臣に中臣金《かね》らを任じた。天皇を支えていた中臣鎌足はこの二年前に亡くなっており、その際に大織冠《たいしょっかん》を授けられ、藤原朝臣の姓が与えられた。

太政大臣は国政を総覧する官職であって、皇太子の大海人皇子がこれまで担ってきた政務と重なっているので、天智天皇には後継者を大友皇子となす意図があったことは明らかで、このため天皇の政治と外交とを間近に見聞し、これを支えてきていた大海人皇子は不審の念をいだいたことであろう。六七一年、天智天皇は重病に陥ると、大海人皇子を病床に呼び寄せ、後事を託そうとしたのだが、蘇我安麻呂の警告を受けた皇子は倭姫《やまとひめ》皇后を即位させ、大友皇子を執政にするよう天皇に勧め、自らは出家しその日のうちに剃髪して吉野に下り、妻(後の持統《じとう》天皇)や草壁皇子《くさかべのみこ》らの家族と一緒に住んだのであった。

壬申の乱

近江朝廷は吉野の動きに警戒をおこたらなかった。虎に翼をつけて放ったようなものだ、と噂しあい、大友皇子は内裏西殿の仏像の前に左大臣以下を集めて、一心同体の誓いをなしたという。朝廷が美濃・尾張の国司に山陵の造営と称して人夫の挑発を命じ、それに武器を持たせている、という情報が吉野に入ってきた。

六七一年に天智天皇が亡くなったが、次の歌はその死を看取った倭姫の歌である。

天の原ふりさけ見れば大君の　御寿《みいのち》は長く天足《あま》らしたり（一四七）

人はよし思ひ止むとも玉かづら　影に見えつつ忘らえぬかも（一四九）

その倭姫の子の大友皇子が朝廷を主宰して後継に立ったのを契機に、翌年六月二十二日に大海人皇子は挙兵を決意し、美濃に使者を派遣すると、自らも僅かな供を従えて後を追った。妻も草壁皇子や忍壁皇子《おさかべのみこ》を連れて美濃に向かったが、『日本書紀』は大海人皇子と「ともに謀を定め」と記していて、乱の計画に与《あずか》っていた。

近江朝廷が東国の勢力と結ぶのを遮断し、その勢力を味方に引き込むという作戦であり、大和では大伴吹負《ふけい》がこれに応じて挙兵し、飛鳥の倭京《わきょう》を急襲して占領した。近江朝廷に動揺が広がるなか、大海人皇子は東国から数万の軍勢を不破《ふわ》に集結させ、琵琶湖東岸を進んで、ついに七月二十三日に大友皇子を自害に追いやった。

大海人皇子の勝利の原因は戦略的に優れていたことや、天智天皇を支えてきたこれまでの政治の実績、妻が天智天皇の皇女であったことなど相俟ってのことである。近江朝廷の内部にあって実権を握る道もあったが、天皇中心の政治を果断に行うのには、天智天皇・大友皇子に連なる諸勢力を排除し、実力によって近江朝廷を倒すしかないと考えたのであろう。

こうして都は大和に戻され、近江の都は荒れていった。この地を訪ねた宮廷歌人の柿本人麻呂は次の歌を詠んでいる。

玉だすき畝傍《うねび》の山の　橿原《かしはら》の聖《ひじり》の御代ゆ　生れましし　神のことごと　つがの木の　いや継ぎ継ぎに　天の下知らしめししを　天にみつ　大和を置きて　あをによし奈良山を越え　いかさまに　思ほしめせか　天離《あまざか》る鄙にはあれど　石走る近江の国の　楽浪《さざなみ》の大津の宮に　天の下知らしめしけむ　天皇の神の尊の大宮はここと聞けども　大殿はここと言へども　春草の繁く生ひたる　霞立ち　春日《はるび》の霧れる　ももしきの　大宮所《おほみやどころ》見れば悲しも（二九）

反歌

楽浪の志賀の唐崎《からさき》幸《さき》くあれど　大宮人の船待ちかねつ（三〇）

楽浪の比良の大わだ淀《よど》むとも　昔の人にまたも逢はめやも（三一）

旧都はここであると聞いていたが、今は春の草がいっぱい生え、霞が立っている。この宮跡を見ると悲しいと詠み、かつて栄えていた琵琶湖の風景に昔を思いおこしている。

近江の海夕波千鳥汝《な》が鳴けば　心もしのに古《いにしえ》思ほゆ（二六六）

柿本人麻呂の出自などはよく知られないが、これら近江を詠んだ歌をはじめとして、後世に大きな影響を与えることになった。

天武新政権

乱に勝利した天武《てんむ》天皇は飛鳥の古京に帰還し、飛鳥岡本宮に入ると、これに加えて東南の少し離れたところに新たに殿舎を造営して飛鳥浄御原宮《あすかのきよみはらのみや》を造ったが、そこでは中国の皇帝の正殿である太《だい》極殿《ごくでん》を模して大極殿を建て、政治の中枢塔の役割を担わせた。

六七三年二月二十七日に即位した天皇は、妻を皇后に立て、太政官のメンバー六人のうち右大臣中臣金を斬首に処したほかすべて辞めさせ、大臣を一人も置かず直接に政務をみることにした。皇族の諸王を要職に据えはしても、彼らに実権を持たせたわけではなく、臣下の合議や同意に基づかずに天皇自らが国家に君臨した。

壬申《じんしん》の乱《らん》によって「新たに天下を平げ、初めて即位」した、と告げたことにうかがえるように、天武天皇は天智天皇の後継者というより、新しい王統の創始者として自らを位置づけたのである。天皇の号もこの時期から明確に使用されるようになった。飛鳥の地から皇后の持統天皇が詠んだ次の歌からは、平和の到来が告げられている。

春過ぎて夏来るらし白たへの　衣干したり天の香具山（二八）

即位間もなく行ったのが官僚制の整備である。六七三年に官人についてすべて大舎人《おおとねり》に任用してから出仕するものと定め、天皇の身辺を警護させて忠誠心を養わせ、その才能を見極めて役職に就けた。翌年には官職と位階とを関連づける官位相当の制度を採用、六七八年には毎年、官人の勤評定を行い位階を進めるとし、定期的・体系的考選法を始めている。

また天武紀四年（六七五）には部曲《かきべ》を停止して豪族や寺社による人民に対する私的支配を否定、諸豪族を官人秩序に組み込んで国家の支配を貫徹する政策をとった。皇族・臣下・寺院に認めていた私有地を取り上げ、有力者による私的支配を否定し、官位官職や功績に応じ個人に封戸《ふこ》（食封《じきふう》）を与える形へと切り替えたのである。天皇は天武紀八年（六七九）に皇后と吉野に行幸して、次の歌を詠んでいる。

よき人のよしとよく見てよしと言ひし　吉野よく見よよき人よく見（二七）

翌日に離宮で皇后と六人の皇子らと盟約を交わした。草壁皇子、大津皇子、高市皇子《たけちのみこ》、忍壁皇子らの天武の皇子、川島皇子、芝基《しきの》（志貴）皇子《みこ》ら天智の皇子たちに、互いに争わず協力するように天《てん》神地祇《じんちぎ》に誓わせると、草壁皇子が代表して盟約に背かないことを誓っている。

これを契機に新たな動きに出た。壬申の乱で伊勢神宮を遙拝し大和の神々の加護を祈っていたこともあって、神祇《じんぎ》大系の頂点に天照大神を祀る伊勢神宮を据え、各地の神を天皇の下に位置づけて体系化していった。伊勢神宮には六七三年に大伯皇女《おおくのひめみこ》を斎王として派遣して奉仕させたが、十市皇女が六七五年に伊勢神宮に参った時に、波多《はた》の横山の巌を見た吹蕗刀自《ふふきのとじ》が次の歌を詠んでいる。

河上のゆつ岩群に草生《む》さず　常にもがもな常娘子《とこをとめ》にて（二二）

民間習俗も積極的にとりこみ国家的祭祀としている。五節《ごせち》の舞《まい》や新嘗祭《にいなめさい》などを国家的祭祀に高めて大嘗祭《だいじょうさい》を設け、古来の神の祭りを重視し、地方的な祭祀の一部を国家の祭祀に引き上げた。各地で祀られていた神社や祭祀を保護し国家の管理下に置いたのである。

即位前には出家して吉野に退いたという経歴をもつだけに仏教保護も手厚かった。六七三年に川原寺で一切経の書写を行っているが、この寺は斉明天皇の宮が改められたもので、百済大寺に続く国の大寺とされ、その後の移転とともに高市大寺、さらに大官大寺《だいかん》と改称された。六七六年には使者を全国に派遣し『金光明経』『仁王経』を説かせており、こうした天皇の動きを受けて多くの寺院が造営・修造されていった。

山田寺は蘇我倉山田石川麻呂の造営に始まり、反乱を疑われ寺で自決を遂げたこともあったが、その後に疑いが晴れたことから造営が進められた。法隆寺は六七〇年四月に焼失したという記事があり、その後に再建され、今に世界最古の木造建築として残存し、重厚感の溢れる建築は新時代の息吹を伝えている。六八〇年、天皇は皇后の病気に際し薬師寺建立を祈願し、自らの病に際しても仏教に頼って快癒を願った。

寺院の造営は中央だけでなく広く地方に及んでゆき、持統紀六年〔六九二〕には「天下の諸寺、およそ五百四十五寺」と爆発的に増加している。天武紀十四年〔六八五〕に出された「諸国に家ごとに仏舎を作り、すなわち仏像及び経を置き、礼拝供養せよ」という詔に地方の豪族が応じたもので、その僧尼には、寺院において天皇や国家のための祈禱《きとう》に専念することを求めており、仏教は国家に従属する国家仏教として広がった。かつて推古天皇は神祇も祭るように求め、また神祇に携る職にあった中臣鎌足を国政の補佐にあたらせたことからも、神祇への信仰は重視したのである。

二　律令の制定

藤原京の造営

国家の制度の整備を強力に推し進めるなか、天武天皇は政治と文化の中心となる宮都の造営に着手した。永続的都を建設する抱負を持って適地を探し、新城、すなわち後に藤原京として完成することになる都の造営にとりかかった。整地した道路に側溝を掘らせた様子を詠んだ歌が次の歌である。

大君は神にしませば赤駒の　腹ばふ田居《たゐ》を都となしつ（四二六〇）
大君は神にしませば水鳥の　すだく水沼《みぬま》を都となしつ（四二六一）

六八四年には三野王らに命じて適地を検分させ、天皇自身も新城に行幸し、都市計画に基づいて工事を開始した。天皇の死によって中断されてしまうが、造都は持統天皇の手で進められて完成を見ることになる。これが日本最初の本格的都城である藤原京である。この造都に関わる歌が次の「藤原宮の役民が作る歌」である。

やすみしし我が大君　高《たか》照らす日の皇子　荒たへの藤原が上に食《を》す国を　めしたまはむとみあらかは　高知らさむと神ながら　思ふすなへに天地《あめつち》も　依りてあれこそ石走る　近江の国の衣手の田上山《たながみやま》の真木《まき》さく檜《ひ》のつまでを　もののふの八十宇治《やそうじ》川に玉藻《たまも》なす浮かべ流せれ　そを取ると騒ぐ御民《みたみ》も　家忘れ身もたな知らず　鴨じもの水に浮き居て　我が造る日の御門《みかど》に知らぬ国　よし巨勢道《こせぢ》より我が国は常世《とこよ》にならむ　図負《あや》へる奇《くす》しき亀も新た代と　泉の川に持ち越せる真木のつまでを　百《もも》足らず筏《いかだ》に作り　のぼすらむ　いそはく見れば神ながらならし（五〇）

造営のための材木が近江の田上山から切り出され、宇治川を下り、泉川（木津川）では筏に組まれる労働に、使われている役民の、その身に代わって詠んだ歌である。藤原京は二十年近くの歳月をかけて造営され、東西九二八メートル、南北九〇七メートルのかつてない広大な京となった。内裏《だいり》や瓦葺きの大極殿、朝堂《ちょうどう》、宮城門《きゅうじょうもん》などが計画的に配置された大陸風の宮殿からなり、十条四方のほぼ正方形の条坊制がしかれた。中国の古典『周礼《しゅらい》』の「考工記《こうこうき》」の記述と合致していることから、それに基づいて計画がされたと考えられている。

現実の中国の都城である長安と一致を見ていないのは情報不足によるもので、地形面では南東が高く北西に向かって低く、南面してすぐに山があるなど、制約も大きかった。しかし藤原京は中央集権国家の威容を示す装置として、多大な労働力と時間、費用をつぎ込んで完成を見たのであり、次の歌は藤原宮の井において詠まれた歌という。

やすみししわご大君は高照らす日の皇子　荒たへの藤井が原に大御門始めたまひて　埴安《はにやす》の堤
の上にあり立たし　見したまへば大和の青香具山《あおかぐやま》は　日の経《たて》の大き御門に　春山《はるやま》としみさび立
てり　畝傍《うねび》のこの端山《みづやま》は　日の緯《よこ》の大き御門《みかど》に端山と山さびいます　耳梨《みみなし》の青菅山は背面《そとも》の大
き御門に宜《よろ》しなへ神さび立てり　名ぐはしき吉野の山は　影面《かげとも》の大き御門ゆ　雲居にぞ遠くあ
りける　高知るや天の御陰　天知るや日の御陰《みかげ》の　水こそは常にあらめ御井《みい》の清水《ましみず》（五二）

遷都は持統紀八年〈六九四〉十月のことで、ここに詠まれた風景を、藤原宮で天武天皇がついに見ることはなかったが、次の志貴皇子の歌には飛鳥の都を離れた望郷の思いに満ちている。

采女《うねめ》の袖吹きかへす明日香風　都を遠みいたずらに吹く〈五一〉

飛鳥浄御原令の編纂

藤原京と同じく天皇が亡くなったために完成を見ることのなかったのが律令の編纂である。天武紀十年〈六八一〉、天皇と皇后は飛鳥岡本宮の大極殿において、皇子や諸王、諸臣に向かって、律令編纂を始め、当時十九歳の草壁皇子を皇太子にすることを告げた。

律令の編纂は、持統紀三年〈六八九〉になって令のみが発布されたが、この飛鳥浄御原令《あすかきよみはらりょう》は全二十二巻からなり、そのうちの考仕令《こうしりょう》と戸令《こりょう》の存在は知られているものの、他の編目は不明である。中央官庁としては政務を議論する複数の納言からなる太政官が置かれ、その下に民官・法官・兵政官・大蔵・理官・刑官の六官その他の官司が置かれたものと推定されている。天武政権のもとで日本の律令体制の基礎が定まったのである。

六八四年には八色《やくさ》の姓《かばね》を定め、いくつかの氏族の姓を引き上げる優遇措置をとり、氏姓制度を全面的に再編成した。皇族の裔《えい》〈血筋〉を真人《まひと》、旧来の臣《おみ》の氏族を朝臣《あそみ》、連《むらじ》を宿禰《すくね》などとしている。この政治の断行のために綱紀粛正をはかり、皇族臣下の高位者に流罪以下の処分を下し、群臣《まえつきみたち》や百《つかさ》寮《つかさ》、天下の人民に対して諸悪をするな、と詔《みことのり》を下している。

こうした政治を天武天皇に可能にしたのは、外交的環境がやや好転していた事情も手伝っていた。白村江の戦いの後、唐と新羅は互いに朝鮮半島の支配をめぐって争うようになり、それぞれ日本との通交を求めてきていた。そこで新羅には使者を派遣して文化を摂取するいっぽう、唐には使者を遣わさずに国としての体面を繕った。

六八二年に南西諸島の種子島、屋久島、奄美大島の人に禄を下し、東北地方では陸奥国《むつのくに》の蝦夷《えみし》に冠位を授け、越《こし》の蝦夷伊高岐那《いこきな》に評《こおり》を立てることを認めるなどをしている。ここに日本の国土の領域の形がほぼ整えられたが、そのかたわら官人と畿内の武装強化をはかっている。六七九年には龍田山と大坂山に関を置き、難波には外壁を築かせ、六八三年に諸国に陣法を習わせ、六八四年に「政の要は軍事である」として、文武の官と諸人に用兵と乗馬を習えと命じ、武装に欠ける者がいれば、罰すると命じた。

この少し前から地方に国が置かれるようになり、六八三年から六八五年にかけて全国に派遣された使者が国堺の画定を行い、国司の任務が定められた。これまで評制によって下から進められていた地方の改革であったが、この段階から上からの国司制や畿内七道制に基づく地方行政機構に収斂《しゅうれん》されてゆく。六八五年に京と畿内の人夫の武器を検査し、軍隊指揮の用具と大型武器を評の役所に納めさせ、地方軍制も整えられた。国号を倭に変えて「日本」と定めたのも外交面のみならずこうした動きとともにあったと考えられる。

ここにおいて日本の国家の来歴を知り、今後の方向を探る必要から歴史書の編纂が行われたのである。六八一年に『日本書紀』の編纂事業が始まって、七二〇年五月に漢文による「日本紀《にほんぎ》三十巻・系図一巻」として結実した。天武天皇は豪族の持つ帝紀・旧辞の内容に不満を抱き、稗田阿礼《ひえだのあれ》に帝紀と旧辞を読み習わせたが、これが七一二年に太安麻呂《おおのやすまろ》により『古事記』として完成する。和風漢文という日本語表記が一つの段階に達したことを物語っている。

持統天皇への継承

六八六年五月、天武天皇はにわかに病に倒れ、病気の平癒が祈られたものの、その効なく七月半ばに「天下の事は大小を問わず、ことごとく皇后及び皇太子に啓せ」という勅を出し、国政を皇后と草壁皇子に委ねて亡くなった。次の歌は、天皇が亡くなった時に皇后が詠んだ歌である。

やすみしし我が大君の　夕されば見したまふらし　明け来れば問ひたまふらし　神丘の　山の黄葉を　今日もかも問ひたまはまし　明日もかも見したまはまし　その山を振り放け見つつ夕さればあやに哀しみ　明け来ればうらさび暮らし　荒たへの衣の袖は乾る時もなし（一五九）

我が大君の魂が見てくれているであろうことを切に願い詠んでいる。その天皇の死後、皇后は「称制」として実権を握り、九月に天武の皇子で文武両面にわたって優れていた大津皇子を、謀反を理由に死に至らしめ、草壁皇子への天皇の道を確実なものとした。

大津皇子は風貌がたくましく、音吐朗々として才学があり、文筆を愛し、「詩賦」は皇子に始まったといわれたほどの逸材であったというが（『懐風藻』）、それが故に除かれたのである。大津皇子が死に臨んで詠んだ歌を掲げる。

百伝《もも》ふ磐余《いはれ》の池に鳴く鴨を　今日のみ見てや雲隠りなむ（四一六）

また『懐風藻』に載る大津皇子の詩二首、志を語った句と辞世の句を載せる。

天紙風筆雲鶴《うんかく》を画《えが》き、山機霜杼葉錦《そうちょようきん》を織らむ（六）
金烏《きんう》西舎に臨《て》らひ、鼓声短命を催《うなが》す。泉路賓主《ひんしゅ》無し、この夕《ゆふべ》家を離《さか》りて向かふ（七）

三年後の六八九年、皇后が期待を寄せていた草壁皇子が他界したため、その子の軽皇子《かるのみこ》（後の文武《もんむ》天皇）に皇位継承を望むようになったが、まだ七歳と幼く、すぐに皇太子に立てることを憚った皇后は自ら即位した（持統天皇）。

持統天皇は即位前年の六八九年に編纂事業が続いていた飛鳥浄御原令を制定して施行し、即位後には大規模な人事を実施し、高市《たけち》皇子を太政大臣に、多治比嶋《たじひのしま》を右大臣に任命している。大臣が一人もいなかった天武朝の皇親中心の政治は、ここで軌道修正されたが、基本的に持統天皇の治世は天武天皇の政策を引き継いで完成させたものである。飛鳥浄御原令の制定とともに藤原京の造営を完成させ、官人層に武備・武芸を奨励するなど、天武天皇の政策を忠実に引き継ぎ、大和国の薬師寺も完成させて勅願寺《ちょくがんじ》とした。

六九七年二月に軽皇子を皇太子とし、八月一日に十五歳の皇子に譲位している（文武天皇）。このように存命中の天皇が譲位したのは皇極天皇に次いで二番目であるが、持統は初の太上天皇（上皇）となり、譲位後も文武天皇と並んで執政の座にあった。

四年後の七〇一年（大宝元）に成立した大宝律令の制定にも持統太上天皇の意思が深く関わっていたが、その翌年（七〇二）、壬申《じんしん》の乱《らん》の際に赴いた東国に赴いて、各地の豪族に慰労の言葉を伝える旅に出た。その際に長忌寸奥麻呂《ながのいみきおきまろ》が三河国で詠んだという歌を掲げる。

引馬野《ひくまの》ににほふ榛原《はりはら》入り乱れ　衣にほはせ旅のしるしに（五七）

東国から帰った十二月二十二日に亡くなって火葬に付され、夫の天武天皇の墓に合葬された。天皇の火葬はこれが初例である。

大宝律令の制定

『日本書紀』に続く官選の国史である『続日本紀《しょくにほんぎ》』大宝元年（七〇一）正月七日条は藤原宮の大極殿に文徳《もんとく》天皇が出御して臣下の朝賀を受けた際の記事を載せている。

その儀、正門に烏形《うけい》に幡を樹つ。左には日像・青龍・朱雀の幡、右は月像・玄武・白虎の幡なり。蕃夷の使者、左右に陳列す。文物の儀、これに備れり。

天皇を中心として新羅の使節も参列するなかでの宮廷儀礼であって、「文物の儀、これに備れり」と誇らしげに記しているのは、『大宝律令《たいほうりつりょう》』が完成し法令が完備した国家となったことへの自負に基づいていた。直後には久しぶりに遣唐使を派遣することを定め、三月には対馬から金の貢進があったことを記念して大宝という年号を制定しており、それと同日に大宝令を施行したのである。

大宝律令は「律」六巻・「令」十一巻からなり、日本史上初めて律と令がそろった形で成立した。七〇〇年に令がほぼ完成し、残る律の条文作成が行われて、大宝律令として完成を見たが大宝律令の原文は現存しておらず、一部が逸文として『令集解《りょうのしゅうげ》』の古記などの文献に見えるのみである。七五七年に施行された養老律令がおおむね大宝律令を継承していると見られ、現存する養老律令を元にして大宝律令の復元が行われている。

その意義の第一は、中国（唐）の方式を基準とした制度への転換である。個々の位を一位、二位などの数字によって上下関係を示す中国式へと変えられ、その位階秩序に沿って官職を対応させた官位相当制がとられた。そのうち五位以上は貴族と称されて畿内豪族が独占する傾向にあって、特権が与えられた。

第二の意義は、行政法や民法にあたる「令」が唐令に倣いつつも、日本社会の実情に則して改変した点である。中央の官制では、天皇を中心とした二官八省（太政官・神祇官の二官、中務省以下の八省）の官僚機構を骨格に据える本格的な中央集権統治体制がとられた。太政官の議政官は大臣・大納言、それに中納言や参議が追加され、彼らが国政を審議し、天皇に上奏して裁可を得る仕組みであった。各官庁は長官《かみ》・次官《すけ》・判官《じょう》・主典《さかん》の四等官制がとられ、文書には元号や印鑑が用いられ、定められた形式に従って作成され、文書とその手続きの形式を重視した文書主義が導入された。「律」についてはほぼ唐律をそのまま導入した。

第三の意義は、民衆を把握するため公地公民制をとり、戸籍・計帳を作成し、班田収授制や租庸《そよう》調《ちょう》の税制を導入した点である。民衆を戸に編成し、五十戸を里として里長を置き、毎年、戸主に戸の内訳を記す計帳・手実《しゅじつ》を出させ、それを基にして課する戸の数を集計した計帳を作成して、その年の庸調の収入を示し、また六年に一度、戸籍を作成した。

租庸調制においては、租が田にかかる税で諸国の正倉に納められ、調庸は二十一歳から六十歳の男子にかかる人頭税として、その地の織物や特産物などの雑物を課し、庸は本来、中央での労働が課されたものだが、布を納めることに代えることも行われた。

第四の意義には、地方行政で「評」が「郡」に名を変えて郡司が置かれ、地方官制として国・郡・里などの単位が定められた点である（国郡里制）。中央政府が派遣した国司に多大な権限が与えられ、地方豪族がその職を占めることになる郡司にも一定の権限が認められた。

三　制度化の進捗

律令制定の自負と「日本」の国号

律令を全国一律に施行するため、大宝元年（七〇一）八月に明法博士を西海道以外の六道に派遣して新令を講義させ、翌年には大宝律、さらに大宝律令を諸国に頒布している。ここに統治・支配の仕組みが政権の支配領域（東北地方を除く本州、四国、九州の大部分）にほぼ一律的に及ぶこととなった。

律令の選定に携わったのは、刑部《おさかべ》親王・藤原不比等《ふひと》・粟田真人《あわたのまひと》・下毛野古麻呂《しもつけのこまろ》らで、この律令において「日本」の国号を明確に定めたことから、大宝二年（七〇二）に中国に渡った遣唐使の粟田真人は「日本国の使者」であることを中国に伝え、日本の国号を初めて使用したが、この時に倭国が日本へと国号を変えたことをわかってもらえたという。

前年正月に真人は遣唐執節使《けんとうしっせつし》に任じられ、その際に文武天皇から節刀《せっとう》を授けられており、これが軍事大権を象徴する節刀が授けられた初めての例である。翌大宝二年に参議に任じられ朝政に参加して、同年六月に大宝律令を携えて唐（則天武后《そくてんぶこう》が新たに建てた武周）に渡ったのである。この時に同行した三野連《みののむらじ》に春日蔵首老《かすがのくらびとおゆ》が贈った歌を掲げる。

ありねよし対馬の渡り海中《わたなか》に　幣《ぬさ》取り向けてはや帰り来ね（六二）

一行の無事の帰国を祈って贈られた歌であって、次の年に都の長安に到着した真人は武則天に謁見したところ、「好く経史を読み、属文を解し、容止《ようし》温雅なり」と評され、司膳員外郎に任じられたという。真人はかつて白雉《はくち》四年（六五三）の遣唐使船に留学僧として随行し、唐で学問を修めて帰国後に還俗《げんぞく》して朝廷に仕え、持統紀三年（六八九）には大宰大弐となって外国からの賓客を饗応する経験を積み、忍壁皇子・藤原不比等らと大宝律令の編纂に参画したのであった。

真人に同行した随行者には宮廷歌人の山上憶良《おくら》や僧の弁正《べんせい》・道慈《どうじ》らも加わっていて、憶良が唐において国のことを思って詠んだのが次の歌である。

いざ子ども早く日本へ大伴の　三津の浜松待ち恋ひぬらむ（六三）

ここで詠まれた「日本」（ニホン）とは国号の日本であり、それが認められたことを踏まえて詠んだものといわれる。弁正は即位前の玄宗皇帝と囲碁の親交があり、次に掲げる望郷の詩を詠んだが

（『懐風藻』）、ついに帰国はかなわなかった。詩では遠く遊学して長安で辛苦を重ねていることを詠んでいる。

五言　唐に在りて本郷を憶ふ　一絶
日辺《にっぺん》日本を瞻《み》　雲裏雲端を望む　遠遊遠国に労《いたつ》き　長恨長安に苦しぶ（二七）

道慈は宮中で「仁王経」を修するために派遣され、三論宗に精通し、帰国して平城京の大安寺の造営に関わったが、在唐中に次の皇太子（聖武天皇）の長寿を祈る詩を詠んでいる。

五言　唐に在りて本国の皇太子に奉る　一首
三宝聖徳を持ち　百霊仙寿《せんじゅ》を扶く　寿《いのち》は日月を共長く　徳は天地の与久しくあらむ（一〇三）

なお大宝律令を制定した後、現実に合わない部分ができてきたので、慶雲《けいうん》二年（七〇五）から三年にかけ多少の手直しが施されている（慶雲の改革）。

元明天皇の即位

文武天皇が七〇七年に亡くなると、かつて天皇が即位前に大和の安騎野《あきの》に旅宿した時、歌を詠んだことのある柿本人麻呂が、その時を思って詠んだのが次の歌である。

ま草刈る荒野にはあれどもみぢ葉の 過ぎにし君の形見とぞ来し（四七）
東の野にかぎろひの立つ見えて かへり見すれば月傾《かたぶ》きぬ（四八）

天皇の跡を継いだのは持統天皇の妹で文武天皇の母阿閇皇女《あへのひめみこ》である。夫の草壁皇子が即位することなく亡くなってしまい、皇子が文武天皇として即位したことから同日に皇太妃となっていたのだが、その天皇も亡くなってしまった。残された孫の首皇子《おびとのみこ》（後の聖武《しょうむ》天皇）がまだ幼いため、初めて皇后を経ずに即位したのである（元明《げんめい》天皇）。

舎人《とねり》親王や新田部《にいたべ》親王など天武天皇の皇子がいるなか、首皇子への継承を図るために天皇が持ち出したのが、天智天皇が改めることのない恒久の規範として定めたという持統・文武直系への皇位相続の原則（不改の常典）であって、元明天皇は文武から譲られて即位する、と宣言した。

その時の天皇の歌と、これに和した天智天皇皇女御名部皇女《みなべのひめみこ》の歌を掲げる。

ますらをの鞆《とも》の音すなりもののふの 大臣《おほまへつをみ》楯立《たて》つらしも（七六）
我が大君物な思ほしそ皇神《すめがみ》の 副《そ》へて賜へる我がなけなくに（七七）

天皇の極めて苦しい措置をお助けしますと皇女は歌ったが、天皇を実務面で助けたのが藤原鎌足の子不比等である。軽皇子（文武天皇）の擁立に功があり、その後見として政治の表舞台に出てきたのであり、阿閉皇女（元明天皇）付きの女官である橘三千代《たちばなのみちよ》と結婚し、文武の即位直後には娘の藤原宮子《みやこ》を文武の夫人となし、その文武・宮子の間に首皇子（聖武天皇）が生まれると、やがて橘三千代との間に儲けた娘の光明子《こうみょうし》を聖武天皇に嫁がせた。

元明天皇は、慶雲五年（七〇八）正月、武蔵国秩父から和銅が献じられたので和銅に改元し、和同《わどう》開珎《かいちん》の鋳造を行い、三年三月に藤原京から平城京に遷都したが、政治の実権はその遷都を遂行した右大臣藤原不比等が握っていた。

同五年（七一二）四月に郡司の任用試験の対象範囲を四等官全体に拡大し、五月には郡司や人民の評価基準を定め、国司の国内巡行の際の食料の支給基準を定め、租税収入の確保に向け、地方支配を強化していった。和銅年間から諸国には官庁として国府を置くこととし、和銅六年（七一三）には諸国に風土記の編纂を命じ、郡内の特産品や土地の肥沃の程度、地名の由来、伝承などを地誌にまとめさせている。国内の実態把握を命じたものであり、その一つ『常陸国風土記《ひたちのくにふどき》』には、筑波山と富士山について興味深い伝承が記されている。

神々の親が各地の子の元を巡っていた時、富士山を訪ねた際に一泊を頼んだところ、富士の神は、「新嘗《にいなめ》をしており、お断りします」と返事をした。怒った母神がその足で筑波岳を訪れると、「新嘗ではありますが、どうぞお泊りを」とやさしい返事がかえってきた。そのため これ以後、富士には雪で閉ざして山に登れないような措置をとり、筑波では人々が集まって、歌い舞い、飲み食べなどするようになり、それは今に絶えないという。

筑波山は古くから人々が登り、楽しむ場とされていたのである。二つの嶺の西側の男体山は岩がごつごつしていて険しいが、東側の女体山は標高がやや高いものの、泉が流れ、多くの男女が登って遊び楽しんでいた。歌垣《かがい》が行われ、多数の男女が集まって歌や舞い、踊って交歓する習慣があったという。高橋虫麻呂はその筑波山のあり方を歌に詠んでいる。

鷲の棲む筑波の山の裳羽服津《もはきつ》の　その津の上に率《あど》ひて　娘子壮士《をとめをとこ》の行き集ひ　かがふかがひに
人妻に我も交はらむ　我が妻に人も言問へ　この山をうしはく神の　昔より禁《いさ》めぬ行事《わざ》ぞ　今
日のみはめぐしもな見そ事も咎むな（一七五九）

山の神のお許しのもとで若い男女がのびのびとした交歓を楽しんでおり、人妻とも交わろう、この山の神はとがめないのだと詠んでいる。

各地への旅の歌

虫麻呂は養老三年（七一九）に常陸守となった藤原宇合《うまかい》（不比等の子）に同道し、常陸に下ってきたものと考えられており、自身が筑波山に登った歌もあって、そこからは近代の登山文化を彷彿させられるものがある。

筑波山に登る歌一首

草枕旅の憂へを慰もる　事もあれやと筑波嶺に　登りて見れば尾花散る　師付《しづく》の田居に雁がねも　寒く来鳴きぬ　新治《にひばり》の鳥羽の淡海《あふみ》も　秋風に白波立ちぬ　筑波嶺の良けくを見れば　長き日に思ひ積み来し憂へは止みぬ（一七五七）

筑波山に登って、山からのすばらしい景色を眺めていると、我が心の憂さが晴れてくる、不安がなくなってくる、と詠んでいる。おそらくこれらの歌は、筑波の真東に位置する常陸の国府に下っていた時に詠まれたものであろう。

『万葉集』にはこうした京から下った官人たちが、国の自然に触れて詠んだ歌が多く収められている。富士山についても宮廷歌人の山部赤人が富士山を詠んでいる。

山部宿禰《すくね》赤人が富士の山を望む歌一首あはせて反歌

天地の分れし時ゆ神さびて　高く貴き駿河なる富士の高嶺を　天の原振り放け見れば　渡る日の影も隠らひ　照る月の光も見えず　白雲もい行きはばかり　時じくぞ雪は降りける　語り継ぎ言ひ継ぎ行かむ　富士の高嶺は（三一七）

反歌

田子の浦ゆうち出でて見ればま白にぞ　富士の高嶺に雪は降りける（三一八）

富士山を遠望する駿河の美保の浦を詠んだ次の二首は、和銅元年（七〇八）に上野の国司として赴任する途中で田口益人《ますひと》大夫が作った歌である。

いほ原の清見の崎の三保の浦の　ゆたけき見つつ物思ひもなし（二九六）
昼見れど飽かぬ田子の浦大君の　命《みこと》恐み夜見つるかも（二九七）

次にあげるのは「風流の侍従」と称された長田王《ながたのおおきみ》が、筑紫に派遣された時に肥後の八代海の水島で詠んだ歌である。

聞きしごとまこと貴く奇《くす》しくも　神さびをるかこれの水島（二四五）
芦北《あしきた》の野坂の浦ゆ船出して　水島に行かむ波立つなゆめ（二四六）
隼人の薩摩の瀬戸を雲居なす　遠くも我は今日見つるかも（二四八）

はるか薩摩の風景をも思って詠んでいるが、柿本人麻呂にも各地に赴いて詠んだ歌が多い。

天離る鄙の長道ゆ恋ひ来れば　明石の門より大和島見ゆ（二五五）

柿本朝臣人麻呂、近江国より上り来る時に、宇治川の辺に至りて作る歌一首

もののふの八十宇治川の　網代木にいさよふ波の行くへ知らずも（二六四）

柿本朝臣人麻呂が筑紫国に下る時に、海路にして作る歌二首

名ぐはしき印南《いなみ》の海の沖つ波　千重に隠りぬ大和島根は（三〇三）

大君の遠の朝廷とあり通ふ　島門を見れば神代し思ほゆ（三〇四）

『万葉集』の編者家持の父旅人《たびと》は、和銅三年（七一〇）に左将軍となり、翌年に従四位下、中務《なかつかさ》卿《きょう》・中納言を経て養老四年（七四〇）に征隼人持節《せいはやとじせつ》大将軍、神亀《じんき》四年に大宰帥《だざいのそつ》となって筑紫に赴任し、天平二年（七四八）に大納言となっている。家持は父に従って旅人の赴任地の大宰府にあって、観世音別当の満誓《まんせい》や筑前守の山上憶良らと和歌の交流を持ったが、そこで詠まれた歌が多く見える。

沙弥満誓の綿を詠む歌一首〈造筑紫観世音寺別当、俗姓は笠朝臣麻呂なり〉

しらぬひ筑紫の綿は身につけて　いまだは着ねど暖けく見ゆ（三三六）

山上憶良臣、宴に罷《まか》る歌一首

憶良らは今は罷らむ子泣くらむ　それその母も我を待つらむ（三三七）

大宰帥大伴卿、酒を讃むる歌十三首
験なき物を思はずは一杯《ひとつき》の　濁れる酒を飲むべくあるらし（三三八）

平城京遷都

平城京遷都は和銅元年（七〇八）に元明天皇により詔が出され、道路と橋の土木工事に始まって、和銅三年（七一〇）の遷都時には、内裏と大極殿、その他の官舎が整備された程度であり、寺院や邸宅などは段階的に造営されていった。唐の長安城を見聞した遣唐使の報告から、中央集権的な帝国にふさわしい京が求められたもので、地形的に南に広がり、分散していた貴族たちを集住させることが考えられたのである。

平城京は南北に長い長方形で中央を貫く朱雀《すざく》大路を軸として東西の右京・左京に分かれ、左京の傾斜地には外京《げきょう》を設けた。東西軸には一条から九条大路、南北軸には朱雀大路と左京の一坊から四坊、右京の一坊から四坊に大路が造られ、大路の間隔は約五三二メートル、大路で囲まれた部分の坊は堀と築地で区画され、その中を三つの道で区切って町とした。

京域は東西約四・三キロメートル、南北約四・七キロメートルに及び、唐の都の長安を模して造られたのだが、羅城はなく京南面の門が羅城門と称され形式だけにとどまった。具体的な設計にあたっては大和盆地中央部を南北に縦断する古道である下ツ道・中ツ道を基準としていたと考えられている。二条大路から五条大路にかけては、三坊分の条坊区画が東四坊大路より東に張り出していて、これを外京と呼ぶ。

道路の両側に街路樹として柳などが植えられ、側溝が設けられ排水路や水道として機能させ、橋が架けられた。側溝に沿って築地塀が造られ、その内側が宅地とされて、宅地は位階によって大きさが決められ、貴族の占める四町を筆頭に細かく分けられた。

平城宮の東側の一坊大路と二坊大路の間には、四町の宅地を占有した藤原不比等や長屋王、藤原仲麻呂らの邸宅が造られた。公務で大宰府から上京した大宰少弐の小野老《おののをゆ》がこの平城京の整備された様子を歌に詠んでいる。


あをによし奈良の都は咲く花の　薫ふがごとく今盛りなり（三二八）

治安維持のため夜間の通行が禁止され、警備にあたった兵士の規模は数千人に達し、人口も十万程度にまで及んだので、様々な生活インフラが整えられた。平城宮（内裏）は朱雀大路の北端にあって、朱雀門が建てられた。京内には藤原京から寺が次々と移され、元興寺《がんごうじ》（飛鳥寺）・大安寺《だいあんじ》（大官大寺《だいかんだいじ》）・薬師寺（本薬師寺）・興福寺などが建立されていった。このうち興福寺建立は養老四年（七二〇）十月に造興福寺仏殿司が置かれて始まり、北円堂や中金堂が建築されていったが、聖武天皇・光明皇后によって東大寺、称徳天皇によって西大寺《さいだいじ》という国家的寺院も創建されていった。

疲弊する人々

平城京の造営事業は諸国の人々を疲弊させた。この時期、次のような詔が出されている（『続日本紀《しょくにほんぎ》』）。

諸国の役民、郷に還るの日、食糧絶へ乏しくして、多く道路に飢ゑて、溝壑《こうがく》に転顚すること、その類少なからず（和銅五年正月十六日の詔）。

諸国の地、江山遙かに阻りて、負担の輩、久しく行役に苦しむ。資粮を具備へむとすれば、納貢の恒数を欠き、重負を減損せむとすれば、路に饉うるの少なからざることを恐る（和銅六年三月十九日の詔）。

率土の百姓、四方に浮浪して課役を忌避し、遂に王臣に仕へて、或は資人《しじん》を望み、或は得度を望む（養老元年五月十七日の詔）。

多大な負担に堪えかねて、道ばたで行き倒れになり、道路で飢え、また王臣に仕えて従者（資人）となったり、出家したりすることで課役の免除を図ろうとした百姓が増加していることから、国郡《くにぐん》司《じ》に対策を命じている。そうした役民として働いて亡くなった民を詠んだのが次の歌であろう。

柿本朝臣人麻呂が香具山に屍を見て、悲慟して作る歌一首

草枕旅の宿りに誰が夫《つま》か　国忘れたる家待たまくに（四二六）

公民が勤める力役には、国司の命により雑役である雑徭《ぞうよう》をはじめ、郡の雑役、兵士として軍団に編成され都に赴き警備にあたる衛士《えじ》となったり、あるいは防人のように九州に派遣されたりする役があって、それだけでなく造都に大量に動員されるなど、公民の疲弊は大きかった。山上憶良の「貧窮問答の歌」はそうした公民の様子を詠んでいる。

風まじり雨降る夜の雨まじり　雪降る夜はすべもなく寒くしあれば　堅塩《かたしほ》を取りつづしろひ糟湯酒《かすゆざけ》うち啜《すす》ろひて咳かひ　鼻びしびしにしかとあらぬ　髭掻き撫でて我をおきて　人はあらじと誇ろへど　寒くしあれば　麻衾《あさぶすま》引き被り　布肩衣《ぬのかたぎぬ》ありのことごと　着襲《きそ》へども寒き夜すらを　我よりも貧しき人の父母は　飢ゑ寒からむ　妻子《めこ》どもは乞ひて泣くらむ　この時は　いかにしつつか汝が世は渡る　天地《あめつち》は広しといへど　我が為は狭《さ》くやなりぬる　日月《ひつき》は明しといへど　我が為は照りやたまはぬ　人皆か　我のみやしかる　わくらばに　人とはあるを　人並に我も作るを　綿も無き　布肩衣の海松《みる》のごと　乱《わわ》け垂《さが》れる　かかふのみ肩に打ち掛け　伏盧《ふせいほ》の曲盧《まげいほ》の内に　直土《ひたつち》に藁《わら》解き敷きて　父母は枕の方に　妻子《めこ》どもは足《あと》の方《かた》に囲み居て憂へ吟《さまよ》ひ竈《かまど》には火気《けぶり》吹き立てず　甑《こしき》には蜘蛛の巣かきて　飯炊《いいかし》ぐ　ことも忘れて　ぬえ鳥ののどよひ居るに　いとのきて短き物を端切ると　云へるが如く　笞杖《しもと》執る　里長《さとをさ》が声は　寝屋処まで来立

ち呼ばひぬ　かくばかりすべなきものか　世の中の道（八九二）

反歌

世の中を憂《う》しと恥《やさ》しと思へども　飛び立ちかねつ鳥にしあらねば（八九三）

この長歌は農民の生活を「風まじり雨降る夜の雨まじり」と始まる貧者の歌と、「天地は広しといへど」と答える窮者の歌との問答形式からなる。唐の王梵志《おうぼんし》の詩の翻案と指摘されているように実態をそのままに詠んだわけではないが、作品の内容に対応する現実はあった。このような貧窮の現実に直面して歌に詠むところに『万葉集』の歌の秀逸さがある。

四　制度化の到達と大仏開眼

藤原不比等と長屋王

元明天皇は和銅八年（七一五）正月に孫の首皇子を元日の朝賀に披露すると、九月に自身の老いを理由に譲位したが、首皇子がまだ若いため、独身の娘である氷高《ひたかの》内親王に皇位を譲り（元正《げんしょう》天皇）、同日に太上天皇となった。二代続く女帝の誕生であり、これもひとえに首皇子への皇位継承を考えてのことであった。

その翌年（霊亀《れいき》二年、七一六）に十五年ぶりに遣唐使が任命されている。この時の遣唐使の顔ぶれは、押領使《おうりょうし》が多治比県守《たじひのあがたもり》、大使が阿部仲麻呂、副使が不比等の子藤原宇合《うまかい》で、宇合は帰国後に政府の要職に就いて活躍することになる。

留学生の吉備真備《きびのまきび》は、礼の秩序について記した『唐礼』百三十巻のほか、最新の暦書、音楽書などの書物、武器や楽器などの文物を将来し、孔子を祀る儒教の儀式の移植もはかった。阿倍仲麻呂は唐でその優秀さを認められ、玄宗《げんそう》皇帝に認められて唐の朝廷に仕え「朝衡《ちょうこう》」という高官にまで登ったが、ついに帰国はかなわなかった。次に掲げる歌は仲麻呂が明州で詠んだ歌として伝えられ、『古今和歌集』の旅歌の巻の冒頭を飾っている。

唐土にて月を見て、よみける　　　　　　　　　安倍仲麿

あまの原ふりさけ見れば春日なる　三笠の山にいでし月かも

僧の玄昉《げんぼう》も仏典や仏像を将来して仏教界に大きな影響を与え、さらに大倭小東人《やまとのこあずまひと》は帰国して養老《ようろう》律令《りつりょう》の編纂に深く関わることになった。

不比等は養老元年（七一七）に郷里制をしき、養老三年七月には唐王朝の制度をとりいれて国司を監察する按擦使《あぜち》の制度を設けるなど地方制度を改革し、仏教の統制もはかった。七一六年に寺院の実態調査を行って財物管理を徹底させ、寺院の統合を進め、翌年には勝手に僧尼になることを禁じ

るなど僧尼統制を行った。当時、民間で救済活動を著しく展開していた行基《ぎょうき》は、これによって弾圧されたのである。

さらに養老律令の編纂にもとりかかっている。後の『弘仁格式《こうにんきゃくしき》』の序によれば、養老二年（七一八）になったと見えるが、編纂の賞がその四年後になされており、施行されたのは天平宝字元年（七五七）であって、大宝律令と比較して財産相続法や公文書の書式などに変更が加えられていたものと考えられている。

こうした政策の先頭に立っていた藤原不比等が養老四年（七二〇）に亡くなり、粟田真人ら主な議政官も相次いで亡くなるなか、養老五年（七二一）五月、元明太上天皇が発病し、娘の吉備内親王の婿である長屋王《ながやのおおきみ》と藤原不比等の子房前《ふささき》に後事を託し、葬送の簡素化を命じて一生を終えた。

長屋王は天武天皇の皇子である高市皇子と天智天皇の皇女との間に生まれ、父の母が九州の豪族のために父は皇位継承からはずれていたが、政務の中心に座ると、養老六年に陸奥出羽按擦使管内の調庸を免除し、陸奥と大宰府に置いた鎮所への兵粮稲穀の運搬を奨励し、公出挙《くすいこ》と私出挙《しすいこ》の利息を三割に軽減する措置をとった。

百万町歩開墾計画を打ち出し、翌七年（七二三）には三世一身の法を定め、新たに開墾した土地には三世代に伝えることを認め、開墾を奨励した。口分田《くぶんでん》不足を補うこの措置は、律令制の現実的な運用を目指したもので、国家が掌握していなかった開墾田をきちんと掌握することがこれにより可能となった。こうして遷都と政治改革を通じて、律令制による制度化は列島の隅々にまで及んでいったのである。

長屋王は左京三条二坊の邸宅に居住しており、その遺構の発掘で中央から南寄りの西を居住空間、東を儀式空間となし、北側を家政空間としていたことが明らかになった。極めて厚遇された豪勢な生活ぶりが、家政空間から出土した木簡からうかがえるが、長屋王の佐保《さほ》の別邸ではしばしば詩宴が開かれており、王は詩壇のパトロン的な存在であった。『懐風藻』にはその佐保楼で詠まれた詩人の歌が多く載っており、次に長屋王の歌を掲げる。

五言。初春作宝楼にして置酒す。一首
景は麗し金谷の室、年は開く積草の春。松烟《しょうえん》双びて翠《みどり》を吐き、桜柳分きて新しきことを含《ふふ》む。
嶺は高し闇雲の路、魚は驚く乱藻《らんそう》の浜。激泉の舞袖《ぶしゅう》を移せば、流声 松蔭《しょういん》にひびく（六九）

聖武天皇の即位

養老七年（七二三）、平城左京から両目の赤い白亀が献上されて、翌年に神亀元年（七二四）と改元、母から皇位の譲りを受け首皇子が同日に即位、待望の聖武《しょうむ》天皇の誕生である。時に二十四歳。

この四月には藤原宇合を持節大将軍に任じて海道の蝦夷《えみし》の征討を命じ、坂東九か国の兵士三万に騎射を教習させ、十一月に蝦夷を鎮圧しており、その十一月に天皇は宮都を荘厳にすると次のように宣言し、意欲に満ちた出発となった。

上古は淳朴にして冬は穴にすみ、夏は巣にすむ。後世の聖人、代えるに宮室を以てす。また京師ありて帝王居となす。万国の朝する所、是れ壮麗なるに非ざれば何を以てか徳を表さん。

外国の使節や辺境の民、地方の豪族や民に対し、天皇の徳を顕《あらわ》し示すことを述べ、平城京を荘厳すると宣言したが、この八月には新羅に使者を派遣して即位を通知している。皇女でない母の藤原宮子を皇大夫人に待遇し、神亀四年（七二七）に不比等の娘光明子との間に皇子を儲けるなど、順風満帆な船出となった。

しかしそのかたわらで神亀六年（七二九）には長屋王が天皇を呪詛したという嫌疑を受け自邸で自決を遂げており（長屋王の変）、これにともなって不比等の子が政権の中枢に躍り出た。長子武智麻呂《むちまろ》の家系は南家、次子房前の家系は北家、三子宇合の家系は式家、四子麻呂の家系は京家と称され、藤原氏発展の基礎がここに築かれた。神亀六年（七二九）六月、「天王貴平知百年」の文字が甲羅に浮かぶ亀が献上されて、年号も天平に改元され、藤原四子政権が始まった。八月に光明子が初めて臣下の女性が天皇の正妻である皇后になり、立后にともなって皇后宮職が設置された。

四子政権は律令財政の整備に力を注ぎ、地方の郡に蓄積されていた稲を正税として一括把握し効率的な運用を行うとし、班田を実施しその余った公田の地子《じし》を京に進めるよう改めている。天平二年（七三〇）には、治安維持令を西国中心に発し、翌年に畿内に惣官《そうかん》を、七道には鎮撫使《ちんぶし》を設けて治安維持にあたらせている。
その契機となったのは、六九八年に建国された渤海《ぼっかい》が神亀四年に初めてその使節を日本に送り国交が成立したことで、渤海の南部の新羅がこれに強く反応し使者を日本に送らなくなり、渤海と唐の関係も緊迫することになったからである。そこで天平四年（七三二）正月には新羅使を、八月には遣唐使を派遣して国際緊張の緩和につとめるかたわら、節度使として東海・東山道には参議藤原房前を、山陰道には参議多治比真人県守《まひとあがたもり》、西海道には参議藤原宇合を任命するなど軍事的な備えも忘れなかった。この時に宇合が任じられたときの詩を掲げる。

往歳《いにしとし》は東山の役《えだち》　今年は西海の行《たび》　行人一生の裏《うち》　幾度か共に倦《う》まむ（九三）

天平八年（七三六）四月、当初の目的が果たされたとして節度使の任が解かれたが、そこに前年から大宰府管内の西海道諸国で流行していた天然痘が猛威をふるうようになり、都にも影響が及んで大赦が実施された。対外交流が盛んになった関係から疫病が大陸から入ってきたのである。

仏教信仰への傾倒

聖武天皇は天平八年（七三六）に吉野に行幸して疫病の調伏にあたり、光明皇后は五月一日に仏典すべてを書写する一切経書写を発願し、九月から書写を開始した。これには玄昉が将来した経典目録の『開元釈教録』に載る五千巻に及ぶ大部の経典が用いられ本格的な一切経の写経となった。

皇后はこの二月には法隆寺で法華経講読の法華会を開き、法隆寺の東院造営に向けて動く皇后の信仰の影響もあって、天皇も写経事業に乗り出し、天平七年（七三三）頃から内裏で一切経の書写を開始している。天皇・皇后そろって仏教信仰に傾倒していった。

しかし疫病の猛威は止まず、天然痘は天平九年に朝廷の首脳部をも襲って、藤原四子すべてがこの年に亡くなってしまう。それとともに橘諸兄《もろえ》が首班となって政治を主導するようになり、阿倍内親王が天平十年（七三八）正月に皇太子となった。諸兄は美努王《みぬおう》と橘美千代の子で、聖武・光明の意思に沿って仏教政策を推し進め、行政の手直しをし、官人の養成機関として大学の整備を吉備真備に命じて本格化させていった。

ところが天平十二年（七四〇）八月、大宰府に赴任していた大宰少弐藤原広嗣《ひろつぐ》（宇合の子）が朝廷に訴え、災害が続いているのは僧正玄昉や吉備真備を重用する今の政治が悪いと断じた。天皇はこの広嗣の行為を謀反と見なし、陸奥鎮守将軍として活躍した大野東人《おおののあずまびと》を大将軍に任じて追討にあたらせた。その命が下るや東人はすぐに大軍を率い広嗣追討に向かったため、予想外の政府軍の早い動きに遅れをとった反乱軍は敗れ去り、船で海上に逃れた広嗣は捕らえられ、十一月に広嗣とその弟綱手《つなて》は処刑された（藤原広嗣の乱）。

乱最中の九月、天皇は諸国に観世音菩薩像の造立と観世音経の写経を命じ、十月には戦勝を祈願し『華厳経《けごんきょう》』講演を初めて開いている。この経は当時最も新しい中国仏教で、玄宗皇帝は各地に開元寺という華厳宗の官寺を造営していた。講演を終えた天皇は伊勢に行幸したが、その途中において山城の恭仁京《くにきょう》への遷都を決断するが、これは二つの都を営むことで、それを期して新たな政策を展開しようとしたのである。

天平十二年十二月十五日に天皇は恭仁京に入ったが、その造営にはこれまで弾圧の対象としていた行基の率いる集団をあたらせている。ここからは仏教信仰の民間への広がりがうかがえ、仏教統制は新たな段階に入り、諸国に国分寺・国分尼寺を造営する動きが本格化していった。

国分寺と大仏と

天平十二年（七四〇）六月には諸国に七重塔を中心とする寺院建立の方針を示し、『金光明最勝王経《こんこうみょうさいしょうおうきょう》』と『法華経』の書写を命じていた。『金光明最勝王経』はそれを信じる国王の下には仏教の護法善神である四天王が現れて、国を護るとされており、諸国に国分寺を建て、国家の安定をはかろうとしたのであり、天平十三年（七四一）二月に国ごとに国分寺と国分尼寺を造ることを命じている。

元正《げんしょう》太上天皇を平城宮から恭仁宮に迎え、翌年には平城宮から移築した大極殿で朝賀の儀式を行い、五月には墾田永年私財法を発令している。これまでの墾田は三世一身法に基づいて期限が到来した後には収公されていたから、そのために農民が怠け、開墾した土地が再び荒れるようになったとして、今後は三世一身に関係なく、永年にわたって私財としてよいこととしたのである。この施策とともに各地では条里制と称される耕地の区画整理が実施されていった。

天平十五年（七四三）十月十五日に大仏造立の詔を発して、華厳経の本尊である盧舎那仏《るしゃなぶつ》金銅像の造営へと踏み切った。「菩薩の大願を発《おこ》し盧舎那仏金銅像一軀を造り奉る」ことを発願し、そのために国内の銅を溶かし大仏を造り、山を削って大仏殿を造る、と述べ、その際、「夫れ天下の富を有《たも》つは朕なり。天下の勢を有つは朕なり」と天皇の権勢を誇示しつつも、人々に協力を求めた。「一枝の草、一把の土」をもって大仏造立を手伝う者を求め、大仏造立を口実に人民から無理な租税の取り立てはしない、と大仏建立への強い意欲を示したのである。

これより前の天平十二年（七四八）、天皇が難波宮に行幸した際に、途中の河内国大県《おおがた》郡の知識寺で盧舎那仏像を拝して、自ら盧舎那仏像を造ろうと決心したという。この寺は大県郡の住民が仏法の信者（知識）となって協力して造営したものであった。

盧舎那仏は、『華厳経』に説かれる「蓮華蔵世界」の中心的存在であり、世界の存在そのものを象徴する絶対的な仏とされ、これを説く経は中国経由により六十巻本と八十巻本の漢訳本が日本にもたらされていた。大仏造営の地は二転三転し、紫香楽《しがらき》への遷都を考え、その近くの甲賀寺に大仏を造る計画を立てたこともあったが、平城京に戻ってその東山の山金里《やまがねのさと》で大仏造立が開始された。ここには神亀五年に亡くなった皇子のために建てられた金鐘寺《きんしょうじ》があり、天平十四年には大和の国分寺（金光明寺）とされ、惣国分寺として機能し、東大寺へと発展していった。

大仏開眼

天平十八年（七四六）十月に天皇が金鐘寺に行幸し、盧舎那仏の燃灯《ねんとう》供養を行い、天平十九年九月に大仏鋳造が開始され、十月に二十部六十華厳経の書写が始まり、二十年七月に造東大寺司の官庁が設けられた。大仏鋳造に用いられた銅は約一八トン、これを二十人で片道二十日かけて長門から平城京まで運ばれた（「正倉院文書」）。

天平二十年（七四八）、正月から法華経千部を書写して祈ったそのかいもなく、元正上皇が四月に亡くなると、翌年正月に聖武天皇は平城宮の中島宮において大僧正の行基から菩薩戒を授けられて出家を遂げ、太上天皇沙弥勝満《しゃみしょうまん》と称した。天皇出家の初例である。聖武天皇が強く意識していた天武天皇は、自らを現人神に位置づけていたが、ここにさらに仏を兼ねることになった。次の手として阿倍内親王への譲位を狙ってのもので、六月には金光明最勝王経を書写して内親王の安寧を祈っている。

その聖武天皇を嘆かせたのが、出家直後の二月に民衆に菩薩とも仰がれた行基が亡くなったことである。行基の力を借りて大仏の造営に邁進していただけに痛手は大きかったが、翌年（七四九）二月に陸奥国から金の発見という報告が届くと、すぐ四月に産金を謝し出家を報告するために東大寺に行幸し、大仏の前殿にあって北面して像に向かうと、左大臣諸兄に「三宝の奴と仕へ奉る天皇が命《みこと》らまと盧舎那の像の大前に奏し賜へと奏さく」と「三宝の奴」と自称する文言を含んだ宣命を言上させている。

続いて産金の喜びから天平の年号に感宝《かんぽう》の二字を加えて天平感宝とし、以後、四字の年号が続く。閏五月には十二の大寺院に財物や墾田を施入《せにゅう》した。陸奥国から黄金九百両が届いたものの、これだけでは金は足りず、新羅から輸入することでしのぐことになる。

天平感宝元年（七四九）七月二日に阿倍内親王が即位し（孝謙《こうけん》天皇）、藤原南家武智麻呂の子仲麻呂が大納言に昇任し、改元されたばかりの年号を改めて天平勝宝となした。年内二度の改元である。八月に光明皇后が皇太后になったのを機に、皇后宮職が改組されて紫微中台《しびちゅうだい》が置かれ、長官の紫微令には仲麻呂が就き、太政官ルートとは違った権威に基づく事実上の仲麻呂政権が発足した。

信貴山縁起絵巻（国立国会図書館蔵）より

天平勝宝四年（七五二）、東大寺の大仏殿が完成し、鋳造した大仏の鍍金も終えた四月九日、大仏開眼供養会《だいぶつかいげんくようえ》が盛大に開催された。聖武太上天皇に光明皇太后、孝謙天皇が臨席し、五位以上は礼服、六位以下は通常の朝服を着用して、文武百官の官人が列席し、その参列者は一万数千人に及んだという。

開眼の導師はインド出身の僧菩提僊那《ぼだいせんな》で、講師は大安寺の隆尊《りゅうそん》律師《りっし》、読師は元興寺の延福《えんぷく》法師が務めた。開眼の筆には長い緒がつながれ、参列者がその緒を握って結縁すると、その後、楽人《がくにん》によって五節《ごせち》舞や久米《くめ》舞、楯伏《たてふし》舞などの日本古来の舞をはじめ、唐、高麗、林邑《りんぱ》（ベトナム南部にあったチャンパ）などの外来の楽舞が大仏に奉納されていった。開眼の際に使用した筆や、筆に結び付けられた紐の開眼縷《かいげんる》、当日に大仏に奉納された伎楽に使用された面などは、正倉院に宝物として納められた。この時に天皇の冠は中国風のもので、服は白色の伝統のままであったことが、その宝物から知られている。

『続日本紀』は「仏法東にいたりてより、斎会《さいえ》の儀、未だ嘗てかくの如き盛なるはあらず」と、仏教が伝来して以来、これほどに盛大な儀式はないほどの盛儀であったと記しており、この供養に向けては新羅から王子の金泰廉《きんたいれん》の率いる総勢七百人の使節団が派遣され、大量の交易物資を持ってやって来ており、アジア仏教史を飾る一大イベントになった。

聖武太上天皇は正法《しょうぼう》・像法《ぞうぼう》・末法《まっぽう》のうちの像法の時代の中興の時であるという自覚をこの十年ほど前の詔で語っていたが、大仏の供養の儀式はそのことをよく示していた。

聖武の死と仲麻呂政権

大仏造営のイベントは終わったが、この工事には延べ二六〇万人もが関わるなど、多大な労働力と費用が消費され、国家財政や人民に多大な消耗をもたらした。大仏開眼の二年後、平城京に入った鑑真《がんじん》が大仏殿の前に設けられた戒壇において、聖武太上天皇や光明皇太后、孝謙天皇をはじめ多くの人々や僧に授戒している。鑑真は六度目の渡航で、天平勝宝二年の遣唐使派遣時の副使である大伴古麻呂《こまろ》の帰国の船に乗り込み、屋久島を経て薩摩の秋妻屋浦《あきめやのうら》（坊津《ぼうのつ》）にたどりついていた。

大仏建立を見届けた四年後の天平勝宝八年（七五六）五月二日、聖武太上天皇は五十六歳で没した。死に臨み未婚の天皇に対し、天武天皇の皇子である新田部《にいたべ》親王の子の道祖王《ふなどおう》を皇太子とするよう遺詔を与えたが、これは天武・持統の直系子孫による皇位継承が途切れることが明らかになっていたから、皇位継承争いの起きることを未然に防ぐためであった。

光明皇太后は聖武の追善のために遺愛の品々を東大寺大仏に献納し、その目録『国家珍宝帳《こっかちんぽうちょう》』に記された品々は六百数十点に及んでいる。その一点一点に皇太后が名称や由来、特徴を記していて、「右の物は皆先帝遺愛の品々や内廷に備え付けの物であり、先帝ありし日の昔のことを思い出させ、目に触れれば悲しみがこみあげてくる」と、皇太后はその心情を吐露しているが、『国家珍宝帳』はまさに天平文化の目録の観がある。

天平勝宝九年（七五七）三月、孝謙天皇は道祖王が聖武太上天皇の喪中に皇太子としてふさわしくない行動をとったとして廃し、次の皇太子の選定にとりかかった。仲麻呂は舎人《とねり》親王の子大炊王《おおいおう》を推し、光明皇后や孝謙天皇の意向を背景に押し切ると、さらに紫微令から新設の紫微内相となり大臣として待遇を受け、内外の兵事を掌握し養老律令を施行した。

このような動きに反発した橘諸兄の子橘奈良麻呂《ならまろ》は、孝謙天皇を廃し新帝を擁立するクーデタを計画したが、七月に密告を受け関係者が捕まり、粛正されてしまう（橘奈良麻呂の乱）。奈良麻呂は、東大寺などを造営し人民が辛苦しているのは政治が無道だからであり、それで反乱を企てた、と白状したという。

八月に天平宝字と改元した仲麻呂政権は、雑徭を半減し東国の防人を停止するなどの撫民政策を実施、翌年正月に京畿七道に問民苦使《もみくし》を派遣、三年五月には諸国に常平倉《じょうへいそう》を置くなど、儒教思想に基づく「仁政」、民政の安定化に取り組んだ。こうして孝謙天皇が譲位し大炊王が即位したが（淳仁《じゅんにん》天皇）、それとともに仲麻呂が大保《たいほ》（右大臣）になり藤原恵美押勝《えみのおしかつ》と名を改めて、鋳銭《じゅせん》・挙稲《きょとう》・家印の使用を許されるなど破格の待遇を受けた。

押勝は唐風化政策を推進してゆき、太政官を乾政官《けんせいかん》、紫微中台を坤宮官《こんぐうかん》などとする官司名を中国風に改めた。天平宝字四年（七六〇）三月に新銭の万年通宝《まんねんつうほう》を、和同開珎以来五十二年ぶりに鋳造したが、その一枚は和同開珎十枚と等価となして発行し、金銭の開基勝宝、銀銭の大平元宝《たいへいげんぽう》も鋳造した。だがその政治は「枢機の政、独り掌握より出づ」といった専制的性格が濃く、他の氏族のみならず同じ藤原氏のなかからも反発を受けたという。

制度化の思潮

国家の制度化への尽力は八世紀中葉に達成点を迎えたのであるが、この経験は後世に大きな影響を与えることになった。ここで整えられた国制は以後の明治国家にまで継承されてゆく。基本的な中央の太政官制や地方の国郡制などの枠組みが長く継承されたのである。

なかでも国郡制のうち国の枠組みは、鎌倉幕府が国を単位に守護を設置して維持し、戦国大名や藩の領国でもその枠組みは利用され、さらに明治国家では都道府県制へと形を変えて利用されている。郡についてはやがて東西や南北に分割されたり、郡と郷が並立することもあったりしたが、同じく継承されてゆき、国の一つ下の行政単位として近世には郡奉行が置かれ、明治国家も郡役所を置いて地方行政を担わせた。

行政運用上では文書行政がとられ、上の官庁から下の官庁に出す文書を符《ふ》、下から上に出す文書を解《げ》、互通関係で出す文書を牒《ちょう》や移《い》と称するように公式令により定められたが、そこにおける文書主義は形を変えて継承されていった。養老律令に続く新たな律令の編纂がなされなくなるなか、その変更や追加は格《きゃく》によってなされたが、勅《ちょく》の伝達は太政官符によって行われ、朝廷が鎌倉の武家政権に対して地頭の権限について定めたのも太政官符によっていた。律令国家の再現をもくろんだ後《ご》醍醐《だいご》天皇は太政官符や牒・移の形式の文書を用い、明治国家もまた太政官符を用いたのである。

官庁文書の正当性を示すのは印鑑であるが、官庁の衰えとともにその印が使用されなくなり、また符の機能を代替、略式化した宣旨《せんじ》や下文《くだしぶみ》が盛んに使用されるようになり、印に代わって花押《かおう》（個人の名を略式化したサイン）が用いられ、武家政権では将軍の花押を据えた下文が最も格式の高いものとなった。しかし大量に文書を発給するようになった戦国大名は再び印を用い、明治国家も印を正式に採用して今の印鑑行政につながる。

律令国家が新たな政治を行おうとした時に採用した遷都という手段は、この後の長岡京遷都や平安京遷都で途絶えるが、平城《へいぜい》上皇は平城京還都を試み、平清盛は福原遷都を挙行した。その試みが失敗に終わった後、明治国家は東京遷都を実現させている。

法典の編纂に際しては遣唐使が派遣されたが、明治国家も遣欧使節を派遣し、また憲法・民法調査のために使節をヨーロッパに派遣して取り入れた。明治国家の建設とともに和歌や歌謡が改めて注目されたのも興味深い。国家建設にはその歌声がともなうからである。正岡子規がその『歌詠みに与ふる書』において『万葉集』を絶讃したのもそのことと深く関わっていよう。

5　習合の論理

『日本霊異記』と『続日本紀』

一　仏教信仰の深まり

尼天皇と法王

天平宝字《てんぴょうほうじ》四年（七六〇）七月に光明《こうみょう》皇太后が亡くなって、孝謙《こうけん》上皇と淳仁《じゅんにん》天皇が平城京の改造のため同五年に近江の保良宮《ほらのみや》に移った時、病気になった上皇の看病に当たった弓削《ゆげ》氏出身の僧道鏡《どうきょう》を上皇が寵愛するようになると、押勝《おしかつ》（仲麻呂《なかまろ》）・天皇などとの関係が微妙なものになった。

道鏡は東大寺別当の良弁《ろうべん》の弟子で、葛城山で山林修行を積んだ宿曜《すくよう》秘法を会得していたといわれ、良弁の建てた近江の石山寺に住んでいたことから、近くの保良宮にいた上皇から召されたのである。同六年六月、上皇は五位以上の官人を召し、天皇が不孝《ふきょう》である故に仏門に入って別居することを表明するとともに、国家の大事や賞罰については自分が定めるとの詔を出した。既に上皇は鑑真《がんじん》から菩薩戒《ぼさつかい》を受けていたが、道鏡から具足戒《ぐそくかい》を受け、正式の出家者である尼となった。

不和の原因は、天皇と押勝が道鏡を除くように働きかけたことに、上皇が不満を持つようになったからであろう。危機感を募らせた押勝は、皇子たちや協力者たちを警察関係の衛府、伊勢・美濃・越前三か国の国司に任じ、自身は「都督四畿内三関丹波播磨等国兵事使」という軍事上の要職に就いて、ここに上皇と天皇・押勝との勢力争いが始まった。

その九月、押勝が軍事の準備を始めていることを察知した上皇は、山村王を派遣して、淳仁天皇の手から軍事指揮権を象徴する駅鈴《えきれい》と内印《ないいん》の回収をはかったことから戦闘が起き、孝謙上皇の手に渡る。そこで押勝は太政官印を奪取して近江国に逃走したのだが、国府に入れず、越前を目指していったその途中で追撃にあい、九月に殺害されてしまう(押勝の乱)。

これにともなって道鏡は大臣禅師に任じられ、官庁名が旧に復され、十月には淳仁天皇が廃されて淡路に流された。この廃位により孝謙上皇は事実上皇位に復帰したことになり、後に重祚《ちょうそ》したとされて称徳《しょうとく》天皇と称される。かつて宣命《せんみょう》のなかで未だ世間では仏と神が相触れないものと観念されている、と語っていたが、出家天皇の道へと突き進んだのである。

天平神護《じんご》元年(七六五)に飢饉や和気王《わけおう》の謀叛事件が起きる政情不安定のなか、同年十月に天皇は道鏡の故郷・河内弓削寺に行幸し、道鏡を太政大臣禅師に任じて群臣に拝賀を行わせ、行宮《あんぐう》を拡張し由義宮《ゆげのみや》の建設を開始するとともに十一月に尼天皇として即位した。だが即位式は行わず、大嘗会《だいじょうえ》にはこれまで参加のなかった僧侶を出席させている。

翌年十月には、隅寺《すみでら》(海龍王寺)の毘沙門像から仏舎利が出現したとして、道鏡を法王となして、法王宮職という官司を設け、法臣・法参議などの僧侶の大臣を置き、道鏡の弟弓削浄人《きよひと》を中納言に任じ、押勝の乱鎮圧に功があった吉備真備《きびのまきび》を右大臣に昇進させた。

こうして天皇=法王の二頭体制が出現したが、この体制出現の背景には仏教信仰の深まりが民間レベルにまで及んでいたからでもあった。

仏教の民間布教と『日本霊異記』

仏教説話集『日本国現報善悪霊異記《にほんこくげんほうぜんあくりょういき》』（『日本霊異記』）の説話は、国家主導で入ってきた仏教が民間に広がった、その民間布教の様相をよく伝えている。

『日本霊異記』は上巻に三十五話、中巻に四十二話、下巻に三十九話の合わせて百十六話を収録し、各巻には序があって、その上巻の序は、奈良の薬師寺の沙門景戒《しゃもんきょうかい》が世の中の善悪の報いを見聞してきたことから、その応報の様を記して、曲がった考えや悪心を糺すことの一助にしたいと考え、唐の『冥報記《めいほうき》』や『般若験記《はんにゃげんき》』に倣って我が国の話を書き記したという。

話は基本的に年代順に配列され、上巻の一話は雄略《ゆうりゃく》天皇の時代、二話は欽明《きんめい》天皇、三話は敏達《びだつ》天皇、四話から八話までは推古《すいこ》天皇の時代の話となっている。以後は時代の特定されていない話が多く、二十五話から再び持統《じとう》天皇の時代の話となって、三十話が文武《もんむ》天皇の時代、三十一話・三十二話が聖武《しょうむ》天皇の時代の話を神亀四年（七二七）を最終年として、それ以下の話には時代が特定されていない。

仏法の興隆の歴史をたどりながら、高句麗で学んだという老師行善《ぎょうぜん》についての六話、百済の禅師弘済《ぐさい》が亀を助けて亀に助けられた七話、義禅師《ぎぜんじ》が耳の聞こえなくなった人を救った八話、元興寺《がんごうじ》の沙門慈応大徳《しゃもんじおうだいとこ》が播磨の濃於寺《のおでら》で法華経を説き、魚を捕ったためこの世で悪い報いを受けていた男を救った十一話など、因果応報に関わる説話を多く収録している。

また十七話の伊予国越智《おち》郡の大領越智直《おちのあたい》の話や三十話の豊前国京都《みやこ》郡の少領膳臣広国《かしわでのおみひろくに》が死ん

で地獄に堕ちたものの蘇生したという話のように、郡司に関わる話が多く見える。中央政府によって国造、評司、郡司へと把握されてゆくなか、地方豪族は私的に寺院を建立してきていたが、百済救援に加わった備後三谷《みたに》郡の郡領が三谷寺を造営したという話は、広島県三次《みよし》市の寺町廃寺の調査により、これが史実として確かめられている。

地方寺院の多くは瓦葺きで、その瓦に大きな影響力を与えたのが川原寺式の軒丸瓦であって、この時期に建てられた寺院に広く使われており、その数は北の陸奥国の伏見廃寺から肥後の興善廃寺まで六百か所以上に及んでいる。文献には多く郡の呼称のつく郡寺の存在が見えるので、郡を単位に寺院が造営されていたことがわかる。

行基の社会活動

『日本霊異記』中巻は、その序において歴代の天皇のなかでも聖武天皇が大仏を造るなど仏教を弘めたことを力説しており、聖武の時代の話を集中的に載せている。

第一話は聖武天皇が天平元年に行った法会における一人の僧の不作法について記し、以下、三十八話までが「聖武天皇の御世」の話を語り、続いて淳仁天皇、孝謙天皇の話を記し、最後の四十二話には天平宝字七年（七六三）の年紀があり、話はその三年後にまで及ぶ。

この中巻で特筆されているのが行基《ぎょうき》である。上巻にも二十二話で行基の師である入唐僧の道昭《どうしょう》が極楽に往生した話を載せ、二十八話でその道昭が唐に渡った時の話を載せるなどしているが、中巻では最も多くの話を載せ、なかでも七話は智光《ちこう》の話に絡んで詳しく触れている。この話は他と比較すると三倍もの長さがあり、中巻の性格を象徴するものとなっている。

河内の鋤田寺《すきたでら》の智光は「智恵第一」と称され、大般若経などの経典の注釈書を著した学徳の僧であったが、巷で評判をとっていた行基に嫉妬を覚え、智光がこれを謗《そし》っていたところ、閻魔の使いが二人来て召され西に向かった。黄金の宮殿があり、ここは行基菩薩が生まれ変わって住む所といわれ、その門を入って北に連れてゆかれると、その場で火の棒を抱かされ、焼けただれてもすぐに元に戻り、再び火の棒を抱かされる、という阿鼻地獄の責め苦を受けた。

これは行基菩薩を謗った罰であると諭され、そこから蘇生した智光は行基との対面を遂げると、地獄での体験を話し、謗ったことを懺悔したところ、行基はこころよく許してくれた。また行基が黄金の宮殿に生まれ変わって住むようになることを告げると、喜ばしいこと、貴いこと、と語ったという。

その行基の俗姓は越史《こしのふひと》、越後国頸城《くびき》郡の人で、母は和泉の大鳥郡の人。世を捨てて仏法を弘め、迷える者を導き、内に菩薩の姿を宿しながら、外に普通の僧の姿をとり、聖武天皇はその高徳に感じ入り、いたく尊敬して篤くもてなし天平十六年（七四四）に大僧正に任じたとも語っている。

行基がこのように聖武天皇に認められるまでには多くの苦難があった。行基は、入唐して玄奘《げんじょう》の教えを受けた道昭に学び、二十四歳で受戒して法興寺（飛鳥寺）に住み、のち薬師寺に移ったが、やがて山林修行に入って優れた呪力・神通力を身につけると、山を出て民間布教を始めたところ、多くの困窮者が生まれているのを見聞することになった。

和銅年間からは平城京の造営事業が諸国の民を疲弊させており、その困窮する民は救いを行基に求めてきた。逃亡した役民や流浪者の多くが行基のもとに集まったことから、朝廷は霊亀《れいき》三年（七一七）に「小僧《しょうぞう》行基」が、巷に群集してみだりに罪福を説き、徒党を組んで指を焼いて灯火《ともしび》となし、臂《ひじ》を焼いて写経し、家々を訪ねては邪教を説き、食料以外の物を無理に乞い、聖道《しょうどう》と謀《たばか》って百姓を惑わすと指摘して、その活動に禁圧を加え、僧尼が許可なく巫術により病者の治療をすることを禁じたのであった（『続日本紀』）。

だがその規制にもかかわらず行基集団は拡大を遂げ、養老六年（七二二）に行基が平城京右京三条に菅原寺を建てたころから、京在住の衛士《えじ》や帳内・資人・仕丁《しちょう》などから商工業者にまで信者が広がった。養老七年の三世一身法により開墾が奨励されたのを機に、池溝の開発に関わるなど行基の活動が急速に進展してゆき、その声望は各地で高まった。多くの道場や寺院が建てられ、溜池や溝と堀、架橋、困窮者のための布施屋などが設立されたという。

聖武天皇は天平十二年（七四〇）十二月十五日に恭仁京《くにきょう》に入ったが、この恭仁京の造営ではそれまで弾圧の対象としていた行基の率いる集団の力を借りており、その活動を高く評価するように転じていて、大仏造営にも行基に協力を求め、ついに行基を大僧正に任じたのである。

仏教文化

仏教信仰の深まりの中心となったのは東大寺をはじめとする平城京の諸大寺である。法興寺（元興寺）、薬師寺、大官大寺（大安寺）、廐坂寺《うまやさかでら》（興福寺）などは平城京への遷都とともに新都に移転してきた。大安寺の移転は霊亀二年（七一六）のことで、南大門は六条大路に面し、寺域は東西三町、南北五町に及んでおり、東西両塔（七重塔）は南大門の外側（南方）に建ち「大安寺式伽藍配置」と称されている。

天平十九年（七四七）の『大安寺資材帳』には八百八十七名の僧が大安寺に居住していたと見えるが、ここに住んだインド僧の菩提僊那《ぼだいせんな》は東大寺大仏開眼の導師を務めており、唐に留学した道慈《どうじ》は三論宗《さんろんしゅう》系の学僧で『金光明最勝王経』を日本にもたらし、また鑑真《がんじん》を日本へ招請するため唐に渡った普照《ふしょう》と栄叡《えいそん》や、空海《くうかい》・最澄《さいちょう》と交流のあった勤操《ごんそう》、最澄の師の行表《ぎょうひょう》なども大安寺僧であった。

薬師寺は養老二年に右京六条二坊に移ってきて天平三年に東塔が建てられ現存する。薬師寺東院が吉備内親王により、西院が舎人《とねり》親王によって整備されるなど薬師寺には皇族の帰依が深かった。金堂の薬師三尊像の均整がとれたプロポーションや、薄い衣の下の肉体の起伏の示す美しさは、高い精神性を感じさせる点で評価が高い。

藤原氏の帰依により建てられ大きく発展をみたのが興福寺である。養老四年に「造興福寺仏殿」の司が置かれ、不比等《ふひと》の本願で中金堂が建てられ、長屋王《ながやおう》が北円堂を建てるなど、次々と堂舎が建てられた。光明皇后が五重塔と西金堂を、聖武天皇が東金堂を建て、西金堂には本尊の丈六釈迦三尊をはじめ十大弟子・八部衆立像が造立された。八部衆のうちの阿修羅像の神秘性のなかにも人間味の溢れた姿は、この時代の趣向をよく物語っている。

元興寺は養老二年に移され興福寺の南にあって南寺と称され、天平元年に聖武天皇が「大法会」を開くなど三論・法相宗《ほっそうしゅう》の寺として重きをなした。天平勝宝元年には大安寺・薬師寺・興福寺・東大寺とともに墾田百町が施入され、諸寺の墾田の限度が定められた時には東大寺の四千町に次ぐ二千町もあって、薬師寺や興福寺の千町よりも経済的基盤は整っていた。

平城京の諸寺では一切経の書写を通じて経論の研究が行われ、その研究に基づいて善珠《ぜんしゅ》や智光によって著作が出されており、中国生まれの宗派が持ち込まれ、天平勝宝四年（七五二）頃に東大寺に六宗の宗所が設けられたが、同様な組織は元興寺などにも生まれている。

こうした枠組みのなかで活発な思想教学の研究が進展し、法相宗・三論宗などの宗派が法会での論議で互いに論争を経ながら成長していった。南都六宗が成立したのだが、六宗とは先の二宗のほか成実《じょうじつ》・倶舎《くしゃ》・華厳《けごん》・律宗《りっしゅう》の六つをさす。

地方への広がり

天平期以後の仏教信仰の地方への広がりは『日本霊異記』下巻から知られる。中巻では、聖武天皇の時代の話を行基中心に載せるが、下巻では景戒自身が直接に関わる話が多く見える。その三十八話によれば、景戒は延暦《えんりゃく》六年には僧となっており、「俗家《ぞっか》」（世俗の家）に住んで妻子もいたが、十分に養うだけの資力がなかったという。

二十一話には、薬師寺の僧長義が宝亀《ほうき》三年（七七二）に目が見えなくなったことから多くの僧を招いて金剛般若経の読誦をしたところ、目が見えるようになった話を載せている。短い話にもかかわらず、時と場とが記されたのは、長義に招かれた僧の一人に景戒がいたからであろう。同じ寺の僧だけに多くを触れるのを遠慮したものと見られる。十二話は、薬師寺の東の村にいた盲人が薬師寺東門前で千手観音が火の珠を持っている手（日摩尼《にちまに》の珠を持つ手）を称えているうちに、目が見えるようになったというもので、これも景戒が見聞した話と考えられる。

称徳天皇の代から景戒は薬師寺僧となり、半僧半俗の生活を送ってきたのであろう。その出身地については、下巻の話に紀伊国に関わる話が多くあり、その過半の十四の話が紀伊国関係で、ほかには薬師寺のある大和関係の話がやや多い程度であることから、紀伊国と見られるが、その紀伊国でも名草《なぐさ》郡の話が五つと最も多いので、ここに景戒の本拠があったと考えられる。この名草郡の話でも二十八話、貴志里《きしのさと》に住むある優婆塞《うばそく》の話が注目される。

紀伊国名草郡貴志の里に、一つの道場あり。号をば貴志寺と曰ふ。その村の人等、私の寺を造れるが故に、以て字を寺とせり。白壁の天皇のみ代に、一の優婆塞有りて、その寺に住《とどま》りき。

貴志の村人たちが造った貴志寺という道場の中から、痛い痛い、という声がしたので、寺に住む優婆塞の行者が見回り朽ちた塔の木の霊かと思っていたところ、弥勒《みろく》の丈六の仏像が蟻に喰われたためであると判明し、村人たちと相談し造り直したという。

内容から見て名を隠す必要もないのに行者の名は記されていない。十九話の愚かな男の話も記していないが、その場合は愚かな男なだけに名を憚ったかと考えられる。しかしこれはそうした話ではない。同様な話が十七話に那賀《なが》郡の弥気里《みけのさと》の村人たちが造った道場の話がある。弥気の山の室堂に住んでいた沙弥信行《しゃみしんぎょう》が半作となっていた弥勒仏が痛い痛いと泣くのを聞いて、奈良の元興寺からやってきた僧の豊慶《ほうけい》の協力を得て完成させたというのだが、ここでは信行がこの里人であり、俗姓を大伴連《おおとものむらじ》祖《おや》と紹介しているのである。

したがって二十八話は景戒その人の体験を語ったものと考えられる。名を記さなかったのは、過去の体験談であることから、名を伏せたものと解される。また三十八話では景戒が身を恥じ懺悔していた時、夢に名草郡楠見粟《くすみあわ》村の沙弥鏡目《きょうもく》が現れ、鏡目と問答を行って米を施したところ、『諸教《しょきょう》要集《ようしゅう》』が与えられ、書写するように言われたという話が見える。鏡目とは旧知の間柄であったわけで、それは貴志にいた時の知り合いだったのであろう。

景戒は薬師寺に入った後に故郷の貴志寺にやってきたと見られる。一・二話に見える紀伊の熊野村に修行のために住んだ永興《えいごう》禅師も興福寺の僧であったといい、中巻の十一話には、紀伊の伊刀《いと》郡桑原の狭屋寺《さやでら》の尼たちが法事を行った際、薬師寺の僧の題恵《だいえ》僧都を招いている。景戒も招かれて貴志寺に行者として住んでいて、そこで僧の鏡目との交流があり、多くの話を見聞するなかで、それらを本書に収録したと見てよいであろう。
これらの話からは村が母体となって堂や寺が造られ、僧を迎えるなど、村における仏教信仰の広がりが認められるのであって、そのことが背景にあって道鏡が台頭してきたのである。

二　神仏習合

仏と神の領域

道鏡は「天平神護より以来、僧尼の度縁、一切に道鏡が印を用ゐて印す」といわれたように、仏教界に君臨し「権をほしいままにし、軽《かるがる》しく力役を興し、つとめて伽藍を繕ふ」と、寺院の整備につとめ、また称徳天皇は東大寺に匹敵する寺院として西大寺とその尼寺の西隆寺の造営を進め、押勝の乱の犠牲者を弔うために木像の百万塔を製作した。

いっぽう天皇が皇太子を定めずに政治を進めることを宣言したことから、皇位継承をめぐって次々と事件が起きた。神護景雲《じんごけいうん》三年（七六九）五月には、称徳天皇の異母妹不破《ふわ》内親王と氷上志計志《ひかみのしけし》麻呂《まろ》が天皇を呪詛したとしてその名が改められた上で流刑に処されている。

そうしたところ、同年九月に大宰主神《かんづかさ》の中臣習宜阿曾麻呂《なかとみのすげのあそまろ》から、「道鏡をして皇位に就かしめば、天下太平ならむ」という、道鏡を皇位に就けるべしとの宇佐八幡宮の託宣が伝えられると、天皇自身も宇佐八幡神が側近の法均尼《ほうきんに》の派遣を要請する夢を見たことがあり、その神託を確かめるべく、法均の弟和気清麻呂《わけのきよまろ》を勅使として宇佐八幡宮に派遣した。

仏教政策を展開し仏教統治を行う上で、その支えとして神の加護が求められたのである。既に年号からして押勝の乱の平定に神の加護があったとして天平神護に改元されており、さらに祥雲が現れたとして神護景雲にも改元されていた。天平神護二年四月には伊予国の諸神に位階を授け、神戸《かんべ》を与えており、神社の位階である神階も開始されていた。

ではこの時になぜ宇佐八幡の神だったのであろうか。大仏造営時に、それを助成するため宇佐八幡神が紫の輿に乗った神官に奉じられて上京したことがあって、宇佐の大神に一品《いっぽん》、宇佐の比売神《ひめがみ》に二品《にほん》の位が授けられている。天平神護二年四月には八幡比売神に封六百戸が施入されていた。既に八幡神の信仰が宮中に入り込んでいたのである。

宇佐神への信仰が広がりを見せるようになったのは、養老四年（七二〇）二月、大隅《おおすみ》国の国司が殺害された事件に始まる。南九州で朝廷に服属して隼人《はやと》と称されていた人々が、南西諸島や中国大陸との交流により独自の動きをとったとして、調査のための使者が九州南部・南西諸島に派遣されたところに事件が起きたのである。

これ以前の文武《もんむ》紀四年（七〇〇）に九州南部各地で使者が威嚇される事件が起きると、朝廷は大宰府に武器を集め九州南部に兵を送り、大宝二年（七〇二）には日向国から薩摩国を分置し、和銅三年（七一〇）には大隅国も分立させ、豊前国から五千人を移住させて支配体制を固め、畿内に移住させた隼人を管轄する隼人司を設けていた。

大隅国司殺害の事件はこうした朝廷の分断政策に隼人が反発して起こしたものであり、朝廷は隼人の反乱に大伴旅人《たびと》を征隼人持節大将軍に任じて征討にあたらせ、長期戦に及んでやっとのことで勝利したが、戦死者は千四百人にも及んだという。その鎮圧に大きな役割を果たしたのが豊前の宇佐神であった。

宇佐八幡宮（宇佐市教育委員会提供）

乱が勃発すると、宇佐に入っていた僧の法蓮《ほうれん》が、隼人征討のための祈禱を行ったところ、「我征きて降し伏すべし」と、八幡神が自ら征討に赴いたという。そこで養老五年（七二一）、朝廷はその褒賞として隼人征討の滅罪のため生き物を放って殺生を禁断する放生会《ほうじょうえ》を開くことを認め、さらに弥勒禅院を神亀《じんき》二年（七二五）に創建し、二年後に宇佐神社境内に移して神宮寺となして弥勒寺と命名、八幡神を勧請《かんじょう》した。
こうして宇佐八幡宮は神の託宣を通じて国家を護持する存在としての位置を高めていった。天平十三年（七四一）に聖武天皇が「八幡神宮」と称し三重塔を寄進、宮寺八幡宮の位置づけが確定すると、同二十年に創建された東大寺にも八幡宮が勧請され手向山《たむけやま》八幡としてその鎮守となったのである。

神仏の習合

八幡神が朝廷の政治を支える存在かどうか、清麻呂が宇佐神の神託を確かめるべく派遣されたのだが、託宣は虚偽である、と天皇の期待に反する復命をしたため、怒った天皇は清麻呂を改名し因幡員外介《いなばのいんがいのすけ》として左遷、大隅国に配流《はいる》した（宇佐八幡宮神託事件）。ただ配流先の清麻呂を経済的に援助したのが藤原式家の宇合《うまかい》の子百川《ももかわ》であり、反道鏡勢力が広がっていたことがわかる。

宇佐八幡のみならず地方の諸国でも神を鎮護する神宮寺が生まれていた。『藤氏家伝』には霊亀元年（七一五）に越前神宮寺の名が見えるが、これは越前敦賀の気比《きひ》神宮の神宮寺であって、その隣国の若狭《わかさ》でも神宮寺が若狭彦・若狭姫両神を鎮護する寺として養老年間に建てられており、当初は神願寺と称されたという（『類聚国史《るいじゅうこくし》』）。

神宮寺をよく物語っているのが伊勢の多度《たど》神宮寺の創建に関わった満願《まんがん》という僧の活動である。天平宝字七年（七六三）に満願は伊勢の多度神宮の傍らに住んで阿弥陀仏を拝していたところ、多度の神から「自分は多度神であるが、重い罪によって神に身をやつしてしまった。できるならば神の身を離れ仏教に帰依したい」と告げられたことから、小堂を造り神像を安置したが、それが多度神宮寺という。

その後、寺には桑名郡の郡司が鐘と鐘楼を、美濃の在俗僧が三重塔を、大僧都が三重塔を寄進し、私度僧が多度神を信仰する人々を率いて伽藍整備にあたり、境内を整備していったという。満願はさらに天平神護年間に常陸《ひたち》に鹿島神宮寺を創建し、相模《さがみ》の箱根神宮寺の創建にも関わったという。

『日本霊異記』の下巻の二十四話には、近江野洲《やす》郡の三上嶺の神が大安寺の僧恵勝《えしょう》の夢に出て、法華経を読むよう求めたという話がある。

悩める人々を救うことができなくなった神の力の衰えを、仏が加護することによって仏神一体となって支え合う関係が生まれてきたことから、逆に神が仏を支える存在となっていったのである。このような神仏の関係を神仏習合という。習合とは異質な領域間の調整・統合機能のことであって、仏の領域の拡大とともに神の領域が侵されるなか、二つをいかにすり合わせるかが課題となり、そこから神仏習合という考えが生まれたのである。

神護景雲四年（七七〇）二月、天皇は再び由義宮《ゆげのみや》に行幸し、そこで重病に陥った。しかし前とは違って看病にあたったのは「宮人《きゅうじん》」（女官）の吉備由利《きびのゆり》のみで、道鏡は召されず、ここに神の支えを失った道鏡の失脚が明らかとなった。

八月、称徳天皇が平城宮西宮の寝殿で亡くなると、群臣が集まって評議し、藤原永手《ながて》・百川らが天智天皇の孫で施基皇子《しきのみこ》の子白壁王《しらかべおう》を推し、即日に皇太子となると、その新皇太子の命によって道鏡は下野国薬師寺別当に追放され、和気清麻呂が呼び戻された。こうして宝亀元年（七七一）十月に白壁王が即位した（光仁《こうにん》天皇）。

光仁・桓武朝と御霊信仰

宝亀三年（七七二）正月、天皇は大極殿に出て元日朝賀の儀に臨んだが、そこには前年六月に出羽《でわ》国《くに》の野代湊《のしろのみなと》に来着した渤海《ぼっかい》の使者や陸奥《むつ》出羽の蝦夷《えみし》などが参列しており、十一月には遣唐使派遣のための造船が命じられ、光仁天皇の皇位継承を唐に伝える準備が整えられていった。

その三月、皇后の井上《いのうえ》内親王が呪詛により大逆を図ったとする密告があって、皇后が廃され、五月にはそれに連座して他戸《おさべ》親王の皇太子も廃されてしまい、百済からの渡来系氏族の血を引く高野《たかのの》新笠《にいがさ》の産んだ山部《やまべ》親王が宝亀四年に皇太子に立てられた（後の桓武《かんむ》天皇）。親王はこれまで藤原百川の援助を受けてきていた。

だが、それからも相次いで死者が出た。天皇の同母姉で二品の難波内親王が亡くなると、その難波内親王を呪詛したとして井上内親王と他戸親王が庶人の身分に落とされ、二人は宝亀六年（七七五）に幽閉先で急死するが、さらに藤原式家の兄弟も相次いで亡くなった。宝亀六年に藤原蔵下麻《くらじま》

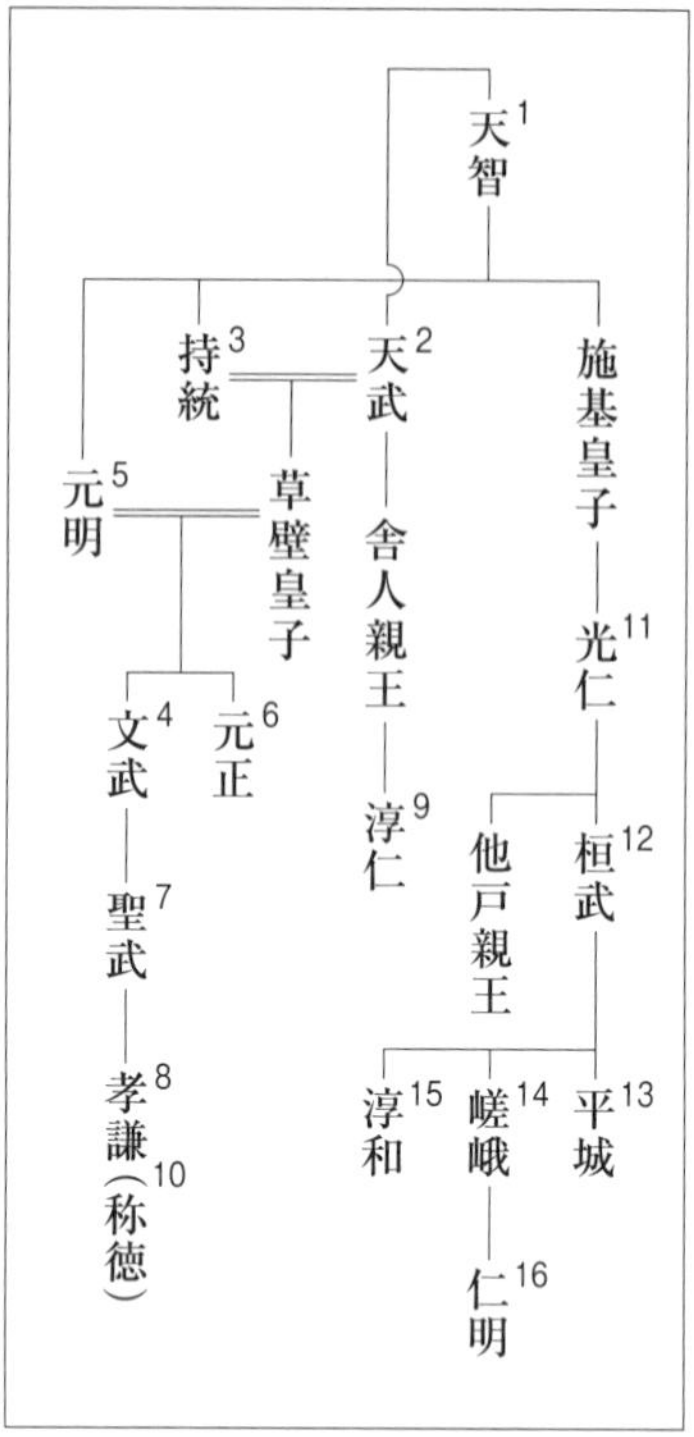

系図3　天皇の関係略図

呂《ろ》、宝亀八年には藤原良継《よしつぐ》、藤原清成《きよなり》が亡くなり、光仁天皇や山部親王も死の淵をさまよう大病を患った。

これらは井上内親王の怨霊によるものと考えられるようになり、井上内親王の遺骨を改葬して御墓と追称し墓守が置かれた。翌宝亀九年には皇太子平癒のため東大寺・西大寺・西隆寺の三寺で誦経が行われ、天下に徳のある政を示すために大赦の勅が発され、皇太子の病状回復のため幣帛《へいはく》を伊勢神宮と天下の諸社に捧げ、畿内と畿外の各境界で疫神を祀らせ、十月に病が癒えた皇太子が御礼のため伊勢に下っている。

宝亀十年に藤原百川が亡くなり、二年後の天応《てんおう》元年（七八一）に第一皇女の能登《のと》内親王に先立たれて、天皇は心身ともに衰えてしまい、四月に病を理由に皇太子に譲位し（桓武天皇）、同年十二月に亡くなる。その直後の天応二年閏正月、天武天皇の曾孫・氷上川継《ひがみのかわつぐ》によるクーデタ未遂事件が起きた（氷上川継の乱）。川継の父は恵美押勝の乱で戦死した塩焼王《しおやきのおう》であり、母は井上内親王の同母妹の不破《ふわ》内親王であった。

このような政変や死者が相次ぐなか、「死魂」を祀る動きが登場するようになってきたのだが、それは行基の活動が広がった天平年間から見え始めていた。長屋王の乱の翌年の天平二年（七三〇）九月に出された詔は「死魂を妖祀して祭る所あり」と指摘して「妖言して衆を惑はす」行為を指弾している。橘奈良麻呂《たちばなのならまろ》の乱の直後の天平宝字元年（七五七）に出された勅には「民間、或は仮りて亡魂に託し」て浮言をする動きのあったことが記されている。

仏教信仰の民間への広まりとともに民間の基層信仰に触れるなか、仏の領域と神の領域の境界領域において死魂こと御霊《ごりょう》を祀る信仰が広まったものと考えられ、これも神仏習合により生じた信仰といえよう。

地方政治の動き

中央政界が見てきたように大きな変動があったのだが、地方では安定的支配が行われていた。『続日本紀』には多くの飢饉の記事が見えるが、その記事は地方からの報告が中央に届くようになり、政府がそれによく対応していたからでもある。中央と地方との重層的な体制は解消しつつあった。

地方の情勢がこの時期に安定していたことは、諸国の国府の整備が八世紀後半から行われて、国分寺・国分尼寺の建設が進められていたことにうかがえる。その一例として下野《しもつけ》国の動きを見ると、ここには道鏡が造下野薬師寺別当として宝亀元年（七七〇）に左遷されてきたところで、この薬師寺の造営は、律令の制定に関与し式部卿にまで昇進した下毛野朝臣古麻呂《しもつけののあそんこまろ》の手によって造営されたものと考えられている。

天平勝宝元年（七四九）に筑紫の観世音寺《かんぜおんじ》とともに墾田五百町が寄せられて経済的基盤が整えられ、天平宝字五年（七六一）には僧尼に授戒する戒壇が設けられて、東大寺・観世音寺とともに三戒壇の一つとされた（『東大寺要録』）。その近くには中央と地方を結ぶ重要な大道である東山道が通っていた。

京を出発して信濃《しなの》・上野《こうずけ》を経、下野に入った東山道は、国の政庁である下野国府へと至るが、『和名抄《わみょうしょう》』には「国府は都賀郡《つが》に在り、行程は上三十四日、下は十七日」とあって、発掘調査の結果、それは栃木市の宮目《みやめ》神社付近に確認されている。

国庁の建物は四期以上の建て替えが想定され、第二期の八世紀後半から大きな整備がなされたという。国府から東へ行くと国分寺に出るが、国分寺建立の詔が出された天平十三年（七四一）からさほど下らない時期の造営であることが発掘により明らかにされている。文字瓦には「国分寺」や「河内」「都可」「寒川」「矢田」「足利」などの郡名があった。

東山道は国分寺、隣接する国分尼寺を経て薬師寺へと向かい、薬師寺から北上して陸奥国へと至るが、薬師寺の北、宇都宮市の鬼怒川《きぬがわ》の河岸段丘上には「烽家《とぶひや》」と墨書された須恵器坏《すえきつき》が出土しているので、ここには古代の狼煙《のろし》を上げる施設があって、奥州での変事を伝える烽《とぶひ》がここで上げられ、下野国府に伝えられたのであろう。

東山道の出発点である近江の国府は、発掘によって天平十七年に近江守を兼ねた藤原仲麻呂の時に整備されたものと考えられている。国府近くの惣山《そうやま》遺跡からは国衙《こくが》工房と推定される大型建物の遺構が認められ、国の豊かさが知られる。同様な国の工房遺跡として知られているのが伯耆《ほうき》の国庁近くの不入岡《ふにおか》遺跡であり、同じく八世紀後半からの建物群と見られている。

越中の動きは『万葉集』に載る大伴家持《やかもち》の歌から知られる。天平十八年八月七日、家持が到着した国守館において宴を催し、越中掾《えっちゅうのじょう》の大伴池主《いけぬし》や越中大目《だいさかん》の秦忌寸八千島《はたのいみきやちしま》らの国司が出席したが、その時の家持の歌を掲げる。

　八月の七日の夜に、守大伴宿禰家持が館に集ひて宴する歌

秋の田の穂向き見がてり我が背子が　ふさ手折り来るをみなへしかも（三九四三）

天離る鄙に月経ぬしかれども結ひてし　紐を解きも開けなくに（三九四八）

国司四等官の館である国守館、介館、掾館、大目館、小目館などを場として、しばしば宴が設けられたことが知られている。家持のような地方の国司となって国の行政にあたるとともに、やがて中央に戻って官僚となり、また再び地方の国守となるという交流によって、官僚が中央と地方とのパイプ役を担い、地方支配は安定化していたのである。

国司と郡司

国守は国内の祭祀権や墾田の認定権などを握り、その権限が大きくなっていった。越中の国内の安定ぶりを物語っているのは、十世紀の初頭の延喜《えんぎ》十年（九一〇）に作成された「越中国官倉納穀交替帳」という帳簿であって、そこからは天平六年以来の稲穀が不動穀として蓄積されてきた過程がよくうかがえる。

家持が任を去る天平勝宝三年六月の越中介《えっちゅうのすけ》の内蔵忌寸縄麻呂《くらのいみきただまろ》の報告によれば、礪波《となみ》郡にある東

第二の板倉には、天平六年から天平勝宝二年までに一一四六石ほどが蓄積されてきていて、その後、南第一の板倉には天平勝宝二年から五年までに三二一八石ほどの米穀で満たされたという。家持の時までは年率にして九五石半であったのが、その後は一〇七二石と飛躍的に増加しているのがわかる。

この間、天然痘の流行や、天平十二年の不動穀の使用が認められていたことなどからすると、家持の赴任時から立ち直りを見せ始め、その後は順調に蓄積が進んだのであろう。総じて八世紀半ばから十世紀にかけては基本的に順調に蓄積されていたのである。

天平十五年に墾田永世私財法《こんでんえいせいしざいほう》が制定されると、これを受けて天平二十一年五月に東大寺の占墾地《せんこんじ》使《し》として僧平栄《へいえい》が越中を訪れたことが歌（四〇八五）から知られるが、礪波郡には井山荘や石粟荘《いしあわ》などの東大寺の荘園が立てられていった。

諸国では国守がこのように力を発揮するなか、これまで地方の社会を牽引してきた郡司はどうなっていたのであろうか。各地の郡司行政の場である郡家の遺跡の発掘によれば、八世紀後半に郡家が衰退を迎える事例もあるが、大きな変化はない。ただ郡単位にあった寺院が多く廃寺となっており、一郡に一窯ほど設けられていた窯の状況も大きく変化している。窯は郡単位からさらに広い広域型や一国型になっている。国の存在の比重が大きくなって、国の保護を得た寺院や窯の修築・生産が盛んになってきたのであろう。

神火により官衙の倉が焼失したという報告が、八世紀後半から頻出するようになることも注目される。天平宝字七年（七六三）九月の勅は、神火により、官物を損なったのは「国郡司ら国神に恭しからざるの咎なり」と指摘しており、焼けた倉の跡が発掘される場合が多い。

こうした変化は郡司の任用が譜代《ふだい》の氏族ではなく、能力主義に転換してきたことも大きく影響していた。『日本霊異記』に載る話を見ると、郡司に関わる話は八世紀前半までに多く、中巻二話が和泉国泉郡の大領血沼県主倭麻呂《ちぬのあがたぬしやまとまろ》夫妻が出家し行基菩薩について仏道修行に励んだ話、九話が武蔵《むさし》国多摩郡大領の大伴赤麻呂《あかまろ》が寺を造ったものの、その寺の物を私用したことによって牛になった話、二十七話が尾張国中島郡の大領尾張宿禰《すくね》久玖利《くくり》の妻が大力により、国司や船頭をやりこめた話などがあるのだが、以後は少なくなってしまう。

下巻の二十六話の、讃岐《さぬき》国三木郡の大領小屋県主宮手《おやのあがたぬしみやて》の妻がケチで貪欲なために地獄に堕ちた話など、八世紀後半になると郡司は登場していても郡司そのものではなく、その妻の話を通じて郡司の没落が予見されるようなものとなっている。

律令国家の内実は、中央の律令制と地方の氏族制とが相互補完的に機能していたことにあるが、その二つが国司制度の展開を通じて習合するに至ったものと評価できるであろう。

三　習合の治世

桓武の即位と遷都

桓武《かんむ》天皇は白壁王（光仁天皇）の第一皇子として生まれ、当初は山部王として官僚で身を立て大学頭や侍従に任じられていた。父の即位後、親王宣下とともに四品《しほん》を授けられ、中務卿《なかつかさきょう》に任じられるなか、藤原式家の藤原宿奈麻呂《すくなまろ》や百川兄弟らがその擁立に動き、ついに宝亀四年（七七三）正月に皇太子、天応元年（七八一）四月に位を譲られた。

母の身分が低く臣下の身からの即位という事情もあって、即位の正統性を訴えるべく天皇が持ち出したのが、持統天皇が用いたところの、天智天皇が定めたとする不改常典《ふかいじょうてん》であって、それに基づいて即位すると宣言し、その即位年が中国で大きな変革（革命）が起きるとされる辛酉《しんゆう》の年であることから改革に向けての出発の決断をし、すぐに取りかかったのが遷都である。

遷都とともに新たな政治が開始されてきた前例を踏まえ、延暦《えんりゃく》元年（七八二）には造宮省など平城京造営に関わる官職を廃し、長岡京遷都に向けて佐伯今毛人《さえきのいまえみし》を左大弁に、翌年に和気清麻呂を摂《せっ》津大夫《つのたいふ》に任じ、延暦三年には造長岡宮使に中納言の藤原種継《たねつぐ》（宿奈麻呂らの甥）と佐伯今毛人らを据えた。官僚としての経験から官僚たちの能力をよく知っていたからである。

延暦二年に藤原宿奈麻呂の娘乙牟漏《おとむろ》を皇后とするが、皇后との間には既に安殿《あて》親王（後の平城《へいぜい》天皇）を儲けており、続いて神野《かみの》親王（後の嵯峨《さが》天皇）を、また夫人藤原旅子《たびこ》との間に大伴《おおとも》親王（後の淳《じゅん》和《な》天皇）を儲けることになる。

政権の安定しないなかで遷都に踏み切ったのは平城京に根を張る旧勢力との決別を果たす必要もあったからである。貴族などの政治勢力と仏教勢力はともに平城京に愛着をもっていた。そのため新都にはほかにない魅力がなければならない。各地への遊覧を兼ねて適地を探し、平城京から北へ四〇キロの山城盆地の西、西山が低く長くのびた向日《むこう》丘陵の南端、桂川や宇治川、木津川など三本の大河川が淀川となる合流点をおさえる長岡の地を選んだのだが、ここは列島の各地とアクセス可能な交通の便があった。

天皇が側近の藤原種継に遷都の第一条件として、物資の運搬に便利な大きな川がある場所を示したところ、種継は「山背国長岡《やましろ》」を奏上したというが、種継の母は秦《はた》氏出身で山背国に勢力基盤があり、また長岡の南は天皇の母方百済王《くだらのこにきし》氏が勢力基盤とした交野《かたの》であった。天皇は延暦四年（七八五）十一月にはその河内の交野において昊天祭祀《こうてんさいし》を執り行ったが、これは中国の皇帝が都の南郊で天帝と王朝の初代皇帝を祭るものであって、それに倣って長岡京の南の交野の地で天神と父光仁天皇を祭り、自らを光仁新王統の二代目に位置づけたのである。

丘陵地に都が築かれたのは、排水の悪さへの対策を考えてのもので、平城京の発掘によれば排水の便が悪く、悪臭を放っていたことが明らかにされている。長岡京は発掘調査から、ほぼ各家に井戸が見つかっており、住む人々は豊かな水の恩恵を受けたことであろう。

遷都と征夷

種継を造長岡宮使に任じた天皇は、摂津大夫に和気清麻呂を任じたが、この摂津職《せっつしき》は国より一ランク上の「職」と称される官庁で、京の京職や内裏の修理を担う修理職《しゅりしき》などと同じく、特別な任務を担う実務官庁であった。長官は国守ではなく摂津大夫と称され、その任務は難波宮の管理や朝廷と都を直接に支える港湾など諸施設の整備にもあった。

清麻呂は難波宮の大極殿などの建物を長岡京に移築する任も遂行し、翌四年には淀川の味生野《あじふの》に運河を掘って淀川と三国川（安威川《あいがわ》）を通じさせ、神崎川を造成し、西国からの物資は瀬戸内海を経てここを通って京にもたらされた。

多賀城碑（多賀城市観光協会提供）

延暦三年（七八四）は甲子革令《かっしかくれい》の年にあたることから、それを期して天皇は長岡遷都を宣言し、造都は突貫事業によって延べ三十一万人の労働力で進められた。ところが同年九月に造長岡宮使の種継が工事現場で殺されてしまう。主犯格の大伴継人《つぐひと》らを捕らえると、陸奥で亡くなった大伴家持にもちかけられたと白状したので、家持が東宮大夫として補佐していた皇太弟の早良《さわら》親王も関係していたという疑いが浮かびあがり、親王は幽閉され淡路に配流される途中、抗議のために絶食して死去したという。

長岡京の造営とともに天皇は先帝以来進められてきた蝦夷の征討事業にも乗り出した。東北地方では大野東人《あずまびと》が養老四年（七二〇）の蝦夷の反乱後に多賀柵《たがのさく》を築き、天平元年（七二九）に陸奥鎮守将軍に任じられて開発と征討事業を進め、最上川《もがみがわ》河口付近にあった出羽柵を雄物川《おものがわ》河口付近に移し、多賀柵から出羽柵への直通連絡路を開通させていた。

多賀城碑によれば、多賀城は東人によって神亀元年（七二四）に設けられ、恵美朝狩《えみのあさかり》によって天平宝字六年（七六二）に改修されたと記している。多賀城の大規模改修前の天平宝字二年（七五八）、朝狩は桃生柵《もものうさく》と雄勝柵《おがちさく》の造営を始めており、東北経営はこの時期に本格化したのであって、朝狩は仲麻呂（押勝）の子であった。

しかし宝亀五年（七七四）、桃生城が蝦夷に襲われた。仲麻呂政権の蝦夷分断策への反発に端を発したもので、そこで按察使《あぜち》大伴駿河麻呂に征討を命じて、ここに三十八年戦争と呼ばれる「蝦夷征討の時代」が始まることになる。唐や新羅の力が衰退したため、対外関係に気遣うことなく蝦夷地の内地化を進めることが可能となった。

延暦七年（七八八）三月に桓武天皇は東海・東山・北陸道の諸国に陸奥国へ軍粮《ぐんろう》を送るように命じ、坂東諸国の五万三千の兵士を集めて多賀城に向かわせ、七月に征東大使に紀古佐美《きのこさみ》を任じ、十二月に天皇大権を象徴する節刀をこれに与えて、大規模な蝦夷征討が開始された。紀古佐美は蝦夷の拠点の胆沢《いさわ》に向けて軍勢を発したのだが、アテルイ率いる蝦夷に朝廷軍は多数の損害を出して遠征は失敗に終わった。

そこで延暦九年に諸国に革製の甲《よろい》二千領を造らせ、坂東諸国に米を準備させ、同十年（七九一）七月に征夷大使に大伴弟麻呂《おとまろ》、副使に坂上田村麻呂《さかのうえのたむらまろ》ら四人を任命して蝦夷征伐に本格的に取り組んだ。天皇は「東の小帝国」の威信を示すべく軍事に力を注いだのであったが、容易にその実が結ばないなか、長岡京の造営もまた停滞していた。

延暦十一年六月に陸奥・出羽・佐渡・大宰府を除く諸国の軍団制を廃止し、健児《こんでい》の制を定めて百姓らの兵役負担を解消し、軍事を東北経営に集中させてゆくが、そこに皇太子の発病などの様々な変事が起きた。

平安遷都

早良親王の死後、日照りによる飢饉や疫病の大流行があり、桓武の夫人、皇后や皇大夫人高野新笠らの天皇の近親者の死が相次いで、伊勢神宮正殿に放火もあった。これらは早良親王の怨霊によるという占が出てその御霊を鎮める儀式が行われたが、御霊の祟りが公式に認められたものであり、やがて長岡遷都が祟られているという声が湧き上がった。

延暦十二年（七九三）正月、和気清麻呂の建議から天皇は再遷都を宣言した。その地は長岡京の北東一〇キロ、鴨川や桂川の二つの川に挟まれた山背国北部の葛野《かどの》郡・愛宕《あたご》郡の葛野の地であって、「山や川が麗しく四方の国の人が集まるのに便が良いところ」というのが選定の理由であり、新京の造営は和気清麻呂を造営大夫となして進められた。

宮城《きゅうじょう》（大内裏）に続いて京（市街）の造営が行われ、都の中央を貫く朱雀《すざく》大路の最北に、皇居と官庁街を含む大内裏が設定され、この中央に大極殿が建てられ、後方の東側に天皇の住まいである内裏が設けられた。都の東西を流れる鴨川や桂川沿いには、淀津や大井津などの湊《みなと》を整備し、これらの湊が全国から物資を集める中継基地とされ、そこから都に物資を運ぶこととなった。

都の中には大きな二つの市（東市、西市）を立てて人々の生活を支えるなど、食料や物資が安定供給できる仕組みが整えられ、人口増加に対応できるようにした。長岡京で人々を苦しめた洪水への対策も講じ、京中には自然の川がないのに応じて東西にそれぞれ「堀川」を整え、水運の便に供するとともに生活排水路とした。

延暦十三年（七九四）七月に東西の市が新京に移され、十月には天皇が新京に移り、翌月に山背国を山城国に改名する詔が下されている。新京が出来たことを喜んで集まった人々、喜びの歌を謳《うた》う人々が異口同音に「平安の都」と叫んだことから、この都を「平安京」と名付けることにした、という。その「謳歌」（喜びの歌）とは、遷都の翌年正月に宮中で催された宴で歌われた踏歌《とうか》の「新京楽、平安楽土、万年春」であった。

大内裏から市街の中心に朱雀大路を通して、左右に左京・右京を置いた計画は、基本的に平城京を踏襲し唐の長安城に倣ったものだが、羅城《らじょう》は羅城門の左右を除き造られることはなかった。京内は東西南北に走る大路・小路によって四〇丈（約一二〇メートル）四方の「町」が最小単位とされ、東西方向に並ぶ町を四列集めたものを「条」、南北方向の列を四つ集めたものを「坊」と呼び、同じ条・坊に属する十六の町には番号が付けられ、町は「左京五条四坊十町」のように呼ばれた。道幅は小路で四丈、大路で八丈以上あり、朱雀大路は二八丈（約八四メートル）幅となり、堀川小路と西堀川小路では中央に川を流した。

　造都が進められるなか、天皇の目は再び東北地方に向けられる。延暦十三年（七九四）正月、前年に征東使を征夷使に改めると征夷大将軍の大伴弟麻呂に節刀を与え、六月に征夷副将軍の坂上田村麻呂を派遣した。この戦闘の末、大伴弟麻呂から「斬首四百五十七級、捕虜百五十人、獲馬八十五疋、焼処七十五処なり」という報告が伝えられるが、その日は遷都の詔が出された日であった。

　延暦十六年に坂上田村麻呂が大将軍となり、二十年に節刀が与えられて遠征すると、九月に蝦夷を征討したという報告があって、その翌年には、田村麻呂に胆沢城を築かせ、鎮守府が多賀城から胆沢城に移された。田村麻呂は七月に降伏した阿弖利為《あてるい》と母礼《もれ》を連れて上京し、二人の願いをいれて助命の上、蝦夷懐柔策をとるように提言したのだが、群臣が反対し、二人は河内国で処刑されてしまったという。

四　習合の行方

仏教と神祇

造作《ぞうさく》と軍事を進めるなか、天皇は南都の僧には一貫して厳しい姿勢をとった。延暦元年（七八二）に造法華寺司《ぞうほっけじし》を、同八年には造東大寺司を廃し、延暦二年には私的に寺院を造ることを禁じ、長岡京での寺院造営を認めず、平安京でも官寺である東寺と西寺を除いて新たな仏教寺院の建立は認めなかった。南都を仏都とし、平安京を帝都とすることを意図してのものであった。

天皇は、僧たちに戒律を守らせることに腐心し、戒律を守るよう一連の法令を出すとともに、教学を重視して、出家する僧侶の資質を確認する課試においては、法華経と最勝王経の暗誦を求めていたのを改め、延暦十七年（七九八）には経論の理解を課し、また毎年に得度を認める者（年分度者）の数が十名ほどであったのを、延暦二十二年（八〇三）に法相《ほっそう》宗・三論《さんろん》宗それぞれ五名とした。戒律は天平勝宝六年（七五四）に来朝した鑑真によって本格的に導入され、鑑真は五年間を東大寺唐禅院に住み、天平宝字三年（七五九）に唐招提寺《とうしょうだいじ》が創建されて移り、同七年に亡くなっていた。

もう一つ天皇が重視したのは山林で修行する僧の活動である。宝亀年間に東宮時代の天皇の病気平癒のため、大和の室生《むろお》の地において延寿の法を修させ、竜神の力を得て見事に回復させた興福寺の僧の賢憬《けんけい》に室生寺の創建を許可し、賢璟が延暦十二年（七九三）に亡くなると弟子の修円《しゅえん》が引き継いでいる（『続日本紀』『六一山年分度者奏状《べんいちさんねんぶんどしゃそうじょう》』）。

最澄と空海の活動を認めたのは教学の故もあるが、山林での修行によるところも大きかった。二人が関わったのが京の西の山林寺院・神護寺であって、その前身は和気氏の私寺の「神願寺」と「高雄山寺」で、この二つが天長元年（八二四）に合わさって生まれた。

神願寺は和気清麻呂により建てられた寺で、その寺号は八幡の神意に基づいて建てられたという意味からきており、延暦十二年（七九三）に「神願寺に能登国の墾田五十町が寄進された」（『類聚国史』）と見える。もう一つの高雄山寺は現在の神護寺の地に古くから存在した寺院で、初見は延暦二十一年（八〇二）、清麻呂の子弘《ひろ》世《よ》が伯母の法均尼の三周忌を営むため、最澄を招請し、法華会を行ったとあり、弘仁三年（八一二）には空海が住んで灌頂《かんじょう》を行っている。

神護寺

神祇信仰の面では、天皇が皇太子の時に伊勢神宮に参り、延暦十年に皇太子の安殿親王も伊勢に参詣しているなど深いものがあった。長岡遷都に際しては乙訓《おとくに》社に、平安遷都に際しては松尾・賀茂社に奉幣し、母の出身氏族の祀る神を平野社として祀っている。

そのかたわら地方の有力な神社へは介入してゆき、延暦十七年には畿内諸国の神主の任命権を握り、終身制から六年任期に改めている。地方の神々は国造の系譜をひく氏族が祀っていたので、これは郡司制度の改革と連動していた。三月に郡司の任用基準を譜代制から能力主義の採用制に完全に切り替え、延暦十七年には出雲大社の祭祀を司っていた出雲国造が郡司を兼ねていたのを止めさせ、十九年には筑前宗像《むなかた》郡大領が宗像《むなかた》社神主を兼ねるのを止めさせている。

遣唐使の発遣

宝亀六年（七七五）に派遣して以来、途絶えていた遣唐使に延暦二十年（八〇一）に藤原葛野麻呂《かどのまろ》を任命し、渡航の失敗もあったが三年後にやっと実現を見ることになった。

前回の派遣では、唐の粛宗《しゅくそう》の意向により帰国する遣唐使に随行する形で、唐の使者が来て光仁天皇と会見することもあった。しかし唐王朝が正史や現行律令など重要な書籍・法令などの持ち出しを禁じ、遣唐使を含む外国使節の行動の自由を制約したことから、遣唐使派遣にうまみがなくなり、しかも桓武朝は帝国としての自立を主張していたので、これまでの即位から十年を目処とする派遣がなかった。

それが九世紀に入って遣唐使を取り巻く情勢が大きく変わってきて派遣となった。唐では七五五年の安史《あんし》の乱《らん》以後、商業課税を導入した結果、国家の統制下で民間の海外渡航や貿易を認めるようになり、国内情勢の不安定さから外国使節を厚く待遇する方向へと転じてきた。こうした事情や蝦夷征討事業に自信を得たこともあって遣唐使派遣となったのである。

この時に唐に渡ったのが最澄と空海である。学問僧として空海が第一船に、請益僧《しょうやくそう》（短期留学生）として最澄が第二船に乗った。二人は山林修行を通じて天台教や真言密教を学んでいて、このことが桓武の求める護国の仏教に見合うものだったからである。

最澄は近江に生まれ宝亀十一年（七八〇）に近江の国分寺の僧として得度、延暦二年（七八三）に正式な僧侶の証明書（度縁《どえん》）の交付を受け、二年後に東大寺で具足戒を受け、比叡山に登り山林修行に入って大蔵経を読破したという。延暦七年に薬師如来を本尊とする一乗止観院《いちじょうしかんいん》を建立してその天台教学が認められ、延暦十六年に天皇の安寧を祈る内供奉十禅師《ないぐぶじゅうぜんじ》に任じられ、延暦二十一年に和気清麻呂一族が関わる高雄山寺（神護寺）の法華会講師に招かれた。

延暦二十三年七月、門弟の義真《ぎしん》を通訳に九州を出発して明州に到着すると、天台山への巡礼の旅に出て湛然《たんねん》の弟子道邃《どうすい》・行満《ぎょうまん》に天台教学を学び、道邃からは大乗菩薩戒（円頓戒《えんどんかい》）を受け、禅や密教をも相承《そうじょう》した。滞在中に書写した経典類は四百六十巻に及び、翌年五月に帰朝、摂津和田岬に上陸し密教教化霊場の能福護国密寺《のうふくごこくみつじ》を開創し七月に上洛した。

帰国当時、病床にあった桓武天皇の病気平癒を宮中で祈り、延暦二十四年（八〇五）には天皇の要請により高雄山神護寺で日本最初の公式な灌頂を行い、翌年に天皇に求めていた天台業二人（止観業《しかんごう》、遮那業《しゃなごう》各一人）の年分度者が認められた。日本の天台宗の開宗である。

空海は宝亀五年（七七四）に讃岐の多度郡屏風浦《びょうぶがうら》に生まれ、延暦八年（七八九）、桓武天皇の皇子伊予《いよ》親王に仕えた母方の舅阿刀大足《あとのおおたり》に学問を学び、大学寮に入って明経道《みょうぎょうどう》を学んだが、大学での勉学に飽き足らず、讃岐の曼陀羅寺《まんだらじ》などで山林修行に入り、土佐の御厨人窟《みくろど》で修行をしていた時、口に明星が飛び込んできて、悟りを開いたという。

儒教・道教・仏教の比較を論じた『聾瞽指帰《ろうこしいき》』を著して俗世の教えが真実ではないことを示し、大陸に渡ることを望むなか、伊予親王との関係から認められたのであろう。唐にあっては遣唐使一行が帰国するなか、青龍寺《せいりゅうじ》にいた真言宗第七祖の恵果《えか》から『大日経《だいにちきょう》』と『金剛頂経《こんごうちょうきょう》』を中心とした密教を学んで、恵果からその学識を大いに認められたという。

大同元年（八〇六）八月に帰国した時、既にその三月に桓武天皇は亡くなっていたが、唐から持ち帰った『請来目録』を朝廷に提出した。多数の経典類（新訳の経論など二百十六部四百六十一巻）や、胎《たい》蔵界《ぞうかい》・金剛界《こんごうかい》の両部大曼荼羅、祖師図、密教法具、阿闍梨《あじゃり》付属物などを将来したもので、これらは密教を含む最新の仏教文化体系にほかならない。

徳政相論と桓武の死

遣唐使が出港した延暦二十三年（八〇四）、天皇は坂上田村麻呂を征夷大将軍に再任したが、決定的な勝利までは得られず、造作と軍事両面の負担が政府に大きくのしかかった。

このことは延喜十年（九一〇）作成の「越中国官倉納穀交替帳」にもうかがえる。延暦三年まではほぼ一年に約四三〇石の不動穀の蓄積があったのが、同年から延暦十年までの間は僅か年七八石に過ぎず、造作と軍事に消費されたものとわかる。

造作と軍事の負担にもう耐えられなくなって、延暦二十四年十二月、公卿たちが造作のために使役されている労働力に対して減免措置を定めたところ、同日に天皇は、参議右衛門督藤原緒継《おつぐ》と参議左大弁菅野真道《すがののまみち》を召し「天下の徳政」を論じさせた。これに応じて緒継は、「今、天下が苦しむ所は、軍事と造作となり。この両事を停《とど》めば、百姓安んぜん」と二つの停止を主張し、これに真道は異議を唱えたのだが、緒継の意見がいれられたという。

二つの一つを止めるのではなく二つを同時に止めようというところに「徳政《とくせい》」の意味があり、これにともなって造営が中止、造宮職《ぞうぐうしき》が廃止されたが、軍事についてはすぐには停止できなかった。天皇が徳政を論議させた背景には、天皇の政治基調が唐の政治に多く依拠していたことにあり、また、天皇の最晩年であることをも考えれば、次代への配慮も働いていたのであろう。

『続日本紀』に続く『日本後紀』は、桓武の治世を振り返って「宸極に登りてより心を政治に励む。内に興作をことし外に夷荻《いてき》をはらふ。当年の費といへども後世頼む」と記し、造作と征夷は多大な費用がかさんだが、その政治は後世の基礎となったと記している。

徳政論議の翌年（八〇六）、桓武天皇はその死にあたり、「崇道《すどう》天皇の奉為《おんため》に永く件の経を読ましむ」という言葉をのこした。崇道天皇は早良親王への追号で、読むべしとした経とは『金剛般若経《こんごうはんにゃきょう》』であり、子孫の将来を思い、この経を諸国の国分寺で読むことを求めて一生を終えたのである。

桓武が七十歳の生涯を閉じると、安殿皇子が即位した（平城天皇）。母は藤原乙牟漏《おとむろ》、父の在位中から病弱で、叔父の早良親王に代わって皇太子になった関係もあって、常に早良親王の御霊に悩まされ続けてきた。また妃の母藤原薬子《くすこ》を寵愛して醜聞を招いて、父から薬子追放を命じられたこともあった。

父が亡くなると棺にすがって泣いていたが、即日に践祚《せんそ》、五月十八日に即位する。父と同じく即位に先立って践祚、その後に即位式を行っており、践祚と即位の区別がこの時からはっきりするようになった。我が皇子には阿保《あぼ》親王や高岳《たかおか》親王がいたのにもかかわらず、皇太子には同母弟の神野《かみの》親王を立てたのは、自らの皇子の母の身分が低かったからであろう。

平城から嵯峨へ

平城天皇は政治に意欲的に取り組み、「みずから万機を親しくし、克己励精、煩費を省撤し、珍奇を棄絶す」と評されたように、官司の統廃合を行い、年中行事を停止し、中・下級官人の待遇を改善するなど政治・経済の立て直しをはかった。

また先例を無視して、父の亡くなった年に大同と改元し、藤原薬子を呼び戻して尚侍《ないしのかみ》に任じ宮廷の事を一任し、父が寵愛した伊予親王を謀反の罪で葬っている。しかし「性猜忌《さいき》多く、上に居りて寛ならず」という神経質な性格もあって、すぐに伊予親王の御霊に悩まされることになった。それもあってか、大同四年（八〇九）四月に病気を理由に在位僅か三年で、神野親王（嵯峨天皇）に譲位し太上天皇となった。

嵯峨天皇は平城の皇子である高岳親王を皇太子に立てたが、平城太上天皇は同年十二月には旧都の平城京に薬子の兄藤原仲成《なかなり》が造った邸宅に移り住むと、翌年九月、「平安京から遷都すべからず」という桓武天皇の勅を破って、平安京にいる貴族たちに平城京への遷都の詔を出し、政権の掌握をはかる挙に出た。

遷都により在来の豪族の勢力を嫌い、新たな政治を目指した動きに倣ったものであろうが、この動きを察知した嵯峨天皇に機先を制され、首謀者として薬子の官位が剝奪されたので、上皇は挙兵し薬子とともに東国に入ろうとした。天武天皇が吉野から東国に出て壬申《じんしん》の乱《らん》を起こしたのに倣ったのである。だが坂上田村麻呂らに遮られ、平城京に戻るや直ちに剃髪して仏門に入り、薬子は服毒自害した（薬子の変、平城太上天皇の乱）。

これにより嵯峨天皇は高岳親王の皇太子を廃し、実子がいなかったので、弟の大伴親王（後の淳和天皇）を立てた。なお上皇はその後も平城京に滞在し「太上天皇」の称号のままに、嵯峨天皇の朝《ちょう》観行幸《きんぎょうこう》（天皇の親への挨拶）も受けることになった。

嵯峨天皇は、弘仁《こうにん》元年（八一〇）に天皇の秘書官として蔵人頭《くろうどのとう》を置き、巨勢野足《こせののたり》と藤原冬嗣《ふゆつぐ》を任命して、天皇からの命令系統を一本化し太上天皇を政治の中枢から排除した。翌二年（八一一）に蝦夷征討に活躍した坂上田村麻呂が亡くなったことから、文室綿麻呂《ふんやのわたまろ》を征夷大将軍に任じると、兵二万六千を率いてニサッタイ、ヘイの征討を行い、やがて東北地方は小康状態に入った。降伏したエミシは俘囚《ふしゅう》として全国に移住させられ、現地に残るエミシには陸奥・出羽の国司が懐柔策をもって対応することとし、こうして弘仁四年に政府は「中外無事」を宣言し、三十八年戦争は終わりを告げた。

習合の思潮

相容れない二項対立に遭遇して両者をどう調整するのか、そうした過程で生まれてきたのが習合《しゅうごう》の考えである。異質な領域にある両者の一方を否定するのではなく、妥協点を探って共存させようという営みであった。

なかでも神仏の習合はやがて神は仏の現世での姿であるという本地垂迹説《ほんじすいじゃくせつ》を生んで、広く定着していった。興福寺の鎮守で、藤原氏の氏社である奈良の春日社には、十世紀から神仏習合の信仰が入ってきて、その様は『春日権現験記絵《かすがごんげんげんきえ》』の最初の話が伝えている。承平《じょうへい》七年（九三七）二月二十五日、亥《い》の時に春日社の神殿が鳴動して風が吹き、その時に中門に参籠していた橘氏女《たちばなのうじのにょ》に託宣が下ると、氏女は神殿守《かんどのもり》や預、僧を集めてその託宣を述べた。

自分は菩薩なのに朝廷から菩薩号が与えられないのはおかしいと述べると、それを聞いていた僧らに問われて、「慈悲万行菩薩《じひまんぎょうぼさつ》」であると名乗った後、太政大臣や大臣など諸々の公卿も、自分が判ずるところである、などと語ったという。春日社では一宮が常陸の鹿島社の武雷命《たけみかづちのみこと》、二宮が下《しも》総《うさ》の香取社の斎主命《いわいぬしのみこと》、三宮が河内の枚岡社の天児屋根命《あめのこやねのみこと》を勧請しており、四宮は三つの神の神殿に相住んでいたことから相殿姫《あいどのひめ》と称されていたが、この神々の信仰のなかに菩薩という仏の信仰が入ってきたのである。

この習合の考え方は神仏習合だけではなかった。八世紀から九世紀にかけて皇族や有力な貴族たちは院宮王臣家《いんぐうおうしんけ》と称されて経済的に厚遇されるなかで、私的大土地所有を展開し、広く荘園が生まれていたが、それに対抗しつつ国司は公的支配を維持・進展させてゆき、公領支配の体制を整えてきた。本来はこの相容れない領域の摺り合わせから、習合の思潮に沿って相互に調整して成立を見ることになったのが院政期に確立した荘園公領制である。

荘園を朝廷が体制的に認めざるをえなくなり、その半面で国司による公領支配も確定することになった。やがてこの荘園・公領の中に生まれてきた開発領主らによる私的支配を組み込んだ体制として地頭制が定着し、これも習合の思潮に基づくと見てよいであろう。しかもこの地頭制を基軸にして成立してきた武家政権と朝廷の公家政権が併存する体制が鎌倉時代に成立するが、いわばこれは公武習合の動きとでもいうべきものである。

武家政権はこの公武習合に沿って七百年に亘り存続したのであって、これの否定を求めた動きが公武一統を主張し鎌倉幕府打倒に向かった後醍醐《ごだいご》天皇であり、公武合体を主張するに至った幕末の倒幕勢力であったことは何とも皮肉なことである。

春日権現験記絵巻（第17巻、国立国会図書館蔵）より

このように習合の思潮は様々な領域に及んでいったのだが、九世紀に立ち帰って見れば、唐から制度や文化を移植するなかで在来の習俗とどう調整するのか、という課題のなかから生まれてきた考え方にもうかがえる。

この時代には令《りょう》の解釈書が『令義解《りょうのぎげ》』をはじめとして多く著されたが、そうした解釈の基準になったのも習合の思潮である。たとえば折中という考え方がある。鎌倉時代に荘園領主と地頭との争いに対して下地中分《したじちゅうぶん》がなされることが多かったが、これは両者の主張を折中して納得させるもので、習合の思潮に沿って行われたのである。

鎌倉時代には徳政が広く謳われその政策が展開するが、この徳政も桓武朝の徳政相論にうかがえるようにこの時代に淵源がある。有名な永仁《えいにん》の徳政令《とくせいれい》で規定された債務破棄の措置は、この時代の商返《あきかえ》しという習俗に源があることはつとに知られている。

6　作法の形成

『伊勢物語』と『竹取物語』

一　宮廷社会の形成

新王統の正統化

桓武《かんむ》天皇は神としての天皇の位置づけを大きく変化させた。延暦《えんりゃく》四年（七八五）十一月に昊天祭《こうてんさい》祀《し》を中国の皇帝に倣って行い、天神と光仁《こうにん》天皇とを祭って光仁新王統の二代目として自らを位置づけて新正統であることを示すと、さらに様々な手をうった。

先祖の命日を祀る国忌は、国家的な忌日として、天皇が政務を休んで追善の行事を行うのであるが、しだいにその数が増えてきていたことから、延暦十年に『礼記《らいき》』を参照して唐の皇帝の祭祀に範をとり、国忌の対象を七人に限定すべきことを太政官に奏上させ、天智《てんじ》・施基《しき》皇子とその妻、聖《しょう》武《む》、光仁《こうにん》とその妻、天皇の妻など配偶者をも入れて七つとし、現天皇の系統を優遇したものとした。

さらに『日本書紀』の後を受けて『続日本紀《しょくにほんぎ》』の編纂を命じている。天武天皇が新王朝を表明して『日本書紀』の編纂を命じたのに倣い、それ以降の歴史の編纂を企画したものである。文武《もんむ》紀元年（六九七）から延暦十年（七九一）までの約百年の歴史が記され、その前半は淳仁《じゅんにん》期に編纂された「曹案《そうあん》」をもとに菅野真道《すがののまみち》らにより、後半は藤原継縄《つぐただ》らによって編纂された。歴史書は前代までの歴史を記すのが通常であるが、当代の歴史までを記させ、延暦十六年に完成して天皇に奏上された。そこからは当代の歴史的正統性を明らかにする意図が明白に認められる。

『新撰姓氏録《しんせんしょうじろく》』の編纂も桓武王統の正統化をはかるためのものであり、唐の『貞観氏族志《じょうがんしぞくし》』に倣って、延暦十八年に諸氏に本系帳（氏ごとの系譜の記録）を提出させて編纂が開始され、弘仁《こうにん》六年（八一五）に完成した。京および畿内に住む千百八十二氏を、その出自によって「皇別」・「神別」・「諸蕃」に分類しその祖先を明らかにするとともに、氏名の由来や分岐の様子を記していて、基本的に父系の記述に徹しているところにその狙いがあった。

「新撰」とあるのは、かつて藤原仲麻呂《なかまろ》政権が企画した『氏族志』のやり直しの意味があり、氏族全体の流れを天皇の治世においてしっかり把握しようというところから編まれたのである。筆頭の「皇別」は神武天皇以降に分かれた氏族、「神別」は神武天皇以前の神代に分かれ、あるいは生じた氏族で、そのうちの「天神」は瓊瓊杵尊《ににぎのみこと》が天孫降臨した際に付き随った神々の子孫、瓊瓊杵尊から三代の間に分かれた子孫を「天孫」、天孫降臨以前から土着していた神々の子孫を「地祇《ちぎ》」とした。「天神」には藤原氏や大中臣《おおなかとみ》氏など、「天孫」には尾張氏や出雲氏など、「地祇」には安曇《あずみ》氏や弓削《ゆげ》氏などがあり、「諸蕃」の姓氏は桓武の母の出自である渡来人系の氏族であって、さらに「漢」「百済」「高麗」「新羅」「任那」などに五分類され、これらのどこにも属さない氏族として百十七氏をあげている。

桓武の母が渡来系であったように、トップクラスの貴族たちが多く渡来系の人々と婚姻関係を結んでいた。たとえば藤原氏南家の大納言継縄は、百済王敬福《くだらのこにきしきょうふく》の娘で尚侍《ないしのかみ》として後宮に重きをなしていた百済王明信《みょうしん》を妻とし、北家の小黒麻呂《おぐろまろ》は秦島麻呂《はたのしままろ》の娘を妻に持ち葛野麻呂《かどのまろ》を儲けたが、葛野麻呂も百済系の菅野浄子《きよこ》を妻としていた。
渡来系の貴族においても藤原仲麻呂の乱で活躍の著しかった坂上刈田麻呂《さかのうえのかりたまろ》に続いて、その子の田村麻呂が公卿となり、桓武の母の出た和氏《やまとうじ》からは家麻呂が公卿になっていた。こうして渡来系の人々を登用するなかで改姓を頻繁に行って同化政策も進めた。氏姓の秩序を整えるとともに同化政策を進めたことにより、新王朝の下に統合されて閉鎖的傾向も強まった。

嵯峨朝の治世

桓武天皇の政策を継承した嵯峨《さが》天皇は、弘仁元年に天皇の秘書官として蔵人頭《くろうどのとう》を置き、巨勢野足《こせのたり》と藤原冬嗣《ふゆつぐ》を任命して、天皇からの命令系統を一本化し、翌二年には蝦夷《えみし》征討をはかって、ついに弘仁四年には「中外無事」を宣言し、三十八年戦争に終止符を打ち、有能な実務に長《た》けた官僚を起用していった。次に掲げるのは弘仁二年（八一一）の公卿のメンバーである。

右大臣　藤原内麻呂《うちまろ》　左大将
大納言　藤原園人《そのひと》　民部卿・皇太子傅　坂上田村麻呂　右大将
中納言　藤原葛野麻呂　式部卿
参議　藤原縄主《ただぬし》　大宰帥　菅野真道　常陸守
文室綿麻呂《ふんやのわたまろ》　大蔵卿・陸奥出羽安察使　藤原緒嗣《おつぐ》　近江守・美作守

吉備泉《きびのいずみ》　刑部卿・武蔵守　　巨勢野足　左中弁・備中守
秋篠安人《あきしののやすひと》　左大弁・越後守　　紀広浜《きのひろはま》　右大弁・大学頭・上野守
藤原冬嗣《ふゆつぐ》　左衛門督・美作守　　藤原雄友《おとも》
藤原真夏《まなつ》　前参議・前備中守

彼らは桓武朝で頭角を現してきた政治家であり、そのうち藤原氏は桓武朝初期には式家の種継《たねつぐ》、その暗殺後には南家の継縄が重用されたが、継縄死後には北家の内麻呂が和気清麻呂《わけのきよまろ》の跡を受けて造宮大夫《ぞうぐうだいぶ》となり、やがて首班となった。

その長子真夏は平城天皇に仕えたが、次男の冬嗣は嵯峨天皇に仕えたことにより重用され、以後、北家の全盛を迎える。冬嗣は嵯峨の信頼厚く、蔵人所設置の際には蔵人頭となり、参議を経て弘仁七年（八一六）に権中納言、弘仁九年には大納言、弘仁十二年に右大臣に昇った。『弘仁格式《こうにんきゃくしき》』『日本後紀』『内裏式』などの編纂に従事するかたわら、藤原氏子弟の教育機関として大学別曹の勧学院を建立し、興福寺には南円堂を建立、光明《こうみょう》皇后の発願で創立された施薬院《せやくいん》を復興するなど藤原氏の興隆に大きな役割を果たし、平安左京三条二坊の私邸の閑院邸から閑院大臣と称された。

冬嗣とともに蔵人頭となった巨勢野足は巨勢苗麻呂《なえまろ》の子で、坂上田村麻呂とともに蝦夷征討に関わり、薬子《くすこ》の変《へん》では鈴鹿関に派遣されるなど武官として重きをなし、弘仁元年に参議となった。中納言の藤原葛野麻呂は平安京の造都事業に関わった後、延暦二十二年（八〇三）に遣唐大使となり、薬子の変では平城方に属したが上皇を諫めたことから許された。

桓武天皇の母との縁から出世したのが菅野真道と秋篠安人の二人で、それぞれ津《つ》、土師《はじ》の姓から改姓し、そのうちの真道は平安京の造営に関わって徳政相論では造作事業の中止を唱える藤原緒嗣に異を唱え、安人は『弘仁格式』や『続日本紀』の編纂に関わった。

彼らの官職で注目されるのは、参議の大多数が諸国の国司を兼ねている点である。それだけ地方政治をいかに行うべきかが、この時期の重要な課題となっていた。多くは良吏としての評判が高く、なかでも大納言の藤原園人は二十年にわたって備中・安芸などの国司を歴任し、「皆良吏の称あり。百姓追慕、或いは祠を立つ」と称されたという。ただ吉備泉は真備《まきび》の子であるが、大学頭となって伊予守として国に下った時、問題を起こして解任される憂き目にあっている。

院宮王臣家と良吏

地方の諸国では弘仁八年(八一七)から七年連続して干害などの被害を受けており、皇子皇女が多数いて宮廷の生活費もかさんだため、財政難に深刻になったので、墾田永年私財法を改正し、大土地所有の制限を緩和して荒田開発を進め、公営田《くえいでん》や勅旨田《ちょくしでん》を設置していった。

公営田とは、大宰大弐小野岑守《みねもり》の提言により、弘仁十四年(八二三)に九州管内九か国の田から良田一万二千町を割取り、民間の私営田に模して村里の有力者に経営を任せ、民間の活力を利用して税収をあげるもので、勅旨田とは、勅旨により荒廃田や空閑地を開発した田地であり、国司の手によって開発され、院宮や寺院に寄進された。

さらに官庁では諸司領が形成されていた。宮廷の経済を管理する内蔵寮《くらりょう》で見ると、大同四年（八〇九）に女官の伊勢継子《つぎこ》に一身の間のみ河内国の内蔵寮十一町が充てられており（『類聚国史《るいじゅうこくし》』）、内蔵寮の山城の鳥羽地九町や遠江の市野荘などが貞観四年に建立された貞観寺に寄せられている（「貞観寺田地目録帳」）。勅旨田や貴族・官人の没収所領などが内蔵寮に寄進され、それがさらに転用されていったものと考えられている。

この動きとともにあったのが院宮王臣家領《いんぐうおうしんけ》の形成である。上皇や皇后、皇子皇女が多く生まれ（院・宮）、中納言以上の公卿（王臣家）への待遇が厚く、寺社も厚い保護を得るなか、官人などを組織し家政機構を整え、国司や地方の豪族に働きかけてその経済を充実させたことから、社寺王臣家や院宮王臣家などと称された。

その財源の基礎となったのは諸国の封戸や職田・位田、墾田・荘園などであって、当初は国司の支配に依存し共存していたが、経営の不安定さを解消するために在地の富裕な勢力と結んで積極的に在地に進出していった。

この富裕な勢力とは、『日本霊異記』下巻の十四話に見える、越前国加賀郡で浮浪人を駆使して雑徭《ざつよう》に使用し、庸調などを徴収していたという「浮浪人の長《おさ》」であり、二十二話に見える、信濃国小県《ちいさがた》郡跡目《あとめ》の里で多くの財宝に恵まれ銭や稲の出挙《すいこ》（貸付）をしていた他田舎人蝦夷《おさだのとねりえびす》のような「富豪の輩」であった。

こうした勢力と結んで活動を広げていった院宮王臣家に対し、国司もただ手をこまねいていただけではなかった。独自に在地勢力と結ぶようになり、さらに院宮王臣家とも結んでいった。そこで弘仁三年（八一二）五月三日の太政官符は、国司が私利を求めて墾田を買い、王臣と語らって豊かな土地を占め、民の業を失わせている、と指摘として、これに禁制を加えている。

そのことが国司に良吏が求められた所以《ゆえん》であり、天長《てんちょう》元年（八二四）八月の太政官符は、公卿の意見を聴取して出されたものであるが、その第一条は右大臣冬嗣の意見に基づいて、国司には良吏を選び、第二条は国司を監督する観察使を派遣するとしている。

しかし政府自体が院宮を乱立させ、王臣家を厚くもてなし、果ては官庁の諸司領を認可し、さらに国司を使って勅旨田や公営田の経営に乗り出しており、また政府の議政官である公卿自体も王臣家であったから、それらは併存することになった。

宮廷の規範と政治運営

弘仁五年（八一四）に前代から編纂が始められていた『新撰姓氏録』が完成し、桓武天皇の意思を受け継いで格式の編纂にも向かった。桓武天皇は膨大な法令を整備するために格《きゃく》の編纂に乗り出して新たな律令の制定へと動き、删定律令《さんていりつりょう》の編纂を行って延暦格式の編纂へと及んでいたが、それの完成までには至らなかった。

格は律令への追加法、式は律令や格の施行細則で、中国では律令と並んで格式も同時に編纂されていたが、日本では制度化が順次進められていった関係から、律令の改変をともなうような格式の編纂は遅れていた。そこで嵯峨天皇は『弘仁格式』の制定に動いたが、それは過去の格の集成にとどまらず、その整理・整頓をはかるなかで立法事業にも及んだもので、弘仁十一年（八二〇）四月に撰進されて天長七年（八三〇）に施行されている。

以後、貞観《じょうがん》格式・延喜《えんぎ》格式と続く格式の時代となって、律令は編纂されなくなった。この三つの格式をまとめたものが『類聚三代格《るいじゅうさんだいきゃく》』である。養老律令の注釈書も多く著されたが（『令集解《りょうのしゅうげ》』）、公定の注釈書である『令義解《りょうのぎげ》』が編纂され、承和元年（八三四）に施行されている。

律令制では、天皇が諸司・諸国の報告を聞いて決済する朝政が本来的なあり方で、その政務報告は朝堂で行われていたが、延暦十一年（七九二）に公卿の内裏への上日《じょうにち》（勤務日）をも通計する制度が始まって、公卿の内裏への伺候が日常化するようになり、内裏の紫宸殿《ししんでん》が政務の場となった。

叙位制度は勤務日数を基準に位階が与えられていたが、官職における年功が重視される傾向が強まり、勤務日数を管理する式部省や中務省の役割が後退して、事務が太政官の外記局や蔵人所に集中するようになった。特定の官職の叙爵を優先する年爵や、特定官職の加階を優遇する制度も生まれ、こうして官職の貴族化、形骸化が進行していった。

これらと連動して律令によって定められた官司制も変化した。蔵人所は緊急事態における軍事力編成や命令伝達に関わって生まれてきたものだが、やがて人事を天皇に集中させる機能を帯び、さらに天皇の内廷諸機関を支配下に置くようになって、内膳司や内蔵寮などの官司と密接な関係をもち、しだいに天皇の家政が蔵人所に集約されていった。

王権を護衛する左右近衛府の大将や次将には、武の才能のある者が登用されていたが、天皇との個人的な関係が重視されるようになり、藤原北家や源氏の比率が高くなっていった。国政の実務を担う太政官弁官局は桓武朝では有能な官人たちが勢力をのばしていたが、藤原氏や源氏の進出が目立つようになり、八省長官の卿には親王や王が任じられていった。

京の治安維持のために検非違使《けびいし》が置かれ、天皇の命令下で警察・治安が一本化されたのもこの時期である。弘仁七年(八一六)に左衛門大尉《さえもんのだいじょう》が検非違使の実務を兼ねたのが初見で、承和元年(八三四)には左右検非違使を総括する検非違使別当として、参議の文室秋津《ふんやのあきつ》が任じられ、別当・佐・大少尉・大少志・府生・看督長・案主・放免という構成がとられるようになった。蔵人と同じく宣旨によって任命され、京や畿内の非違糾弾権を有し、蔵人とともに従来の官僚機構では迅速な対応に欠けているのを補った令外官《りょうげのかん》である。

二　宮廷文化の展開

唐風文化の流入

弘仁三年(八一二)二月、嵯峨天皇は内裏の遊園である神泉苑で花宴を開いて、平安京を残すことこそ国の安定と考え平安宮を「万代宮《よろずよのみや》」と定め、即位後の難局を乗り切り、積極的な政治改革に乗り出したことから、宮廷社会が成立してきたのであるが、これを担う宮廷貴族の文化においては中国文化の多大なる影響があった。

弘仁五年（八一四）に初の勅撰漢詩集『凌雲集《りょううんしゅう》』が小野岑守によって編まれている。岑守は嵯峨天皇に仕え、文章は「経国の大業」（国家経営の大事業）という文学観に基づいて序文を記し、延暦四年から弘仁五年に至る平城・嵯峨両天皇ら二十三人の詩篇九十首を収録した。遊覧や宴での作詩が多く、帝王賛美・君臣唱和の作品が多いのを特徴とするが、様々なタイプの詩も採られており、岑守が「当代の大才」と高く評価していた賀陽豊年《かやのとよとし》など桓武朝の詩人の詩が数多く集められた。

これに続いたのが勅撰漢詩集『文華秀麗集《ぶんかしゅうれいしゅう》』である。弘仁九年（八一八）に藤原冬嗣や菅原清公《きよきみ》らの撰により、『凌雲集』の成立から四年も経ずして作詩が百余篇にもなったとして編まれたもので、嵯峨天皇以下二十八人、百四十八首が『文選《もんぜん》』の分類に沿って収録されたが、これからは天皇を中心にした詩作の広がりがうかがえる。

序文に「君唱へ臣和す」とあるような君臣唱和の宮廷社会の成立が背景にあり、「経国の大業」というよりは、嵯峨文壇の絢爛《けんらん》たる精華を示すものとして、秀麗な漢詩が集められている。次に掲げるのは下巻の「河陽十詠」のうちの「河陽の春」と題された嵯峨天皇と藤原冬嗣の詩である。

三春二月河陽県　河陽従来花に富む　花は落ちかくも紅にまたかくも白し　山嵐しきりに下ろ

して万条斜なり
河陽の風土は春色にぎはひ　一県千家花ならぬはなし　江中に吹き入りて錦をあらふが如く
機上に乱れ飛びて文紗を奪ふ

中国の黄河北岸の河陽県の春たけなわの、花の舞う風景を天皇が詠んだのに対し、冬嗣はこれを美しい錦や綾織物に譬えて唱和している。ほかにも桓武天皇の皇子の良岑安世《よしみねのやすよ》や仲雄王《なかおおう》、朝野鹿取《あさののかとり》、滋野貞主《しげののさだぬし》などの詩人の唱和した詩も載っている。

天長四年（八二七）には『経国集《けいこくしゅう》』が良峯安世や菅原清公らによって編まれたが、ここでは再び「経国の大業」の理念に戻り、序や漢文をも含め百七十六人、千二十三点の詩篇が収録され、漢詩文全盛の時代が到来したのである。

唐風文化が広がるなか、弘仁九年には延暦の遣唐使だった菅原清公《きよきみ》などの提言によって儀礼制度が改革された。ながらく行われていた固有の礼法である、両手を地に突け四つん這いで進む「匍匐《ほふく》礼《れい》」や両手を地に突いて突き進む「跪伏礼《きふくれい》」については、何度か唐の立礼に改めるように命令が出されてきていたが、なかなか改まらなかったことから、はっきりと身分の低い者が高い者に対しては「唐礼」にすべきものと規定された。

弘仁十一年には天皇・皇后・皇太子の服装について、天皇は神事の際には古来の帛衣《はくのきぬ》（白の練絹）を着るが、重要な行事の際には中国風のきらびやかな礼服・礼冠に身を包むものと定められ、天皇・

皇后・皇太子・太上天皇の役割も明確に定められた。

官人の服色や位階を記す位記も中国風に改められ、内裏の建物や諸門の名称が中国長安城に倣って変えられた。内裏正殿の南殿は紫宸殿に、その後ろの寝殿が仁寿殿《じじゅうでん》と改められ、宮城の出入り口である十二の門も、これまで軍事氏族の名を付けて大伴門、玉手門、佐伯門、伊福部門などと称してきたのを、おのおの応天門、談天門、藻壁《そうへき》門、殷富《いんぷ》門などに変えられた。

書と賜姓源氏

宮城十二門の額の名は空海《くうかい》・嵯峨天皇・橘逸勢《はやなり》らの書の名人（「三筆」）によって書かれたというが、書の面でも中国文化の影響は大きかった。空海の書法は王羲之《おうぎし》の書法に顔真卿《がんしんけい》の書法を加味したもので、最澄に宛てた書状『風信帖《ふうしんじょう》』や、高尾の神護寺で授けた灌頂《かんじょう》に連なった人々の名簿『灌頂歴《かんじょうれき》名《めい》』のほか、入唐《にっとう》中に学んだ経典などについてのノート『三十帖冊子』、修行中に著した『聾瞽指《ろうこしい》帰《き》』の原稿などが空海自筆の遺品として伝えられている。

この空海から、王羲之や欧陽詢《おうようじゅん》などの書跡の名品、八分《はっぷん》・行草・飛白《ひはく》などの書の体を献呈された嵯峨天皇については、その遺品は最澄《さいちょう》の弟子光定《こうじょう》が延暦寺一乗止観院《いちじょうしかんいん》で戒を受けた時に与えた『光定戒牒』のみが知られるだけであるが、空海は天皇について「わずかに天書をひらいて、字勢竜のごとくわだかまり」とその書を七言詩で評している。

橘逸勢は橘奈良麻呂の孫で空海らとともに唐に渡り、「橘秀才」としてその書の才能を讃えられ、

「もっとも隷書に妙なり。宮門の榜《ほこ》に題す。手迹見《げん》に在り」と評されたが（『文徳天皇実録《もんとくてんのうじつろく》』）、その確実な遺品は伝わっていない。なお最澄も王羲之の十七帖、王献之《おうけんし》、欧陽詢などの筆跡や法帖類を持ち帰っており、日本では顔真卿の書体が特に好まれていた。

嵯峨宮廷のもう一つの産物が多くの皇族の誕生である。弘仁五年（八一四）に多数の皇子女のうちの八人に源朝臣《みなもとのあそん》の姓をあたえ、臣籍降下させている。臣籍降下は桓武天皇に始まり、それを大規模に行うようになって、その後の賜姓《しせい》を加えると男女三十二人にも及んだ。この嵯峨天皇の子で源姓を賜った者及びその子孫を嵯峨源氏というが、彼らは皇位継承権からは排除されたものの、官僚社会への進出が認められ政治に重きをなした。

そのうち左大臣にまで昇った公卿は源常《みなもとのときわ》、信《まこと》、融《とおる》らがいる。信は後に応天門《おうてんもん》の変《へん》に関わったことで知られ、融は邸宅として河原院《かわらのいん》を構え、嵯峨の地に山荘の棲霞観《せいかかん》を営むなど豪奢な生活を送ったことで知られる。なかでも河原院は東六条院とも称され、六条大路に沿って鴨川の岸辺に造られ、『今昔物語集』巻二十七の二話に次のように記されている。

陸奥の国の塩竈《しおがま》の形を造りて、潮の水を汲入て池に湛へたりけり。様々に微妙《めでた》く可笑《をか》しき事の限を造て住給ける

陸奥国の塩竈の風景に模して庭園を造らせたというのだが、『伊勢物語』八十一段は、その河原院

において十月の末、菊の花が色変りして紅葉が薄く濃く様々に見えた折に、融が親王たちを招いて酒を飲み、歌や音楽を楽しんだ話を載せている。贅を尽くして造営した河原院は天皇を中心に形成されてきた貴族の文化の様相をよく物語っており、またこの院をめぐっては多くの伝承が生まれていった。

こうした嵯峨源氏以降、賜姓源氏は多くなり、宮廷文化の一翼を担うようになるが、清和《せいわ》源氏のように武力の支えにもなっていったのである。

最澄と天台教団

宮廷社会がしだいに整えられてゆくなか、その社会を鎮護するために大陸から新たな仏教が将来された。大同五年(八一〇)、年分度者をやっと実現させた最澄が、空海が将来する経論の借覧を望んでその入京を心待ちにしていたが、その空海は嵯峨天皇が即位すると入京して、高雄山寺《たかおさんじ》(後の神護寺《じんごじ》)に入り、薬子の変では嵯峨天皇のために宮廷鎮護の祈禱を行って宮中との関係を深めていった。

弘仁三年(八一二)十一月に、空海が高雄山寺で金剛界結縁灌頂《こんごうかいけちえんかんじょう》を開壇すると、その入壇者の中には最澄も含まれており、十二月の胎蔵《たいぞう》灌頂を開壇の際の入壇者には最澄やその弟子の円澄《えんちょう》、光定《こうじょう》、泰範《たいはん》らもおり、一九〇名にのぼった。

しかし最澄は空海との行き違いや、平城《へいぜい》上皇の皇太子時代にその要請を受けて天台山の修禅寺に納経したこともあって平城上皇との縁が強く、不遇を味わうことになり、同年に東国に布教の旅に出掛けた。下野《しもつけ》には「東国の導師」「東国の化主《けしゅ》」と称され、比叡山で最澄が行った一切経書写に協力した道忠《どうちゅう》の弟子たちがいたことから、その拠点としていた下野大慈寺《しもつけだいじじ》や上野緑野寺《こうずけみどのじ》に多宝塔を建立して法華経千部を安置、さらに多宝塔の建立と法華経千部の安置とを各地で行ったという。

この最澄の東国布教に対して、会津磐梯山の西麓の地に慧日寺《えにちじ》を建立した徳一《とくいつ》が論戦を挑んだ。南都から東国に下って筑波山で活動していた徳一は、筑波山麓に中禅寺を建てた後、会津にやってきていたのであり、ここに最澄と徳一との「三一権実論争《さんいちごんじつろんそう》」といわれる宗論が始まった。

弘仁九年（八一六）、最澄は東大寺戒壇院で受けた戒を捨てて、比叡山上に大乗戒を設立すると宣言し、比叡山を「法界地」として結界し、清浄な場での宗教的純粋性に基づく戒壇設立へと動いた。『山家学生式《さんげがくしょうしき》』を定め、天台宗の年分度者は比叡山において大乗戒を受けて菩薩僧となり、十二年間山中で修行することを義務づけたのであり、設立はすぐにはならず、弘仁十三年六月、最澄が亡くなった直後に勅許となった。

最澄の跡を継いだ円仁《えんにん》は延暦十三年（七九四）に下野国の豪族壬生首麻呂《みぶのおびとまろ》の子として生まれ、大慈寺に入って修行を始め、道忠の勧めから最澄が延暦寺を開いたのを聞いて比叡山に向かい、最澄に師事した。学問と修行に専念して師から愛され、弘仁七年（八一六）に具足戒を受け、翌年に大乗戒を教授師として諸弟子に授けるとともに自らも大乗戒を受けた。やがて最澄の遺志もあり、遣唐使の請益僧《しょうやくそう》として唐に渡ることになる。

空海の真言教団

弘仁六年（八一五）春、空海は会津の徳一や下野の広智《こうち》などの東国の僧のもとに弟子康守《こうしゅ》らを派遣して密教経典の書写と流布を促しているが、これは帰国後には「天下に流布して蒼生の海を増せ」という唐の恵果阿闍梨《えかあじゃり》の遺言を実践したもので、筑紫でも勧進して『弁顕密二教論《べんけんみつにきょうろん》』を著した。

弘仁八年には、インド・中国などの聖地仏閣を例にあげて、「深山の霊地」での修禅の道場として高野山の下賜を天皇に申請し、七月に下賜の勅許が降りると、翌年に泰範や実恵ら弟子を派遣して高野山の開創に着手した。唐に渡った最澄が天台山の霊場に赴き、また延暦二十三年（八〇四）の遣唐留学生の霊仙《れいせん》が生身の文殊菩薩が住む霊場である五台山に赴いたことから、空海はその霊場を日本に設けるべく動いたのである。弘仁九年十一月に勅許後初めて自身も高野山に登り、翌年まで滞在して七里四方に結界を結んで伽藍建立に着手した。

十二年（八二一）には讃岐の満濃池《まんのういけ》の改修を指揮して工事を成功に導いた。これより先に築池使が派遣され修築に当たっていて、築成が期し難い状態にあったところ、在地の郡司らから、農民らの慕うこと「父母の如き」存在の空海が池の修築のため来てくれるならば、喜んで集まって協力するとの訴えがあり、この申請が認められ、空海が池の堤の側に護摩壇を設けて工事の完成を祈ると、農民が群集して工事に当たったと伝える。

最澄が南都の僧綱《そうごう》と対立しながら年分度者を認められ、大乗戒壇の設置が認められたのに対し、空海は南都と融和的に関わり、弘仁十二年に東大寺に灌頂道場の真言院を建立して、平城上皇に灌頂を授け、翌年には東寺を真言密教の道場となした。ここから天台宗の密教が台密、東寺の密教が東密と呼ばれるようになる。

天長元年（八二四）には勅により神泉苑で祈雨法を修し、少僧都に任命されて僧綱になると、六月に造東寺別当に任じられ、九月に高雄山寺が定額寺《じょうがくじ》とされて真言僧十四名が置かれ、年分度者一名が許可された。

高野山壇上伽藍（和歌山県提供）

天長五年（八二八）には『綜芸種智院《しゅげいしゅちいん》式《しき》并《ならびに》序《じょ》』を著し、東寺に隣接する藤原三守《みもり》の私邸を譲り受け、教育施設「綜芸種智院」を開設している。当時の学校は、貴族や郡司の子弟を対象に一部の人々にしか門戸が開かれておらず、これは庶民にも教育の門戸を開いた画期的学校となった。綜芸種智院の名に示されているように、儒教・仏教・道教などあらゆる思想・学芸を網羅して教える総合的教育機関である。

『綜芸種智院式并序』において学校の存続がこれの運営に携わる人の命運に左右される不安定なものであることを認めて、「一人恩を降し、三公力をあわせ、諸氏の英貴諸宗の大徳、我と志を同じうせば、百世継ぐを成さん」と、天皇や大臣諸侯、仏教諸宗の支持・協力のもとに運営することにより恒久的な存続を求める方針を示した。

天長九年（八三二）八月、空海は高野山に最初の万燈万華会《まんどうまんげえ》を修したが、その願文に「虚空尽き、衆生尽き、涅槃《ねはん》尽きなば、我が願いも尽きなん」という想いを表している。その後、秋から高野山に隠棲し、穀物を断ち禅定を好む日々を送った。承和《じょうわ》元年（八三四）に東大寺真言院で『法華経』、『般若心経秘鍵』を講じ、東寺に三綱《さんごう》を置くことが許されると、さらに翌年には真言宗の年分度者三人を申請して許可され、金剛峯寺《こんごうぶじ》も定額寺となった。思いを遂げた空海はその三月十五日、高野山で弟子たちに遺告を与え、二十一日に亡くなっている。

空海は日本に帰国する際に恵果から密教を理解するために、経典だけでなく両界曼荼羅や真言五祖像などの絵画や法具を与えられており、これを手本とした密教美術が展開することになった。こうして空海の将来した絵画や仏具を基本としながら密教美術が広まるなど、最澄と空海による新たな仏教の文化体系は日本社会に浸透していった。

三　社会文化の新段階

承和の変

弘仁十四年（八二三）、藤原冬嗣《ふゆつぐ》が、財政上の問題から上皇二人の存在は厳しい、と主張したにもかかわらず、嵯峨天皇は弟の大伴親王に譲位し（淳和《じゅんな》天皇）、その退位後にも冷然院《れいぜいいん》や嵯峨院を造営したので、さらに財政が逼迫することになった。

天長二年（八二五）に冬嗣は左大臣に昇進し、翌年に亡くなると、その跡は次男の良房《よしふさ》が継承した。良房は嵯峨天皇の皇女源潔姫《きよひめ》を妻に迎え、妹が東宮正良《まさら》親王（後の仁明《にんみょう》天皇）の妃となって道康《みちやす》親王を儲けるなど、嵯峨上皇の深い信任を得て急激な昇進を遂げた。

天長十年（八三三）、淳和天皇が皇太子の正良親王に譲位し、仁明天皇が即位すると、天皇は淳和や父嵯峨の反対を押し切って、淳和の子で母が嵯峨皇女の恒貞《つねさだ》親王を皇太子としたことから火種が残ることとなった。良房らは道康親王の皇位継承を望んでいたことから、不安を感じた恒貞親王と淳和はしばしば皇太子の辞退を奏請したが認められなかった。

承和《じょうわ》七年（八四〇）に淳和上皇が亡くなって、さらにその二年後に嵯峨上皇が重い病になると、危機感を抱いたのが皇太子に仕える春宮坊帯刀舎人《とうぐうぼうたちはきのとねり》伴健岑《とものこわみね》と但馬権守橘逸勢《たちばなのはやなり》である。彼らは皇太子の身に危険が迫ってくると察知し、東国へ移すことを画策したが、その計画は阿保《あぼ》親王（平城の皇子）を介して逸勢の従姉妹の皇太后橘嘉智子《かちこ》（嵯峨の皇后）が知るところとなり、皇太后が事の重大さに驚いて良房に相談したため仁明天皇にも伝わった。

七月十五日、嵯峨上皇が亡くなった二日後、仁明天皇は伴健岑と橘逸勢一味を逮捕し、六衛府に命じて京の警備を厳戒させたので、皇太子は直ちに辞意を洩らしたが、皇太子には罪はないとされ一旦は慰留されたものの、二、三日中に事情が大きく変わり、左近衛少将藤原良相《よしみ》（良房の弟）が近衛府の兵を率いて皇太子の座所を包囲し、出仕していた大納言藤原愛発《ちかなり》、中納言藤原吉野《よしの》、参議文《ふん》室秋津《やのあきつ》らを捕らえるところとなる。

仁明天皇は伴健岑、橘逸勢らを謀反人と断じ、恒貞親王については事件と無関係としながらも責任を取らされて皇太子を廃され、藤原愛発は京外追放に、藤原吉野は大宰員外帥《そち》に、文室秋津は出雲員外守にとそれぞれ左遷され、伴健岑は隠岐に、橘逸勢は伊豆に流された（承和の変）。

事件後、藤原良房は大納言に昇進して右大将を兼ね、道康親王が皇太子に立った。良房は望みどおりに道康親王を皇太子としたばかりか、名族の伴氏（大伴氏）と橘氏に打撃を与え、同じ藤原氏の競争相手である藤原愛発、藤原吉野らをも失脚させたのである。

これによって桓武天皇の遺志に遠因があった、嵯峨・淳和の兄弟による王朝迭立は解消され、嵯峨から仁明・文徳の直系王統が成立した。これまで桓武朝から淳和朝にかけては文武の実務能力に秀でた貴族が登用されてきていたが、ここに伝統氏族の没落が決定的となり、藤原北家や源氏、橘氏が大幅に進出するところとなった。

天長九年（八三二）の参議以上の議政官の構成は、中納言以上では王一、藤原南一、藤原式一、藤原北一、清原一、参議では南淵一、三原一、文室一、清原一、源一と多彩であったのに、承和の変後の承和十一年には、中納言以上では源二、橘一、藤原北一、参議では源一、和気一、王一、藤原北二、安部一、橘一の構成となり、特定の氏族に限定されつつあった。

承和の遣唐使

仁明天皇の代替わりの行事として企画されたのが遣唐使の派遣であって、大使は藤原常嗣《つねつぐ》、副使は小野篁《たかむら》とされたが、篁は大使の不正に憤慨して乗船を拒否、風刺の詩「西道謡」を詠んだことから、嵯峨の逆鱗《げきりん》に触れて隠岐島に流された。その時に詠んだというのが『百人一首』に採られた次の歌である。

隠岐国に流されける時に、舟に乗りて出で立つとて京なる人のもとに

わたのはら八十島かけて漕ぎ出ぬと　人には告げよ海人の釣り船

二度の渡航失敗の後、副使の橘逸勢が乗船を拒否したので副使を欠いての三度目の出発となった。逸勢は留学の打ち切りを求め、その理由として唐側の官費支給が乏しいので次の遣唐使が来る二十年後までもたないこと、漢語が出来ずに現地の学校に入れないことをあげていた（『性霊集《しょうりょうしゅう》』）。

この時に渡唐した最澄の弟子円仁は、承和五年（八三九）六月に博多津を出港しており、その旅行記『入唐求法巡礼行記《にっとうぐほうじゅんれいこうき》』はこの日の記事から始まる。唐では五台山を訪れて法華経と密教の整合性に関する未解決の問題「未決三十条」の解答を得、日本に伝来していない五台山所蔵の仏典三七巻を書写、南台の霧深い山中で「聖燈《しょうとう》」などの奇瑞《きずい》を多数目撃し、これは文殊菩薩の示現《じげん》に違いない、と信仰を新たにしたという。

大興善寺《だいこうぜんじ》の元政《げんせい》和尚から灌頂を受け金剛界大法も授かり、青竜寺《しょうりゅうじ》の義真《ぎしん》からも灌頂を受け胎蔵界・盧遮那経《るしゃなきょう》大法と蘇悉地《そしつじ》大法を授けられた。長安の絵師・王恵に金剛界曼荼羅を描かせて、台密にはまだなかった念願の金剛界曼荼羅を得た。その夜、亡き最澄が夢に現れると、曼荼羅を手に取り涙ながらに師がたいへん喜んでくれたことから、師を拝そうとしたところ、師はそれを制して逆に弟子の円仁を深く拝したという。

この求法の旅により得られた唐の仏教文化は日本列島に広まってゆき、都の貴族たちに浸透していったが、ほかにも楽を学ぶべく渡った人々がいた。藤原貞敏《さだとし》は琵琶を学ぼうと渡ったが、長安に入れずに揚州で廉承武《わんしょうぶ》という琵琶博士から伝授を受け、『琵琶譜』を贈られて日本に「賀殿」を伝えている。琴の良岑永松《よしみねのながまつ》や笛の大戸清上《おおべのきよかみ》の二人も渡った。ただ渡唐以前に「安摩《あま》」「承和楽」「清上《せいしょう》楽《らく》」を作曲していた清上は、船が「南海賊地」に漂着し殺害されてしまったという。

この時期、大陸への渡航に重要な役割を果たしたのが新羅海商の張宝高《ちょうほうこう》であって、唐に渡って軍人となった後、唐・新羅の衰退という情勢から、二国と日本を結ぶ国際交易に関わっていたのである。円仁はその部下の援助を受けて渡海し、張宝高の影響下にある赤山法華院で学んでいる。張宝高は二度ほど、日本に来航し大宰府に正式な交流を望んでいたが、それがかなわぬうちに新羅での政争に敗れ殺されてしまう。そこで張宝高の部下と交易していた筑前守文室宮田麻呂がその債権の取り立てを行ったことから、謀叛の嫌疑を受け流罪とされる事件が起きている。

遣唐使のような正式な交流だけでなく民間交流を通じて唐風文化が流入してくる一端がうかがえ

よう。その日本の拠点となっていたのが博多に設けられた大宰府の外国人接待施設の鴻臚館《こうろかん》である。博多には早くから外交使節の接待所が置かれており、持統紀二年（六八八）に新羅国使の全霜林《ぜんそうりん》を「筑紫館」でもてなしたことが『日本書紀』に見え、天平八年（七三六）に遣新羅使が同じ「筑紫館」で詠んだ歌が『万葉集』に見える。

この筑紫館が鴻臚館の名で見えるのは、円仁の『入唐求法巡礼行記』の承和四年（八三七）の記事が最初で、承和五年には遣唐使副使の小野篁が唐人沈道古《ちんどうこ》と大宰鴻臚館で詩を唱和したとあり、承和九年の太政官符にもその名が見え、嘉祥《かしょう》二年（八四九）には唐商人五十三人の来訪が報告されている。天安二年（八五八）には留学僧円珍《えんちん》が商人李延孝《りえんこう》の船で帰朝して、鴻臚館北館門楼で歓迎の宴が催されている（『園城寺文書《おんじょうじもんじょ》』）。

その鴻臚館の発掘調査によって、木簡や瓦類のほかに越州窯の青磁・長沙窯の磁器・荊窯の白磁・新羅高麗産の陶器・イスラム圏の青釉陶器・ペルシアガラスが出土し、東アジアの流通の拠点となっていたことがわかる。

仏教修法と年中行事

唐で仏教の修法を学び、紆余曲折を経ながら帰国した円仁は、仁明天皇の危篤に際し様々な加持《かじ》祈禱《きとう》を行った。真言宗の護摩法に対し、文殊八字法《もんじゅはちじほう》を修したが、これは円仁が唐から将来した最新の修法であり、後に「慈覚大師《じかくだいし》（円仁）御門徒の最極秘法なり」と尊重されてゆく。

文徳天皇の即位に際しては、円仁は熾盛光法《しじょうこうほう》が唐の内道場で行われているとして、除災致福、宝祚祈念のために修することを上奏して勅許を得ると、比叡山に惣持院を創建し、斉衡《さいこう》元年（八五四）に第三代の天台座主となって、天皇や貴族に灌頂や菩薩戒を授け天台密教を確立したのである。

仁明朝に始まる護国の修法では、空海が承和元年（八三四）二月に毎年正月の宮中御斎会《ごさいえ》の七日間に真言の修法を行って鎮護国家を祈りたい旨を奏上して許されたことから、翌年正月から宮中における後七日御修法《ごしちにちみしほ》として恒例化されていった。

円仁とともに承和の遣唐使に加わった常暁《じょうぎょう》は、大元帥法《だいげんのほう》を将来して承和七年（八四〇）に初めて修し、仁寿元年（八五一）には恒例の仏事とされて、その後の新羅の海賊や蝦夷の反乱、天慶《てんぎょう》の乱などの「隣国賊難」に際しその降伏法《ごうぶくほう》として修されることになった。

仁明は死の直前に落飾入道したが、この臨終出家は前年に基貞親王も行っていたので、仁明で二人目となるが、この仁明の例の影響はすこぶる大きく、同年の皇太后橘嘉智子（檀林《だんりん》皇太后）をはじめ、天皇の周辺で続いていった。繁子《はんし》内親王の場合（八五一年）は、「情を彼岸に馳せ」、人康《さねやす》親王の場合（八五九年）は「出家の功徳にて三途の苦を逃れん」と述べ極楽往生を願った。この時期から密教修法や極楽往生の観念が貴族層にも広がり、唐の仏教文化が王朝文化として取捨選択されて流入してきた様がうかがえる。

その際に毎年正月の宮中で行われてきた後七日御修法のように、年中行事化していって定着をみたが、この年中行事については、延暦二十一年（八〇二）に朝賀に不参した五位以上の官人に正月の三節会（元日、七日、踏歌《とうか》）への参加が禁じられてから、著しく整備が進んできていて、嵯峨朝になると、正月七日と十六日の節会が復興し、朝賀の懲罰規定も弘仁七年（八一六）に六位以上の官人についてては春夏の禄を奪うこととされ、同九年には朝賀の儀式作法をあらかじめ教習（習礼《しゅうらい》）させることとしている。

様々な朝野の習俗や祭礼、大陸伝来の風俗や修法などを年中行事に統合し、儀式として整備されていった結果、仁和《にんな》元年（八八五）に一年の公事を記した『年中行事御障子《ねんちゅうぎょうじごしょうじ》』が藤原基経《もとつね》により献上されて清涼殿に立てられた。それによると、最も公事が少ない五月でさえも、二日の小五月《こさつき》、三日の六衛府献菖蒲《けんしょうぶ》ならびに花、四日の奏走馬結番ならびに毛付、五日の節会、内膳司献早瓜、六日の競馬、十日の申源氏夏衣服文、日日未定の京中賑給、雷鳴陣、解陣など十もの行事があった。

和風文化に向けて

唐風の文化が席巻した嵯峨・淳和朝の後を受けた仁明朝の治世について、『続日本後紀』は天皇が聡明で「衆芸」に通じ、経史を愛して通覧し、漢音に練達し、書法に秀で、弓射や音楽をも得意としていたと評価しているが、その仁明朝の文化をよく物語るのが、嘉祥二年（八四九）に天皇四十歳の賀の祝において興福寺僧が、長歌を献じて述べた言葉である。「唐の詞」よりも「この国の本つ詞」である和歌で表現するほうが伝統もあって優越すると言ったのである。『続日本後紀』もまた、心を感動させるには和歌が最も優れているが、末世ゆえに衰えて僧に古語が伝えられていたとして、

「礼失えば、則ちこれを野に求む」というべしと記していて、ここに和歌の復興が始まった。

『古今和歌集』の序に載る六歌仙こと遍昭《へんじょう》・在原業平《ありわらのなりひら》・文屋康秀《ふんやのやすひで》・喜撰《きせん》・小野小町・大友黒主《おおとものくろぬし》らが登場するところとなった。このうちの遍昭は俗名を良峯宗貞《よしみねのむねさだ》といい、蔵人頭《くろうどのとう》にまでなったが、仁明天皇の死により出家し、その後は僧正にまで至った異色の人物であり、『百人一首』に採られた次の歌が良峯宗貞の名で『古今和歌集』に載っている。

　五節の舞姫を見て、よめる　　　良峯宗貞
　天つ風雲の通ひ路ふきとぢよ　をとめの姿しばしとどめむ

業平は平城天皇の皇子阿保親王の子で、その歌ぶりについて『古今和歌集』は「その心あまりて、ことばたらず」と評し、次の歌をあげている。

　月やあらぬ春や昔の春ならぬ　わが身ひとつはもとの身にして

『百人一首』に採られた「ちはやぶる神世もきかずたつた河　からくれないに水くくるとは」の歌は、これとはいささか違った歌いぶりである。

女房歌人の一人である小野小町については、「古の衣通姫《そとほりひめ》の流なり。あはれなるやうにて、つよからず。いはばよき女のなやませるところのあるに似たり」と評して次の歌をあげる。

思ひつつ寝ればや人の見えつらむ　夢と知りせば覚めざらましを

この和歌復興に応じるかのように、漢詩の表現ではこれまでは様々な詩風が取り入れられてきていたが、唐の詩人の白居易《はくきょい》の影響が広がってゆく。白居易の詩文は八三八年に大宰大弐の藤原岳守《おかもり》が唐人から入手しており、承和の遣唐使も持ち帰ってきた。具平親王《ともひら》は「我が朝の詞人才子、白氏文集を以て規模となす。故に承和以来、詩を言う者みな体裁を失わず」と述べており（『本朝麗藻《ほんちょうれいそう》』）、白居易の『白氏文集』の影響は和歌にも及んで、和歌に漢詩文の表現が取り入れられていった。

和歌の復興は平仮名の発達とも関連していた。万葉仮名を発展させた平仮名文の初見は、貞観《じょうがん》九年（八六七）二月の讃岐国司解に讃岐介藤原有年が書き添えたメモであるが、屛風絵歌では文徳《もんとく》朝の「女房の侍」での作歌である。唐風の浸透とともに和の風が見直されてきたのであった。

楽制の改革もなされ、楽師は楽の生まれた国別に置かれていたのが改められ、左方唐楽（唐楽・林邑楽）と右方高麗楽（高麗楽・百済楽・新羅楽・渤海楽）とに整理され、楽器も統一されて王朝雅楽が整えられていった。和風の奏楽体制の成立を意味している。

学業や芸能に優れた氏族は、上級官司を貴族に占められてゆくなか、諸道において世襲する道へと動いた。文章《もんじょう》道の菅原・大江氏、明法《みょうぼう》道の讃岐《さぬき》・惟宗《これむね》氏、算道の家原《いえはら》・小槻《おづき》氏、明経《みょうぎょう》道の善道《よしみち》・

紀《き》氏、暦道《れきどう》の大春日《おおかすが》氏などである。

四　宮廷文化の達成と作法の思潮

『伊勢物語』と宮廷文化

この時代の宮廷文化の達成をよく示しているのが『伊勢物語』と『竹取物語』の二つの宮廷文学である。そのうちの『伊勢物語』は宮廷文化を代表する歌人を主人公に選び、その文化の内実や片鱗を示している。作者は業平の歌を軸に業平周辺の動きを虚実入り交えた歌物語として描き、さらに和歌をどう詠めばよいのかを、状況ごとに示す和歌の指南書としての意味合いもあった。

最初の段は奈良の京に狩りに赴いた初冠《ういこうぶり》したばかりの「ある男」（業平）が見かけた姉妹に歌を贈ったという話で、第二段には次のような話となっている。

むかし、男ありけり。奈良の京ははなれ、この京は人の家まだ定まらざりける時に、西の京に女ありけり。その女、世人にはまされりけり。その人、かたちよりは心なむまさりたりける。ひとりのみもあらざりけらし。それをかのまめ男、うち物語らひて、かへり来て、いかが思ひけむ、時は三月のついたち、雨そほふるにやりける。

起きもせず寝もせで夜を明かしては　春のものとてながめくらしつ

奈良の京の西に住む女性と知り合った「まめ男」（業平）が、逢瀬の後、思い起こして歌を贈ったという話。この好き者の恋の冒険や逃避行などを歌物語として展開してゆくのであって、宮廷文化のいろんなタブーに挑戦し、そのことにより宮廷文化の華やかさや社交術、タブーの存在を明らかにしたのである。次の五段は男が二条の后に通っていた時の話である。

むかし、男ありけり。東の五条わたりにいと忍びていきけり。みそかなる所なれば門よりもえ入らで、わらべのふみあけたる築泥のくづれより通ひけり。人しげくもあらねどたび重なりければ、あるじ聞きつけてその通ひ路に、夜毎に人をすゑてまもらせければ、いけどもえ逢はでかへりけり。さてよめる。

人知れぬわが通ひ路の関守は　宵々ごとにうちも寝ななむ

とよめりければ、いといたう心やみけり。あるじゆるしてけり。

二条の后に忍びてまゐりけるを世の聞えありければ、せうとたちのまもらせ給ひけるとぞ。

二条后とは藤原長良《ながら》の娘の高子《たかいこ》であって、清和《せいわ》天皇の女御となり陽成《ようぜい》天皇を儲けることになるのだが、男はその高子の住む五条の邸宅に忍んで行ったところ、噂が立って警戒厳重で逢えなかったことからこの歌を詠んだという。

『伊勢物語』の話は、主人公の話だけではなく、「天の下の色好み」と知られた嵯峨源氏の源至《いたる》の話が三十九段に見え、また宮廷文化のすそ野をなす民間の話も載っている。次の話は二十三段の筒《つつ》井筒《いづつ》がそれである。

むかし、田舎わたらひしける人の子ども、井のもとにいでてあそびけるを、おとなになりにければ、男も女も恥ぢかはしてありけれど、男はこの女をこそ得めと思ふ。女はこの男をと思ひつつ、親のあはすれども聞かでなむありける。さて、この隣の男のもとよりかくなむ。

筒井つの井筒にかけしまろがたけ　過ぎにけらしな妹見ざるまに

女、返し、

くらべこしふりわけ髪も肩過ぎぬ　君ならずしてたれかあぐべき

などいひいひて、つひに本意のごとくあひにけり。

幼なじみが結婚し、やがて試練を経ながらめぐり逢って相添うことになる話。では『伊勢物語』の作者は誰であろうか。業平とその周辺の歌がほとんどを占め、七十九段が「むかし、氏のなかに親王生れたまへりけり」と始まって、「貞数の親王」に関わる歌の話であり、その「氏」が在原氏であることから、作者は在原氏の可能性が高い。『古今和歌集』には多くの業平の歌が見えることから、そこに載る在原氏の歌人の一人と考えられよう。

そこで探ってゆくと、業平の子棟梁《むねはり》、孫の元方《もとかた》らが候補にあがるが、棟梁は業平と近すぎるのに対し、元方はやや離れていて業平を相対的に捉えることが可能なことから、祖父を尊敬しつつも主人公として選ぶことに抵抗はなかったであろう。元方は『古今集』への入集歌が十四首と多く、『古今和歌集』の劈頭《へきとう》を飾る歌に撰ばれている点も重要である。

ふる年に春立ちける日よめる　　　　在原元方

年のうちに春は来にけりひととせを　去年《こぞ》とやいはむ今年とやいはむ

『伊勢物語』は宮廷文学の祖形として後世に大きな影響を与えた。中世には能の『井筒』『雲林院《うんりんいん》』などの典拠となり、近世には『仁勢物語《にせものがたり》』などのパロディ作品を生み、人形浄瑠璃や歌舞伎の江戸の世界でも題材とされたのである。

『竹取物語』と宮廷物語

『伊勢物語』が「色好み」を主人公としたのに対し、『竹取物語』は優なる美女を主人公に選び、その物語を通じて宮廷文化のあり方を示し、その存在形態を語っている。この謎の美女は求婚する男たちを拒否し、帝からの求婚にも応じず、最終的には天に昇ってこの世を去るというファンタジーに満ちており、こうした話の設定には中国の神仙譚《しんせんたん》の影響があることが指摘されている。

竹を取って様々な用途に使って暮らしていた翁が竹林に出掛けたところ、光り輝く竹があったので不思議に思って近寄ってみると、中から三寸ほどの可愛らしさこの上ない女の子が出て来た。そこで自分たちの子供として育てるうち、竹の中に黄金が見つかる日々が続き、翁夫婦は豊かになっていった。この付近の話は『万葉集』に見える「竹取の翁」の歌が基になって作られた可能性が指摘されている。

女はその名を、御室戸斎部秋田《みむろどいんべのあきた》から「なよ竹のかぐや姫」と名付けられたが、世の男たちはどうにかして結婚したいと望み、その姿を覗き見ようとして竹取の翁の家の周りをうろつく公達《きんだち》も後を絶たなかった。しかしいずれもかなえられず、やがて求婚者は色好みの石作皇子《いしづくりのみこ》、車持皇子《くらもちのみこ》、右大臣阿倍御主人《あべのみうし》、大納言大伴御行《おおとものみゆき》、中納言石上麻呂足《いそのかみのまろたり》ら五人の公達が最後に残った。ここに見える皇子二人、議政官三人の構成は、宮廷の政治文化の牽引者にほかならない。

彼らは諦めず夜昼となく通ってきては、笛を吹き和歌を詠み、唱歌し口笛を吹き、扇を鳴らしなどする文化を披露したところ、かぐや姫から難題が出された。石作皇子に「仏の御石の鉢」、車持皇子には「蓬萊《ほうらい》の玉の枝」、右大臣阿倍御主人には「火鼠の裘《かわぎぬ》」、大納言大伴御行には「龍の首の珠」、中納言石上麻呂足には「燕の産んだ子安貝」を持って来て欲しいというもの。この難題は宮廷文化のいわば文化的ハードルを意味し、彼らに求められたのは、天竺や唐などの珍奇な宝物すなわち唐物であり、それは宮廷文化を荘厳する機能を帯びていた。

だが難題に応えた者は一人としておらず、最後に登場したのが帝である。話を伝え聞いた帝は姫に会うことを望み、意を決し不意をついてかぐや姫の家に入ると、そこには光に満ちて清らかに座っている女人がいた。帝は初めて見た、その類ない美しさに興を寄せて連れて行こうとしたが、姫は一瞬のうちに姿が影と化した。やむなく魂をその場に留め置いた心地で帰ったものの、心にかかってかぐや姫に歌の贈答などをするうちに心を通わせることができた。

やがてその姫に天の王からの迎えが来ることになり、十五夜の時に月の国に帰って行くことが告げられ、姫は天女だったことが明らかとなる。行かすまいと警固にあたった人々を尻目に姫は天人から与えられた不死の薬を入れた壺に文を添え帝に贈り天に帰っていった。不死の薬を贈って宮廷文化の永遠なる発展を祈り、昇天したのである。

帝はこれを嘆いて天に最も近い駿河の山に勅使を派遣し、山頂で火をもってかの文と薬を焼かせたことから、その山は「ふじの山」と称され今にその煙が立ち上っているという。帝は天に向かって天との永遠の交流を果たすことを誓ったのであった。

『竹取物語』は、天帝（天神）と地上の帝とをかぐや姫こと天女が結びつけたことを語り、帝の存在が天により支えられていることを語っている。かつて桓武天皇が神としての天皇の位置づけを大きく変化させ、昊天祭祀《こうてんさいし》により天神を祭って新王統を宣言したことがあったが、『竹取物語』はこれに対応する、宮廷社会形成の神話という趣がある。

作法の思潮

桓武に始まる宮廷文化の形成などに認められる思潮はと問えば、それは作法の思潮とも指摘できよう。律令制の運用とともにその追加の法である格《きゃく》が制定され、施行の細則である式《しき》が整えられてくるなかで作法が整えられてきた。特に式には細部にわたる施行細則が規定されており、そうした細則は制度を現実に運用するにあたり、旧来の習慣とのすり合わせ（習合の論理）により生まれてきたものである。

たとえば穢《けが》れという観念の習俗であるが、これについて『延喜式《えんぎしき》』神祇三臨時祭条の触穢《じょくえ》の規定で「甲の処に穢有りて、乙その処に入らば、乙及び同処分の人皆穢となり、丙乙の処に入るは、只一身のみ穢れとなる」と、穢れの伝染について定めている。また穢忌の規定は死の穢れについて期間を設けて、その間の謹慎を定めている。

宮廷における年中行事の成立もこの作法と深く関わっており、やがて年中行事書が広く書かれるようになるとともに、そこには大陸の習俗や日本古来の習俗が取り込まれ、年間の行事が行われるようになっていった。十二世紀になるとそれは『年中行事絵巻』として絵巻にも描かれるようになるが、公家だけでなく摂関家をはじめとする貴族の家や、興福寺や東大寺などの寺家でも年中行事が整えられ、やがて鎌倉幕府が形成されると、武家の年中行事が整えられていった。

こうしたなかで作法を故実として継承する家が生まれてゆくのであるが、そのことをよく物語っているのが兼好の『徒然草』である。その一段で「ありたき事」としてあげた「まことしき文の道、作文、和歌、管絃の道、又有職の公事の方」などの備わった家の作法について蘊蓄《うんちく》を傾けている。

さらに鎌倉時代の後半から武士の家においても年中行事が生まれ、その作法が継承されてゆくことになって、室町時代になると公家の故実を継承する家に倣い、武家の故実を継承する小笠原や伊勢などの家も生まれた。

宮廷の作法

宮廷の作法の存在を示したのが『伊勢物語』や『竹取物語』であったが、この時期に確立した宮廷はその後に大きな影響を及ぼしてゆく。九世紀後半になると宇多・醍醐朝では寛平《かんぴょう》・延喜《えんぎ》の治《ち》と称されるような宮廷政治が整えられ、『伊勢物語』や『竹取物語』の系譜を引く『大和物語』や『宇《う》津保《つほ》物語』が著されてゆき、さらに十一世紀になると物語と和歌の文学を駆使した『源氏物語』が生まれ、宮廷世界は爛熟期を迎えたのである。

院政期になると院を中心とする宮廷世界が生まれ、後鳥羽上皇による宮廷世界がその到達点であったが、院政の中から生まれた武家政権は、十三世紀初頭に源実朝が東国の王者として将軍になって、御台所《みだいどころ》を公家から招いて和歌の文化を取り入れ、仏教と陰陽道によってその身体を護持するなど、京の宮廷世界に倣ったミニ宮廷が鎌倉に構築され、ここに京都の宮廷と鎌倉の宮廷の並立するところとなった。

この並立状態はやがて京の宮廷と吉野の宮廷の南北朝の宮廷の並立へと変化し、その南北朝合体を実現した足利義満《あしかがよしみつ》により、武家宮廷と公家宮廷とを統合した室町の宮廷世界が形成された。それは唐物で荘厳された華やかな世界であり、その宮廷文化の華となったのが能であり、禅宗文化がそれを支えたのである。

十六世紀になると戦国争乱が続いて宮廷世界は逼塞《ひっそく》するが、やがて登場した天下人によって宮廷世界が新たに構築されていった。豊臣秀吉や徳川家康により宮廷世界が築かれると、やがて広く諸大名による御殿文化が派生する。

この武家の宮廷に代わって登場することになったのが明治宮廷であるが、それの形成へと動き始めたのは十八世紀末に位に即いた光格《こうかく》天皇である。天皇は天明《てんめい》の大飢饉で幕府に領民救済を申し入れ、またゴローニン事件の交渉経過を報告させるなど、朝廷権威の復権につとめ、天皇とはならなかった父典仁《すけひと》親王に太上天皇号を贈ろうとするなど行動的で、博学多才で学問に熱心、作詩や音楽をも嗜み、途絶えていた石清水八幡宮《いわしみずはちまんぐう》や賀茂神社の臨時祭の復活や、朝廷の儀式の復旧につとめたのである。

このため明治宮廷では和歌が重視され、その伝統を継承して今に歌会始が正月に行われている。また明治維新による文明開化の影響を受けて、それには欧風文化が彩りを添えたのである。

7 開発の広がり

『古今和歌集』と『今昔物語集』

一　大地変動と疫病

火山列島

九世紀後半から日本列島を襲ったのは相次ぐ自然災害である。清和《せいわ》・陽成《ようぜい》・光孝《こうこう》の三代の天皇の時代の歴史を記した『日本三代実録』は、清和天皇の代の貞観《じょうがん》六年（八六四）五月二十五日条に駿河国からの報告を次のように記している。

富士郡の正三位浅間大神の大山火、その勢甚だ熾ん。山の方一二許りの里を焼き，光炎の高さは廿許りの丈、因りて声、雷の如くあり。地震は三度、十余日を歴て火猶滅せず。岩を焦がし嶺を崩し、沙石雨の如し。

（富士郡の正三位浅間大神の山で噴火があり、その勢いは甚だしく、山火事は方一二里ほど、光炎の高さは二十丈ほどに及んだ。雷鳴のような音がし、地震が三度あり、十余日を経ても火はおさまらず、岩を焦がし嶺を崩して砂石が雨のように降ってきた）

「浅間大神」とある「浅間」とは荒々しいという意味であるが、七月十七日には甲斐国司からも被害の報告が届いた。駿河の富士の大山に「暴火」があり、溶岩流が甲斐側へと流れ、河口湖が出現し、八代郡の本栖湖《もとす》への溶岩流入があったことなどを伝えている。

この噴火により、北西山腹の長尾山から青木ケ原に溶岩が流出して北西麓の湖に流入し、西湖《さい》・精進湖《しょうじ》の両湖に分断され、富士五湖が成立した。政府は駿河・甲斐両国に浅間大神への奉幣解謝《ほうへいげしゃ》を命じたが、十二月には甲斐八代郡の郡司伴真貞《とものまさだ》に浅間明神の託宣があり、浅間神社が官社として整えられることになる。

それとともに人々の関心は改めて富士山に注がれ、文人の都良香《みやこのよしか》は『富士山記』を著して、天にも届きそうなその山容を讃え、貞観十七年(八七五)十一月に駿河の人が富士山の祭りをしていたところ、白衣の美女が山上に舞い降りたという話を記し、富士の神は浅間大神であると古老たちが語っていたという話を書き留めている。噴火したのは富士山だけではなかった。貞観十三年(八七一)五月十六日の出羽国司からの報告は次のごとき内容である、

従三位勲五等の大物忌《おおものいみ》神社は飽海《あくみ》郡の山上にあって、巌石が壁立し、人の到ることは稀で、夏も冬も雪を戴き、草木は禿《はげ》て無い。去る四月八日に噴火があり、土石を焼き雷鳴のような声を上げた。山中より流れ出る河は青黒く、色の付いた泥水が溢れ、耐え難いほどの臭気が充満している。死んだ魚が河を塞ぎ、長さ十丈の大蛇二匹が連なって海へと流れてゆき、小蛇は数知れない。

ここでも火山噴火の凄まじさを語っており、これを受けた朝廷が陰陽寮《おんみょうりょう》に占わせたところ、出羽の名神に祈禱をさせていたのに、報祭を怠って墓の骸骨が山水を汚したため、怒りを発して山が焼け、このような災異が起こったのであり、もし鎮謝報祭を行わなければ戦乱が起こる、という結果が出た。そこで奉祭を行うとともに神田を汚している墓の骸骨を除去せよと国守に命じている。

これは出羽の鳥海山《ちょうかいさん》噴火だが、西方に目をやれば薩摩の開聞岳《かいもんだけ》も噴火した。貞観十六年七月二日に大宰府が薩摩国従四位上開聞神の山頂から噴火があったことを報告している。煙が天に満ち、灰砂が雨のように降り注ぎ、震動の音は百里以上に及んだため、百姓が恐れをなし、精を失ったという。その十年後にも開聞岳では噴火があった。

大地震と津波

列島を襲ったのはこれだけではなかった。かの二〇一一年三月の東日本大震災の規模に匹敵する地震と大津波とが東北地方を襲ったのである。貞観十一年(八六九)五月二十六日、陸奥国に「地の大震動」があり、津波が陸奥を統治する多賀城の城下にまで襲ってきた様子が報告されている(『日本三代実録』)。

陸奥国で大地震が起きた。流れる光が昼のように照らし、人々は叫び声をあげて身を伏し立っていられなかった。あるいは家屋の下敷きで圧死し、あるいは地が割れて埋もれ、牛や馬が驚いて走り出し、あるいは互いに踏みつけ合った。城郭や倉庫・門櫓、壁などがはがれ落ちた。海鳴りの声が雷鳴のようにあがり、川が逆流して、津波が長く連なって押し寄せ、たちまち城下に達した。海を去ること十百里、その果ても知れないほどに水浸しとなり、原野も道路もすべて海となった。船で逃げるのもえず、山に登るのもできずに溺死者は千人ばかり、財産や農地はほとんど何も残らなかった。

この報告は陸奥国司からの過剰な表現と考えられてきたのだが、東日本大震災の経験に照らしてその真実性が明らかになった。津波は陸奥の鎮守府の近くにまで届いたといい、その被害は相当な規模であったことは疑いない。十月に朝廷はこの「陸奥国境、地震尤も甚し」という事態に対しその救済を行うように指示している。

さらにこの年は七月十四日にも肥後国でも大風雨があったという報告が届いている。

肥後国に大風雨あり。瓦を飛ばし、樹を抜き、官舎・民居、転倒する者多く、人畜の圧死あげてかぞふべからず。湖水みなぎり溢れ、六郡漂没す。水退くの後、官物を博するに、十の五六を失ふ。山より海に至る、その間の田園数百里、陥て海となる。

国の六郡が没するという大災害というから、おそらく台風であろうが、まさしく日本列島はこの時期に集中的に大災害に見舞われたのであり、ほかにも地震や大風などの自然災害の記事が毎年のように『日本三代実録』に見える。その九世紀後半の陸奥以外の地震記事をあげる。

①　貞観五年（八六三）六月十七日、越中・越後大地震、圧死者あまた、毎日震《ふ》る。

②　貞観十年（八六八）七月八日、播磨国地震、京では以後九月まで地震続く。

③　元慶《がんぎょう》二年（八七八）九月二十九日、関東諸国大地震、相模・武蔵甚大、京でも揺れ。

④　元慶四年（八八〇）十月十四日、出雲で大地震。二二日まで余震。

⑤　仁和《にんな》三年（八八七）七月六日、越後西部が震源、津波による溺死者千人にのぼる。

⑥　同年七月三十日、仁和地震、五畿七道諸国大震、京都・摂津を中心に死者多数。津波あり。八月まで余震。南海地震、東南海、東海地震。

ほぼ十年周期で列島を襲っていたことが知られる。だが列島を襲ったのは自然災害だけではなかった。

疫病と祭礼

京では毎年のように疫病が襲っていたのである。早くは承和《じょうわ》二年（八三五）に疫病があり、これは「鬼神」のもたらしたものと見なされ、南都や京の十五大寺で大般若経が転読され、三年後にも同じく転読が行われている。天安二年（八五八）には陰陽寮に命じ「城北の船岳《ふなおか》」で疫神祭を修させているが、この船岡は京の北に位置し、やがてその周辺は葬送の場となってゆく。

貞観年間になると、「近代以来、疫病頻発し、死亡甚だ衆《あまた》なり」と、疫病によって多くの死者が生まれるようになって、様々な動きが始まった。貞観四年（八六二）の疫病では内裏や建礼門・朱雀門などで大祓《おおはらえ》を行ったが、その効果はないことから、疫病は崇道《すどう》天皇（早良《さわら》親王）、伊予《いよ》親王、藤原吉《よし》子《こ》、橘逸勢《たちばなのはやなり》、文室宮田麻呂《ふんやのみやたまろ》など政治的に失脚した人々の「御霊《ごりょう》」によるものと見なされ、その祟りを鎮めるために神泉苑で僧が『金光明経《こんこうみょうきょう》』や『大般若経《だいはんにゃきょう》』の読経を、伶人《れいじん》が雅楽を、童《わらわ》が舞を行い、その他雑伎《ざつぎ》や散楽《さんがく》などの芸能も行われた。

神泉苑は大内裏の南に造られた遊苑であることから、ここで御霊会《ごりょうえ》が開かれたのは内裏や建礼門・朱雀門で大祓を行ったのと同じく、御霊が内裏に侵入してくるのを阻止する意図があったが、それにとどまらず神泉苑の四つの門を開いて都人が自由に観覧できるようにしており、都人からの強い要請があったからであろう。

しかし疫病はいっこうに衰えず、二年後には神泉苑での『般若心経』の読経とともに、七条朱雀で『般若心経』を読ませている。七条朱雀は大内裏から南下する朱雀大路と、平安京を東西に走って東市の市門が開かれ賑わっていた七条大路とが交わる辻であり、近くには外国の使節を迎える鴻《こう》臚館《ろかん》があった。貞観十四年に疫病が流行した際、その原因を渤海《ぼっかい》の使者が入朝したことによる「異土の毒気」であるという噂が流れている。

疫病の流行は渤海のみならず新羅《しらぎ》や唐の商人たちの活発な動きと連動していた。貞観八年（八六六）に隠岐守《おきのかみ》越智貞原《おちのさだはら》が新羅人と通じ謀叛をはかったという密告があり、七月には肥前の四郡の郡司が新羅人と共謀し新羅に渡って対馬を奪おうとした事件が起き、貞観十一年には新羅の海賊が博多津を襲う事件が起きているが、その年には、疫病によって四条河原の東の八坂郷で祇園御霊会が始められている。『祇園社記』は次のように記す。

六月七日、六十六本の矛《ほこ》を建つ。同十四日、洛中の男児及び郊外の百姓を率いて、神輿《しんよ》を神泉苑に送り、以て祭る。是れ祇園御霊会と号す。

これが今に伝わる祇園祭の始まりであって、この時に祀られた神輿は神泉苑に送られた。疫病鎮撫の動きは北野の船岡に始まって、神泉苑や七条朱雀、八坂の地へと拡大して、それとともに京の境界の地で御霊会の祭礼が行われるようになったのである。その一つの西寺御霊堂は九条大路に沿って左京の東寺に対し右京の地に造られた西寺に付属し、ここに御霊堂が造営されたのは、七条朱雀で行われた疫神祭が移されるようになったからであろう。

王城鎮護の祭礼

諸国の神々はその保護と祭祀のあり方が式に定められており、これを式内社《しきないしゃ》というが、その数社は『延喜式』の神名《じんみょう》式（神名帳）によれば、全国で三千百三十二座に及び、延暦十七年からは神祇官や国から幣が奉られていたが、その旧来の神々にも大きな変化が現れた。

寛平元年《かんぴょう》（八八九）、京の賀茂社で臨時祭が創始されたが、この祭は賀茂の神が秋にも祭をして欲しいと神託したことに始まったといわれ（『大鏡』裏書）、多くの芸能が奉納された。日本列島を襲った災害の脅威を防げなかったのは、神の威力が衰退したからであって、その威力を取り戻すため神が芸能を求めてきた、と考えられたのである。

賀茂の神は平安京の形成と定着において大きな役割を果たしてきた。山城盆地を流れる幾筋かある河川のうちの最大の河川である鴨川は、北山から京都盆地に流れ出るが、その谷口に鎮座したのが賀茂別雷《かもわけいかづち》神社（上賀茂社）、高野川と合流する地に鎮座したのが賀茂御祖《かもみおや》神社（下鴨社）であり、鴨川の治水とも関わって賀茂社は王城鎮護の神として尊崇を集めてきた。

新たな神として平安京の西南に鎮座したのが八幡神である。貞観元年（八五九）、奈良大安寺の僧行教《ぎょうきょう》が九州の宇佐八幡宮に参籠《さんろう》した際、都の近くにあって国家を鎮護しようという八幡大菩薩の神託を受け、上京の途次、山崎離宮辺りで石清水寺のある男山に鎮座せよという示現《じげん》があった。

行教がその旨を朝廷に奏請《そうせい》すると、清和天皇や皇后が見た夢と合致したため、朝廷は宇佐宮に準じて宝殿六宇《ほうでんろくう》を造営させ、応神《おうじん》天皇・神功《じんぐう》皇后・比顊《ひめ》大神の三所の神体を安置したのである（『護国寺略記』）。この石清水八幡宮でもやがて臨時祭が開かれて芸能が奉納され、賀茂社とともに王城鎮護の神として尊崇され、朝野をあげてその祭礼は大いに賑わうことになった。

貞観十一年五月、新羅の海賊が博多に侵入した事件が起きると、朝廷は伊勢神宮や石清水八幡、宇佐八幡などの九州諸国の神社に国家の安寧を祈ったが、その宣命《せんみょう》のなかで日本は「神明《しんめい》の国」であると述べており、これが神国思想の起源とされる。

貞観年間に編纂された『儀式』（『貞観儀式』）は、毎年の年末に疫鬼を追い払う年中行事の追儺《ついな》について、東は陸奥国、西は五島列島の遠値嘉《おちか》島、南は土佐、北は佐渡、それより外には疫鬼が住み、穢《けが》れていると記している。これから護るため、内裏を中心点として平安京、畿内、日本列島へと及ぶ同心円的防疫システムがしかれてゆき、王城鎮護《おうじょうちんご》の祭がそれを支えることになった。

京都の年中行事を描く『年中行事絵巻』に見える京の祭礼のほとんどがこの時期に始まっており、

上賀茂神社

下鴨神社

『枕草子』や『源氏物語』はその祭での出来事を詳しく描いている。王朝人がいかに心を寄せていたのかがうかがえる。

こうして自然災害や疫病に繰り返し襲われても、人々は京都に住み続けるようになった。藤原京の建設に始まった本格的都城の遷替はもはや行われなくなり、ここに明確に永続的な都市としての京都が生まれ「千年の都」となってゆく。

摂政の始まり

列島規模での災害や疫病、外敵の侵入などの変動とともに政治は多くの対応が求められたが、その治世を担うことから始まったのが太政大臣の藤原良房《よしふさ》により開かれた摂関政治である。

良房は、承和九年（八四二）の承和の変により道康《みちやす》親王を皇太子に据えると、嘉祥《かしょう》三年（八五〇）のその即位（文徳《もんとく》天皇）に際しては娘の潔姫《きよひめ》が生んだ明子《あきらけいこ》を女御に入れ、同年に明子が惟仁《これひと》親王を産むと、生後八か月で直ちに皇太子となし、斉衡《さいこう》四年（八五七）に太政大臣となったが、その翌年に文徳天皇が亡くなったので、幼少期から育てていた九歳の惟仁親王を位に即けた（清和《せいわ》天皇）。

清和の即位後の改元では中国の太宗の治世「貞観《じょうがん》の治《ち》」にあやかって貞観と改め、大地変動への対策に動き、貞観八年（八六六）には応天門《おうてんもん》の変《へん》によって大納言伴善男《とものよしお》を失脚させ、事件に関わったとして大伴・紀氏の宮中勢力を除いている。

この事件は閏三月に応天門が焼け、伴善男が犯人を左大臣源信《みなもとのまこと》であると告発したことに端を発しており、八月に大宅鷹取《おおやけのたかとり》が善男父子をそもそもの主犯として訴えたため事態が紛糾、処理にあたった良房が善男を流罪に処したものであるが、ただ事件の真相は不明である。

その八月十九日に「天下の政を摂行せしむ」とする摂政宣下の詔が出され、天皇を補佐して国政を総攬《そうらん》する摂政の地位がここに始まった（『日本文徳天皇実録』）。なお応天門の変は十二世紀に『伴大納言絵詞《ばんだいなごんえことば》』として描かれているが、これは絵巻に初めて描かれることになった政治的事件であり、応天門の事件が摂関政治の始まり、すなわち新たな時代の始まりを告げるものとして記憶されていったのであろう。

良房は兄藤原長良《ながら》の三男基経《もとつね》を養子となし、京都を対象として多くの都市法令を出して京都の整備にあたったほか、『貞観交替式』や『貞観格式《きゃくしき》』の施行など法制整備にも力を入れた。父冬嗣が『弘仁格式』を撰上したことに倣ったもので、歴史書『続日本後紀』も完成させ、貞観永宝を鋳造している。貞観年間の列島規模での異常事態が政治への求心力を生んだことを見計らって、摂関政治の道を切り開いたのである。

准三后《じゅさんごう》という皇后に準ずる特権をも受けて、貞観十四年（八七二）に亡くなると、その死後を継承したのが右大臣に昇任した基経である。清和天皇の親政が始まって基経は「万機を助理」していたが、貞観十八年に清和が譲位して位にはまたも幼い陽成天皇が即いたことから、「幼主を保輔し天子の政を摂行すること、忠仁公（良房）の故事のごとくせよ」という勅が下され、基経も摂政となった。

この時期には、最後となる班田が行われ、中央財政の強化のために畿内五か国を対象とする「元《がん》慶《ぎょう》の官田《かんでん》」が設置されて公営田のような経営も行われた。議政官である公卿が左近衛陣において合議する陣定《じんのさだめ》という制度が設けられ、その合議の結果が摂政と天皇に伝えられて決裁されるようになった。

摂政は独断専行するのでは決してなく、公卿たちの合議を背景として、政治を主導していたのである。

二　宮廷政治と文化の規範

摂関政治の定着と寛平の治

藤原基経は摂政の辞退を何度か繰り返していたが、公卿たちが陽成天皇の粗暴な振る舞いに嫌気をさして政務に携わらなくなる事態が起きるなか、元慶七年（八八三）に天皇が近臣を殿上で殺害する事件を起こした。そこで内裏に乗り込んで天皇を押し込め、翌年に仁明《にんみょう》の皇子で臣下に降っていた光孝《こうこう》を即位させた。その際、天皇との職掌の分担をはかって、自身は太政官で国政を統括し、内裏で天皇を補弼《ほひつ》することとしたが、後にこれが関白《かんぱく》と称されるようになる（『宇多天皇御記《うだてんのうぎょき》』）。

光孝天皇は中継ぎの天皇と見なされていたので、その子源定省《さだみ》は源姓のままであったが、仁和三年（八八七）に、天皇は定省を位に即けること、その補弼を基経に頼んで亡くなった。これに応じて基経は宇多天皇を位に即けて関白となったが、その際に「阿衡《あこう》の任」をもって職務を行うようにという詔書が示されたので、「阿衡」という中国の官には任務が示されていない、と疑義を呈し撤回させた。

摂関が天皇の意を退けたこの事件をもって、摂関政治はここに定着するところとなった。寛平《かんぴょう》三年（八九一）に基経が亡くなると、抑えられていた宇多天皇が親政への意欲を燃やして国政を自由に

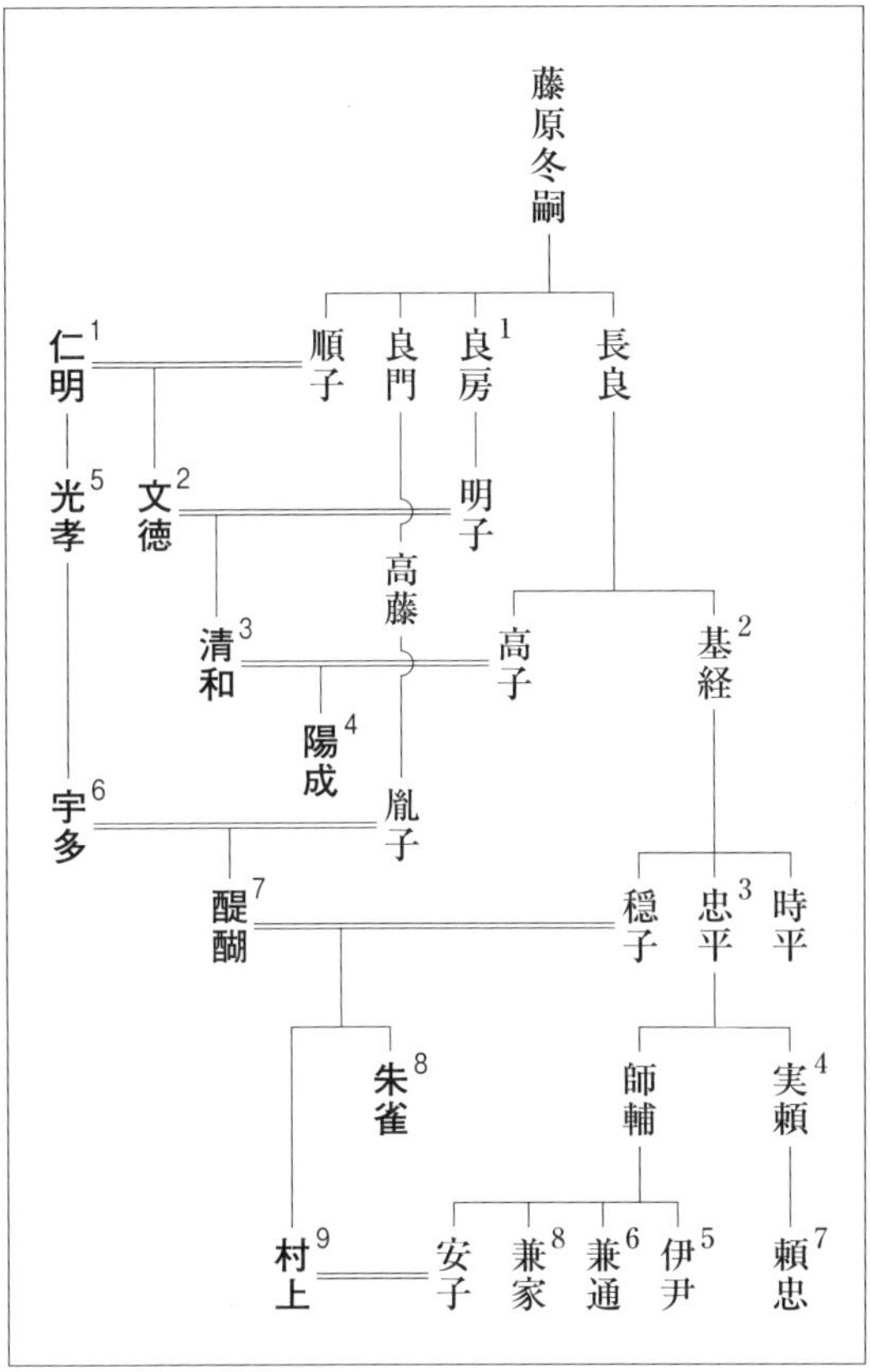

系図4　藤原氏の関係略図

動かすようになって、この治世は後代に「寛平の治《ち》」と称されるが、その支えとなったのは能吏の藤原保則《やすのり》と文人政治家の菅原道真《みちざね》である。

保則は元慶二年（八七八）に起きた出羽の俘囚《ふしゅう》たちの叛乱（元慶の乱）を平定するなど、地方政治に関わり見聞してきた経験から、仁和四年（八八八）に、国司の任期中の調庸《ちょうよう》の未進《みしん》はその任中に納め、以前から累進している未進は棚上げにするという法令を出すように求めて、それが認められたことがあり、これにより国司の国内経営が安定化してきた。

宇多は保則を左大弁《さだいべん》に抜擢し、参議、民部卿《みんぶきょう》と急速に昇進させるとともに、道真も重用した。道真は文章得業生《もんじょうとくごうしょう》を経て貞観十三年（八七一）に少内記《しょうないき》、元慶元年（八七七）に式部少輔《しきぶのしょう》、さらに文章博士を兼任するなど学者の道を歩み、仁和二年（八八六）に讃岐守となって任国に赴き地方の実情を知るようになって、宇多天皇の信任を得、寛平三年（八九一）に蔵人頭《くろうどのとう》、左中弁《さちゅうべん》となり、翌年には参議で左大弁・春宮亮《とうぐうのすけ》を兼ねた。六国史を分類整理した『類聚国史《るいじゅうこくし》』を編纂するなど、国内の歴史にも関心を寄せ、寛平七年（八九五）に権中納言・春宮権大夫《ごんのだいぶ》となり、娘を宇多天皇の女御となして権大納言となり、右大将・中宮大夫を兼任するなど目覚ましい出世を遂げた。

宇多はこうした保則や道真らに支えられて宮廷政治の新たな秩序をつくりあげた。天皇の政務を直接に支える蔵人所の充実をはかって、六位の蔵人の定員のうちから二人を割いて五位の蔵人となし、「蔵人式」を編纂させてその職務を明確化した。内裏である清涼殿《せいりょうでん》に昇殿する資格を、位階によって一律に決めずに、天皇の代ごとに個々の官人を審査して認める昇殿制を整えた。

これによって天皇の側近は殿上人《てんじょうびと》として待遇され、内裏には参議以上の公卿、蔵人頭指揮下の殿上人が伺候し、天皇を支える体制が整えられた。ここに宮廷社会の身分秩序が定まり、以後、基本的に明治維新に至るまでこの秩序が継承されることになる。

それとともに天皇は朝廷儀式に公的に出席する機会が少なくなり、京都とその近郊への外出は特別な行幸時に限られるようになった。その一方で寛平三年（八九一）に貴族の地方転出や留住、地方民の京都居住の規制をはかり、寛平七年には上層貴族の京都居住を義務化し、五位以上の王族や貴族の行動範囲を東は逢坂、南は山崎・淀、西は摂津・丹波の境、北は大江山の範囲に限った。

延喜の治

寛平九年（八九七）、宇多天皇は醍醐《だいご》天皇に譲位するに際して『寛平御遺誡《かんぴょうごゆいかい》』を与え、天皇の心得を示し、政務に関する注意や人物の登用について記したが、これはその後天皇のあり方の基準とされ、順徳《じゅんとく》天皇の『禁秘抄《きんぴしょう》』など後世に大きな影響を与えるところとなった。

その中で藤原基経の子時平《ときひら》を、若いが政理に熟しているので顧問に備えるように、道真を鴻儒《こうじゅ》で政事を深く知るものであるから重用するように求め、時平と道真にのみ官奏執奏《かんそうしっそう》の特権を許すように指示した。しかしこれに公卿たちが、政務全般にわたり陪席するだけにすぎなくなる、と出仕を拒否したことから、慌てた道真は宇多に頼みこみ、それは奏上にのみについてである、との勅答を得て事態が終息したという。

このことにうかがえるように道真は醍醐の治世においても政治の中枢にあり、昌泰《しょうたい》二年（八九九）に右大臣に昇進し右大将を兼任したが、その翌年、文章博士の三善清行《みよしのきよゆき》が成り行きを危ぶんで、道真に対し宇多の寵が過ぎると忠告して辞職を勧めたのであるが、それがならないまま道真は昌泰四年に誣告《ぶこく》を受け、罪を得て大宰権帥《だざいごんのそち》に左遷されてしまう。

原因は、道真が宇多天皇を欺いて醍醐天皇を廃し、自分の娘婿の斉世《ときよ》親王を即位させようとしたという容疑がかけられたものであった。道真左遷の報を聞いて駆け付けた宇多上皇に、天皇は会おうともせず、道真の弁明も聞こうともしなかったという。宇多上皇は出家して仁和寺に入り、東大寺で受戒していたのでもはや力は及ばず、道真は延喜《えんぎ》三年（九〇三）に配流の地の大宰府において失意のうちに亡くなる。

嵯峨朝から始まった文人政治家による「文章経国《もんじょうけいこく》」の時代はここに終焉し、政務は太政官筆頭の左大臣藤原時平《ときひら》が主導することになった。延喜《えんぎ》元年（九〇一）からの九年間はその時平が国政全般に力を注いだ時期であって、この醍醐期の政治は後世の人々から天皇親政による理想の政治として「延喜の治」と称された。延喜元年に国史の『日本三代実録』が完成し、延喜二年に荘園整理令《しょうえんせいりれい》が発布され、延喜五年に『古今和歌集』の編集が命じられ、延喜七年には貨幣の改鋳と『延喜式』の編纂が行われるなど、次々と新たな手が打たれた。なかでも荘園整理令は時平が率先して公卿会議を開いて決めたものである。

これは国司に対し租庸調の納税の遵守や班田の実施を命じ、院宮王臣家《いんぐうおうしんけ》が地方の有力者が結びついて荘園を増加させているのを食い止め、勅旨田の開田を停止したものであったが、もはや律令的支配は不可能な段階に達しており、結果的にこれは律令制復活の最後の試みとなり、次代の出発点となった。

政府は租税収入を確保するため、地方官（国司）に租税収取や軍事などの権限を大幅に委譲したので、これに応じて国司は中央に確実に租税を上納する代わりに自由かつ強力に国内を支配する権限を与えられた。その請負を委任された国司の上位官である国守は、現地に赴任して強大な権限を握り、国衙《こくが》行政の最高責任者となった。これを受領《ずりょう》というのは、国司交替の際に後任の国司が、適正な事務引継を受けたことを証明する解由状《げゆじょう》という文書を前任の国司に発給しており、その解由状を受領する国司ということによる。

地方官のなかでも国司の上位官である守《かみ》が一般に受領と呼ばれ、これに対し次席の介《すけ》や三等官の掾《じょう》、四等官の目《さかん》などの国司は任用国司と称された。こうして国司制度の改革が進められ、庸調の徴収と中央への送付や官物の管理、行政の監査一切が受領に委ねられ、その責任を負うようになったが、これの前途は決して安泰ではなかった。

東国の変動と対外関係

貞観十二年（八七〇）、上総《かずさ》の国司に俘囚の教喩《きょうゆ》を命じた太政官符に、「凡そ群盗の徒、これより起これり」と記されているように、群盗の武力蜂起がこの時期から始まったことを政府は認識していた。同年に九州では大宰少弐《だざいしょうに》の藤原元利麻呂《げんりまろ》が新羅と通謀していたとして、謀反に問われる事件も起きていた。

三十八年戦争が終結してから久しく戦争のなかった東北地方でも、元慶二年（八七八）、出羽守良岑近《でわのかみよしみねのちかし》の苛政に対し出羽の俘囚が雄物川以北の独立を主張して、秋田城を攻め大軍を撃破する元慶の乱が起きた。政府から派遣された出羽権守藤原保則は武力による鎮圧をせず俘囚たちの懐柔につとめ、やがて平定へと至った。

しかし寛平元年（八八九）にも、「東国の首《おびと》」物部氏永《うじなが》が蜂起するなど、東国での紛争は絶えなかった。昌泰二年（八九九）には、東海道や東山道で荷駄の運送に関わっていた富豪の輩が、荷物運送用の馬を略奪して「僦馬《しゅうば》の党」をなし、甚大の被害を与えていたことから、足柄《あしがら》坂と碓氷《うすひ》坂に関が置かれて取り締まりが計られている。西国でも石見《いわみ》・安芸《あき》・筑後《ちくご》などの諸国で、受領が任用国司や郡司に殺害される事件が起きていた。

対外関係はどうだったか。政府は貞観五年（八六三）に「唐物使《からもののつかい》」を大宰府に派遣して唐物の優先的な買い上げをしており、同十五年には商船を仕立てて「入唐使」を唐に派遣している。貞観十一年（八六九）五月二十二日に博多津に侵入した新羅の海賊が豊前国の年貢の絹綿を奪って逃走したので、この事件を踏まえて大宰権少弐坂上瀧守《たきもり》は博多の鴻臚館に大宰府から武具・選士を移している。博多には九州各国からの貢納物が集積されており、瀧守の上申書は博多を「隣国輻輳《ふくそう》の津、警固武衛の要」と記している（『日本三代実録』）。

宇多天皇は菅原道真を寛平六年(八九四)に遣唐大使に任じたので、承和以後久しくなかったその派遣が実現するかに思われたのだが、大帝国を築いた唐の衰退は著しく、道真が派遣の中止を要請して認められた。これには遣唐使を派遣せずとも唐物が新羅や渤海、唐の商人によりもたらされていたという事情もあった。天皇は『寛平御遺誡』において、寛平八年に入京した唐人と面会したことを間違っていたことと反省し、「外蕃の人、必ずしも召し見るべきものは、簾中《れんちゅう》にてありて見よ」と記し、これを契機に異人を都に召して会見することがなくなる。

延喜九年(九〇九)に醍醐天皇は蔵人所からの唐物の使者派遣を取りやめて、蔵人所の牒《ちょう》という文書を発給して大宰府から唐物を進上するように命じており、以後、唐の商人が博多に入港すると、唐物が自動的に蔵人所に納入されるところとなり、その納入された唐物を天皇が見る「唐物御覧」が定例化していった。承平元年(九三一)に仁和寺の宝蔵に移された宇多天皇の御物には唐・渤海・新羅からの舶来品が多数あり、このように遣唐使を派遣しなくとも宇多朝の宮廷は多くの唐物に満たされていたのである。

宮廷文化の担い手

寛平・延喜の治を通じて宮廷政治が確立したことで、宮廷の社会と文化は本格的に成立することになった。内裏を場とした天皇中心の政治を天皇の外戚である摂関を軸とした廷臣たちが支え、その宮廷社会を場に文化の花が開いていったのであるが、当初のその担い手は文人であった。

たとえば『富士山記』を著した都良香《みやこのよしか》。本名を言道《ときみち》といい、承和元年に貞継《さだつぐ》の子に生まれ、貞観十一年に対策（官人の登用試験）に及第した文人であって、少内記・大内記を経て貞観十七年に文章博士となっている。『日本文徳天皇実録』の編纂に関わり、社会風俗や自然の驚異に目を凝らして、怪力の童子の話を『道場《どうじょう》法師伝』に記し、役行者《えんのぎょうじゃ》の伝説を『吉野山記』に著し、元慶三年（八七九）に亡くなっている。

良香に続く文人には菅原道真や、道真とともに寛平の遣唐使に任じられた文章博士の紀長谷雄《きのはせお》らもいたが、長谷雄は「大器」と評され、「春雪賦」や「貧女吟」など自然や社会を詠んだ詩文を書いて、宇多天皇の信任が厚かった。

宇多朝における宮廷政治と文化の本格化に文人たちがその一翼をなしていたことが知られるが、文人に続いて歌人が宮廷文化の担い手となった。和歌の優劣を左右に分かれて競う歌合《うたあわせ》は仁和年間に在原行平《ありわらのゆきひら》の屋敷で初めて開かれたが、この歌合が宇多天皇の時代になって隆盛を迎えた。

宇多天皇は是貞《これさだ》親王家歌合や皇太夫人班子《はんし》女王の宮で『寛平后宮《きさいのみや》歌合』を開いている。これは春・夏・秋・冬・恋の五題で各二十番に及ぶ大規模な歌合となり、紀友則《とものり》と藤原興風《おきかぜ》が十三首、紀貫之《つらゆき》が七首を出詠している。友則と貫之とは従兄弟の関係にあって、ともに内記という文筆に関わる官職にあったのだが、和歌にも関わるようになっていた。藤原興風は、宝亀《ほうき》三年（七七二）に現存最古の歌学書である『歌経標式《かきょうひょうしき》』を著した藤原浜成《はまなり》の曾孫であり、彼らを通じて和歌文化の理論武装がはかられていった。

この歌合に応じて菅原道真も歌合の左歌を上巻に、右歌を下巻に配する『新撰万葉集』を編んでおり、その序において「当今《とうぎん》寛平の聖主（宇多）、万機の余暇、宮をあげて方に歌を合わする事あり。後進の詞人、近習の才子、各々四時の歌を献じ、初めて九重の宴を成す」と記したが、その年に大江千里《おおえのちさと》も宇多の勅命を受け『句題百首』という白居易《はくきょい》などの漢詩の句を和歌に翻案する新趣向に基づいた和歌を詠んでいる。

宇多天皇の意欲的な試みに応じて、歌人たちは勅撰和歌集の編纂へと向かうことになったのだが、この和歌の興隆と並行して、自然を見つめてそれを絵に描くことも行われるようになった。道真は貞観年間に神泉苑に遊んで、絵師の巨勢金岡《こせのかなおか》にその風流を写すよう求めたが、これが唐の絵画の伝統から離れて、和の主題を描いた絵画の最初である。金岡はさらに仁和元年（八八五）に基経《もとつね》、寛平七年（八九五）には源能有《よしあり》の五十賀《ごじゅうのが》の屛風を描いている。

仁和四年には勅によって御所の南庇の東西の障子に、弘仁年間以降の鴻儒《こうじゅ》の詩の様を図に描いたといわれるが、これは漢詩と絵画との関わりをよく物語るもので、和歌と絵画との関係へと発展してゆくことになった。次に掲げる歌は、二条后の藤原高子《たかいこ》の屛風に、紅葉が龍田川を流れる様を描いた図から素性《そせい》法師が詠んだものである（以下、番号は『古今和歌集』のそれ）。

二条后の春宮《とうぐう》の御息所《みやすどころ》と申しける時に、御屛風に龍田川に紅葉の流れたる形をかけりけるを題にてよめる　　　　　　　　　そせい

もみぢ葉の流れてとまる水門《みなと》には　紅深き波や立つらむ（二九三）

こうした屛風絵に素材をとった和歌が多く詠まれるようになってゆくのだが、この歌を詠んだ素性法師は僧正遍昭《そうじょうへんじょう》の子で僧籍に入ったものの、僧としての出世を望まず、多くの歌を詠む専門歌人となり、『古今和歌集』には撰者に次ぐ数の歌が収録されている。

『古今和歌集』の編纂

延喜五年（九〇五）、勅撰和歌集『古今和歌集』の編纂が四人の歌人に命じられたが、その仮名序は次のように記されている。

延喜五年四月十八日に、大内記紀友則、御書所預紀貫之、前甲斐少目《かいのしょうさかん》凡河内躬恒《おおしこうちのみつね》、右衛門府生の壬生忠岑《みぶのただみね》らに仰せられて、万葉集に入らぬ古き歌、みづからのをも奉らしめたまひてなむ（中略）すべて千歌、二十巻、名づけて古今和歌集といふ。

醍醐天皇の勅命により、『万葉集』に撰ばれなかった古い時代の歌から、撰者たちの生きている現代に至るまでの和歌を撰んで編纂し、延喜五年四月十八日に奏上したとある。撰者は紀友則、紀貫之、凡河内躬恒、壬生忠岑とあるが、巻第十六に「紀友則が身まかりにける時によめる」という詞書で、貫之と躬恒の歌が載っているので、編纂の途中で友則は亡くなっていたことがわかる。貫之の家集『貫之集』には次の詞書の歌が見える。

延喜の御時、やまとうたしれる人々、いまむかしのうた、たてまつらしめたまひて、承香殿《じょうきょうでん》のひんがしなる所にて、えらばしめたまふ。

これによれば、承香殿の東を和歌撰集の場として四月六日の夜に撰集が開始されたことがわかる。現存する『古今和歌集』には、延喜五年以降に詠まれた歌も入っているので、奏覧後にも手が入ったと見られる。歌数は、藤原定家の書写本によれば千百十一首、長歌《ちょうか》五首・旋頭歌《せどうか》四首がある以外はすべて短歌からなり、春歌上下、夏歌、秋歌上下、冬歌、賀歌《がか》、離別歌、羈旅歌《きりょか》、物名、恋歌一〜五、哀傷歌、雑歌上下、大歌所御歌・神遊びの歌・東歌《あずまうた》などで構成されていて、合わせて二十巻、極めて整った編成となっているのが特徴である。巻頭に紀貫之の手になる仮名序が、巻末に紀淑望《よしもち》の真名序が付されたが、仮名序は和歌の本質と起源について次のように宣言している

やまと歌は人の心を種として、よろづの言の葉とぞなれりける。世の中にある人、事わざしげき物なれば、心に思ふ事を見る物きく物につけていひ出せるなり。花になく鶯、水にすむ蛙の声をきけば、生きとし生けるもの、いづれか歌をよまざりける。力をもいれずして天地を動か

し、目に見えぬ鬼神をもあはれと思はせ、男女の中をも和げ、猛きもののふの心をも慰むるは歌なり。

和歌は人の心に浮かんだことを詠むものであって、自然を見、聞きするなか、どうして歌を詠まずにいられようか。力を入れずとも天地を動かし、目に見えない鬼神をも哀れと感じさせ、男女の仲をなごませ、勇猛なもののふの心をも慰める、それが和歌であると説き、和歌の歴史を遡って記し、現今の状況を「かの御時よりこのかた、年は百年あまり、世はとつぎになむなりにける。古の事をも歌をも知れる人よむ人多からず。」と語り、撰集作業に携わったことを述べる。

これ以前には『万葉集』が編まれ和歌が集められたが、それから百年も経っていて、歌の心を知っている人が今や少ないと指摘し、新たな撰集の意味を力説したのである。『万葉集』への関心は貞観の時から多く寄せられていたことを物語るのが次の文屋有季《ふんやのありすえ》の歌である。

貞観の御時、万葉集はいつばかり作れるぞと、問はせたまひければ、よみて奉りける

神無月時雨降りをけるならの葉の　名に負ふ宮の古言ぞこれ（九九七）

貞観時代に天皇から『万葉集』がいつ作られたのか、と尋ねられたという。

歌人たちの営み

撰集にあたった貫之や躬恒らは、日本列島が災害に襲われた貞観年間に生をうけ、それへの文化的対応が求められた時期に成長した。宇多天皇の意欲的な試みに応じ、和歌に力があることとの思いをいたし、勅撰和歌集の編纂へと向かってきたのである。

これまでの和歌と大きく違うのは、漢詩文を咀嚼《そしゃく》し『万葉集』の歌を再評価してそれを踏まえ詠んでいる点である。四季の春歌の最初は在原元方《もとかた》に譲って、貫之は次の歌を撰んでいる。

春立ちける日よめる　　紀貫之

袖ひぢてむすびし水のこほれるを　春立つけふの風やとくらむ（二）

この歌は『礼記《らいき》』の「月令」に見える「孟春の月」についての「東風凍《こおり》を解き、蟄虫《ちっちゅう》始めてうごき」とある記事に基づいて詠んでおり、ほかにもこの立春解氷に関わる歌を載せる。

志賀の山越にて、石井のもとにて、物言ひける人の別れける折に、よめる　貫之

むすぶ手の滴ににごる山の井の　あかでも人にわかれぬる哉（四〇四）

ここでは『万葉集』巻十六の「安積《あさか》山影さへ見ゆる山の井の　浅き心を我が思はなくに」と詠ま

れた「山の井」の歌をも踏まえている。

『古今集』に選ばれた歌は大別して四季の自然を詠んだ歌群と、恋歌を中心にした人事に関わる歌群とからなっており、四季の移ろいのなかに自然の姿を見出すとともに、人の動きや思いを詠んでいる。羈旅歌には、歌人たちが旅先で詠んだ歌が多く見え、歌人たちは列島の各地に赴いてその自然を詠んでいた。撰者の躬恒と貫之の歌を掲げる。

越国へまかりける時、白山を見てよめる　　躬恒
消えはつる時しなければこし路なる　しら山の名は雪にぞありける（四一四）
東へまかりける時、道にて、よめる　　貫之
糸による物ならなくにわかれ路の　心ぼそくも思ほゆる哉（四一五）

ただ『万葉集』とは違って、列島全域にわたっては詠まれてはいない。「東歌」として載る「陸奥はいづくにあれど塩竈《しおがま》の　浦漕ぐ舟の綱手かなしも」（一〇八八）「最上川《もがみ》のぼればくだる稲舟の　いなにはあらずこの月ばかり」（一〇九二）など東国の歌は数多いが、西国では大嘗祭の主基国《すきのくに》（穀物や酒料を提供する国）であった備中を詠んだ「まかねふく吉備の中山帯にせる　細谷川の音のさやけさ」（一〇八二）が最も西の歌で、四国や九州の地を詠んだ歌はなく、宮廷社会の関心のあり様がうかがえよう。

ここで詠まれた自然観は後の歌会や歌論などにおいて和歌の規範とされてゆき、広く人々に受容され、勅撰和歌集の部立《ぶたて》の基準ともなった。これに続く十年後になった『後撰和歌集』がほぼこれに倣っており、さらに『新古今和歌集』ともなればその名からわかるように、これに倣って、その二百年後を期して編まれるなど、その影響力はすこぶる大きかった。

恋歌と宮廷文化

『古今集』は恋の部に五巻をあてて、四季の部六巻と双璧をなしており、宮廷文化を象徴する歌群となっている。恋の進行の過程に沿って歌が配列され、恋歌一の最初は、読人しらずの「郭公《ほととぎす》鳴くや五月のあやめぐさ　あやめも知らぬ恋をするかな」(四六九)で、逢わぬ恋を素材にした歌を並べてゆく。恋歌二では小野小町の次の歌を冒頭に置き、恋に焦がれた歌を並べる。

思ひつつ寝ればや人の見えつらむ　夢と知りせば覚めざらましを(五五二)
うたたねに恋しき人を見てしより　夢てふ物は頼みそめてき(五五三)

恋歌三・四では「逢ふ恋」の歌を並べてゆき、その最初は在原業平の次の歌である。

弥生の朔日より、忍びに人のものら言ひて、のちに、雨のそほ降りけるによみてつかはし

ける

起きもせず寝もせで夜をあかしては　春のものとてながめくらしつ（六一六）

この恋三の巻には撰者の壬生忠岑の歌があって、後に藤原定家《さだいえ》に「妖艶」と絶賛され『百人一首』に採られた。

有明のつれなく見えし別れより　暁ばかり憂きものはなし（六二五）

恋五は恋が終わった後の心理を詠うもので、その冒頭歌は業平の「月やあらぬ」の歌であり、後に藤原俊成《としなり》が『古来風体抄《こらいふうていしょう》』で絶賛している。恋歌では色好みの男として知られた在原業平の歌が十一首見え、女性歌人では伊勢《いせ》の歌が最も多く、素性法師・在原業平に次ぐ入集歌であることからうかがえるように、伊勢は恋歌を得意としていた。その伊勢は、伊勢守藤原継蔭《つぐかげ》の娘で宇多天皇中宮の温子《おんし》に女房として仕え、藤原仲平《なかひら》・時平《ときひら》兄弟や平貞文《さだふみ》との交際を経た後、宇多の寵愛を受けてその皇子を産んだが、やがて宇多の皇子敦慶《あつよし》親王と結婚して歌人の中務《なかつかさ》を産むという、恋多き女房歌人であった。

次の伊勢の歌は何故か『後撰和歌集』にも入っているが、それによれば藤原仲平との贈答の時のものという。

わたつみと荒れにし床をいまさらに　払はば袖や泡と浮きなむ（七三三）

『古今集』に続く『後撰和歌集』や『拾遺和歌集』においても、伊勢は女性歌人で最も多くの歌を採録され、『古今和歌集』には載っていないが、『百人一首』に次の歌が採られることになる。

難波潟　みじかき蘆のふしのまも　あはでこの世を過ぐしてよとや

こうした恋歌や『伊勢物語』などの歌物語を通じて、この時代に宮廷における恋愛遊戯が成長をみたのである。

三　富豪の輩と兵と

忠平政権

醍醐天皇を支えた藤原時平が延喜九年（九〇九）に亡くなると、弟の忠平が跡を継承し、大納言となって左近衛大将を兼ね、延喜十四年（九一四）に右大臣、延長二年（九二四）に左大臣と昇進し、同五年には時平の遺業を継いで『延喜格式』を完成させている。

兄時平や源光《ひかる》が亡くなり、また醍醐天皇が病気がちだったことから、醍醐の父宇多法皇が再び国政に関与するようになるなか、忠平は法皇に仕えて急速な出世を遂げた。幼くして聡明で知られ、父基経が深草に極楽寺を建てた時のこと、仏閣を建てるならばこの地しかないと忠平が指すと、その地相が絶勝の地であったことから、基経は心にとめていたという（『大鏡』）。

宮中に召された相工《そうこう》（人相見）が、寛明《ゆたあきら》太子（後の朱雀《すざく》天皇）を見て容貌美に過ぎると判じ、時平を見て知恵が多すぎる、菅原道真を見て才能が高すぎる、と判じた後、下座にあった忠平を見て、神識才貌すべてに良く、長く朝廷に仕え栄貴を保つのはこの人である、と絶賛したという。

宇多法皇はかねてから忠平を好んでいたが、この話を聞いてますます重んじるようになり、皇女（源順子《じゅんし》）を降嫁させたという（『古事談』）。延長《えんちょう》八年（九三〇）に醍醐天皇が病を理由に朱雀天皇に譲位すると、久しく摂政は置かれていなかったのだが、天皇が幼少のために忠平が摂政に任じられた。その九月二十六日、朱雀天皇は醍醐上皇のいる麗景殿《れいけいでん》に召され几帳の中に呼び入れられて、五つの事を託されたが、その中に「左大臣藤原忠平の訓《おしえ》」をよく聞くことがあったという（「延喜御遺誡」）。

忠平は承平《じょうへい》六年（九三六）に太政大臣となり、天慶《てんぎょう》四年（九四一）に朱雀天皇が元服して摂政を辞したが、引き続き万機を委ねられ関白に任じられた。摂政を退いた後に関白に任じられた初例である。天慶九年（九四六）、村上天皇が即位すると引き続き関白として朝政を執ったが、この頃には老齢から病がちとなり致仕を願ったものの、その都度慰留されたという。朝儀や有職故実《ゆうそくこじつ》について記した日記に『貞信公記《ていしんこうき》』がある。

しかしその治世下にあっても貞観以来の地方の動きは平穏ではなかった。延喜十四年（九一四）に文人政治家の三善清行《みよしきよゆき》が「意見封事十二箇条」を朝廷に提出したが、そのなかで備中の下道郡《しもつみち》の邇《に》磨《ま》郷について、保則が備中介に任じられた時に見た貞観年間の旧記には、かつては二万の兵士がいたのに七十人になってしまったと記されていたが、その後も減ってゆき清行自身が備中介になった時には誰もいなくなった、と地方の大きな変化を記している。

そのほか清行は国司や大学頭での経験を踏まえて、問題提起を行い、その対策を提案している。

富豪の輩と田刀

列島規模の変動のなか、地方で盛んな活動を繰り広げていたのが「富豪の輩《ふごうのはい》」である。八〜九世紀にかけて国々では郡司一族やその出身者、土着国司などの律令官人に出自をもつ者たちが、その蓄積した富によって墾田開発や田地経営に手を染め、百姓への出挙《すいこ》を行うなどしてさらに富の集積を図るようになっていた。

彼らが院宮王臣家や寺社に私宅や治田を寄進し、諸国の国衙からの租税を逃れようとしたことにより、こうした「富豪の輩」の活動を規制することが、延喜の荘園整理令の制定の目的の一つであったのだが、逆に彼らの活動を積極的に取り込む方策も求められていった。そのなかで彼らを農業経営者としての側面で呼んだのが「田刀《たと》」や「田堵《たと》」の語である。

「田刀」の初見は、貞観元年（八六五）十二月の大和元興寺《がんごうじ》領の近江国愛智荘《えちのしょう》の検田帳で、それによれば三町ほどの田地の事情について、「田刀」の前伊勢宰《いせのさい》の依知秦公安雄《えちのはたのきみやすお》から聞き、同じく「田刀」の依知大富《おおとみ》の訴えを聞いている。彼らは有能な農業経営者であり、そのうちの安雄は「前伊勢宰」と見えるので、前任の伊勢国司であった。

延長二年（九二四）八月七日の東寺伝法供家牒《とうじでんぽうくかちょう》は、東寺伝法供家が丹波国に大山庄の「庄預幷びに庄子」への臨時雑役の免除を求めた文書であるが、その時に免除が認められたのは「庄別当僧平秀　専当乙訓益福　田刀僧平基　僧勢豊　僧平増」という庄司や田刀である。多くが法体《ほったい》なのは僧には課役がかからないからであり、その弊害について三善清行は「意見封事十二箇条」の第十一条において「諸国の僧徒の濫悪」を指摘して、それを禁じるように求め厳しく断じている。

「田刀」という表現には田地の開発者の側面がうかがえるが、この田刀の存在を国が賦課の対象として把握するようになると、代わってその農業経営者の側面を表す「田堵」の表記が用いられた。永《えい》延《えん》二年（九八八）の「尾張国郡司百姓等解《おわりのくにぐんじひゃくしょうらのげ》」では「田堵百姓」と記されている。

このような富豪の活動の遺跡と考えられているのが武蔵都筑《つづき》郡の早渕川《はやぶちがわ》流域にある神隠丸山《かみかくしまるやま》遺跡であって、ここには五三メートル四方の区画溝の内部に掘立柱建物が四棟あり、中央の建物が四間×二間、その西側には細長い建物があるなど、富豪の宅と考えられるもので、ほぼ十世紀前半と推定されている。

兵の登場と『今昔物語集』

受領は海賊や山賊の追捕《ついぶ》にあたっては、この富豪の輩の力を利用し、また私的に従者を用いたが、蓄財によって任国に根を生やした受領のなかには、任終後もそのまま国に土着した者が多く出た。彼らが武力に頼れば、それに反抗する人々も武力を用いて活動するようになって、そこから生まれてきたのが「兵《つわもの》」である。

延暦十一年（七九二）の徳政政策にともない多くの国で軍団が廃止されたが、それに代わって郡司の子弟を中心に健児《こんでい》が組織され、一国につき三十〜百人という規模の小さな健児制が導入され、これが国の兵制の基本となっていたが、この健児も「兵」の源流である。

その「兵」の存在を生き生きと描いたのが十二世紀初頭に成立した『今昔《こんじゃく》物語集』である。本書は天竺《てんじく》・震旦《しんたん》・本朝《ほんちょう》の三国の仏法と世俗の話を集めた説話集で、そのうち世俗部には妖怪霊鬼・盗賊・悪行・兵・笑いなど様々な話が収録され、巻二十六には、北陸の越前の兵である有仁《ありひと》の婿となった藤原利仁《としひと》が摂関家に仕えるなかで、同僚の五位の侍が芋粥《いもがゆ》をたらふく食べたい、と語るのを聞きつけて越前敦賀の家に連れ出した話を載せている。

五位は利仁に誘われるまま家を出て、事情を知らされぬままに琵琶湖を経て越前の家に連れてゆかれたが、それからは驚きの連続であった。家は賑わっており、寒い折から火がおこされ、畳が厚く敷かれ、菓子や食物も多く出され、寒いということから衣服を与えられもした。やがて主の有仁が挨拶に現れ、婿の利仁から客人に芋粥を飽きるほど食べさせてあげたい、とお聞きしましたが、お安いことですと言った。

五位が寝所に入っていると、すぐに高い声が響いた。この辺の下人らに芋を持ち寄るように命じているのが聞こえ、浅ましく思っていたが、翌朝、起きてみると、庭に筵《むしろ》が敷かれたその上に芋が次々と運ばれ芋粥が作られた。夜、叫んでいたのは、「人呼びの丘」で、そこから、声の聞える範囲の下人に命じていたという。

芋粥が大量に作られるのを見ているうちに、五位はもう食べる気力も失せてしまったが、それから一か月、厚い接待を受け、帰るにあたっては普段着の上に綾・絹・綿などの高級品、鞍を置いた立派な馬、それに牛なども加えられて土産として渡されたという。地方の兵すなわち富豪の輩の豊かさをよく物語る話である。

五位を連れ出した藤原利仁は、鎮守府将軍・民部卿の藤原時長《ときなが》が越前の兵である秦豊国《はたのとよくに》の娘との間に儲けた子であり、上野介・上総介を経て延喜十五年(九一五)に鎮守府将軍に任じられている。その子孫は北陸道に広がって、加賀の林・富樫《とがし》・板津、越前の進藤・疋田《ひきた》・斉藤など利仁流と名乗る武士たちが輩出し、北陸の兵の祖として語り継がれていった。後に源平の争乱で木曾義仲《きそよしなか》が北陸道に進出してくると、これに従うようになり、歌舞伎の『勧進帳《かんじんちょう》』に登場する「富樫」はそうしたひとりであって、室町時代には加賀の守護となっている。

なお利仁と五位の話は、芥川龍之介が小説『芋粥』に書いているが、それは『今昔物語集』からではなく、その後になった『宇治拾遺物語《うじしゅういものがたり》』に基づいている。

先に見た武蔵都筑郡の神隠丸山遺跡が立地する早渕川のその対岸に西谷遺跡（南山田）があるが、ここからは竪穴形の鍛冶工房跡が発掘されており、時期は十世紀後半と見られ、武器や武具、鉄製品が大量に出土していて、富豪が兵へと展開するなかでその兵に供給されたものと見られている。

郷と郡・国の変動

地方の民の動きはどうだったのであろうか。発掘の成果から見ると、長野県更埴《こうしょく》市の屋代《やしろ》遺跡では、河川の自然堤防上に水田開発が進められ、八世紀の末から集落の範囲が広がってゆき、九世紀後半には条理区画も生まれていたのであるが、仁和四年（八八八）の千曲川《ちくまがわ》の洪水により水没し放棄されてしまった。これまでにも何度か洪水があっても復旧されてきたにもかかわらず、今度ばかりはかなわなかったようである。下総印旛郡の村神郷の村上込《むらかみこめ》の内《うち》遺跡は、八～九世紀にかけて二百年間も長く続いた集落だが、十世紀のうちに姿を消してしまう。

このように十世紀には大きな変化が認められるのであるが、全く耕地が無くなったのではなく、屋代遺跡の場合は違った地に耕地がつくられていった。耕地は極めて不安定ではあったが、それだけに開発の力が求められ、うまくゆけば大きな富が得られるいっぽう、そうでないと耕地は放棄されてしまうのである。

天慶八年（九四五）に西国から上洛してきた「志多良《しだら》神」を奉じた多くの群衆は、次のような「童《わざ》謡《うた》」を高唱していたという（『本朝世紀』）。

月は笠着る八幡は種蒔く　いざ我等は荒田開かむ
しだら打てと神は宣《のた》まふ　打つ我等が命千歳
しだら米早買はば　酒盛ればその酒富めう始めぞ
しだら打てば牛は湧きぬ　鞍打ち敷け米負はせむ

荒地を開き、米を得て富み栄えることを願って「しだら」（手拍子）を打ち、八幡の神に祈る富豪の民の姿が浮かんでくる歌であり、開発の息吹がよく伝わってくる。

郡の行政を担った郡家《ぐうけ》の遺跡はどうか。八世紀に成立した郡家は郡司の任命が譜代から才用主義に転じ、国司の支配が強まるなかでしだいに衰退しつつも何期かの変遷を経て存続してきた。しかしその郡家も九世紀末から十世紀にかけて軒並み消滅している。

郡を単位とする行政は行われており、郡司を任ずる太政官符も存在し、郡が東西、南北に分割されることもあったが、郡家は十世紀初頭になるとほとんど認められなくなる。それは郡務を行う場がほかに移ったからであり、その場は郡司の宅と考えられ、郡司出身の富豪の輩の存在から考えれば、それは富豪の輩の宅でもあった。

では国庁はどうであろうか。下野国府の場合、Ⅰ期からⅣ期にかけて四段階の遺跡が知られているが、Ⅲ期の九世紀初めから中頃までは主要な殿舎が礎石建物となり、周囲を区画する施設が掘立柱の板塀から築地塀に変わるなど、建物が堅牢となって、行政機能の充実がうかがえる。ところがⅣ期の九世紀後半から十世紀初めにかけては前殿が無くなり、脇殿は再び掘立柱建物になるなど貧弱さを増し、その後は消滅してゆく。

多くの国でも十世紀半ばに国府遺跡が消えてゆく傾向が認められる。国府の移動した遺跡が認められる筑後国のようなケースもあり、ここでは十世紀半ばに従来の国衙が廃棄され、その東の地区に移動するのだが（第三期）、政庁らしき建物は認められず、建物配置は錯綜している。十世紀後半から国府は違った性格を帯びるようになっていたことがわかる。

受領の富の蓄積

富豪の輩や田堵の存在に着目し、その開発の力に頼って国内の経営を担うようになった受領は、京から伴ってきた側近を代官（目代《もくだい》）に任命し、現地の有力者を在庁官人に任じ、国衙の実務にあったが、その拠点としたのが舘《たち》である。「舘」の字を分解すると「官」と「舎」となるが、まさに国司の官舎にほかならない。

その受領の貪欲な富の追求ぶりを物語っているのが、『今昔物語集』巻二十八の三十八話の「信濃守藤原陳忠《のぶただ》、落入御坂《みさか》語」である。信濃守の任が果てたので多くの馬に荷を乗せ、御坂峠にさしかかった時、陳忠は乗っていた馬が懸橋の板を踏み外したため、谷底に馬もろとも落ちてしまった。だがその落ちる途中で陳忠は摑《つか》んだ平茸を手放さず、籠を降ろさせ引き上げられた時、その平茸をしっかり握っていたという。無事に助けられた陳忠が「受領ハ倒ルル所ニ土ヲツカメ」と語ったことから、それを聞いた目代は呆れ果てはしたものの、追従《ついしょう》の言葉を捧げたという。

しかし受領の支配も多くの困難をともなっていた。歌人の紀貫之は延長《えんちょう》八年（九三〇）に土佐の受領となったが、直前に醍醐天皇に歌集を編むように命じられており、任中に『新撰和歌』を編んでいたが、その任明けの承平《じょうへい》四年（九三四）に帰京した際の時の旅の様を記したのが『土佐日記』である。「をとこもすなる日記といふものを、をんなもしてみんとてするなり」と始まって、仮名の日記を書いている。

その帰京の旅の航海で最も警戒をしていたのが、風雨などの天候とともに海賊の出没にあった。正月二十一日、出航に際して「国よりはじめて、海賊むくいせんといふなることを思ふ上に、海のまたおそろしければ、頭もみな白けぬ」と記している、海賊が受領の国内支配への報復に来るかもしれない、と脅かされたことから、二十三日に「このわたり、海賊の恐れありといへば、神仏に祈る」と、海賊への恐れから神仏に祈って夜に出航しており、その後もおびえながらの航海であった。

実際、この年五月、朝廷は山陽・南海道諸国の神に海賊を平らげるように祈っており、翌々年には南海道の賊船千余艘《そう》が官物を奪う事件が起きた。海賊たちは受領が国で蓄財した財物を狙っていたのであり、受領の支配への反発も生まれていた。なお間もなく天皇が亡くなったので『新撰和歌』は勅撰集とはならなかった。

四　地方の反乱

将門の乱

『今昔物語集』巻二十五は、第一話が「東国に平将門《たいらのまさかど》と云ふ兵有りけり」と始まり、兵の列伝をなしていて、続く第二話は「伊予国に有りて、多くの猛き兵を集めて眷属《けんぞく》となした」という藤原純友《すみとも》の話である。この二つの話に登場する兵たちが起こしたのが承平《じょうへい》・天慶《てんぎょう》の乱であって、この都を震撼《しんかん》とさせた地方の兵の反乱は忠平《ただひら》政権下で起きており、しかも将門は忠平に仕えたことがあったという。

将門の祖父高望王《たかもちおう》は、九世紀末に平朝臣《たいらのあそん》を賜姓されて（桓武平氏）、上総介《かずさのすけ》となって東国に下ると、その子らは関東の各地に勢力を広げ、将門の父良持《よしもち》は下総《しもふさ》北部に根づいて、富豪の輩、兵となっていた。その跡を継承した将門も広く子弟や従類、伴類を組織して勢力を広げていた。

平将門の乱を描く『将門記《しょうもんき》』によれば、その兵たちの拠点は宅や家と称され、将門の追討にあたった平貞盛《さだもり》の父国香《くにか》は前常陸大掾《ひたちのだいじょう》で常陸に土着して石田に「舎宅」を構えており、常陸大掾源護《まもる》は筑波山の西北麓の真壁《まかべ》に宅を構えていて、その彼らと下総国豊田を本拠としていた平将門とが争いに入った。『今昔物語集』によれば将門の父良持の田畠をめぐる争いであったという。

承平五年（九三五）に護が将門の襲撃にあって敗れ、常陸の筑波《つくば》・真壁・新治《にいはり》三郡の伴類の舎宅が焼かれた。これ自体は東国を舞台とした「兵」による日常的な私合戦の一つにすぎなかったのだが、これから国家を揺るがす将門の乱に発展してゆくことになる。

護から将門への報復を頼まれた婿の平良正《よしまさ》は、筑波山西南麓の水守《みもり》に「営所」を築いていて、そこから出陣して将門を攻めたものの敗れてしまった。そこで良正が兄の良兼《よしかね》に助勢を訴えると、良兼は国香の子貞盛を味方に引き入れて水守で合流し、将門を攻めたのだが、これも大敗を喫してしまった。ついに護が朝廷に訴えたことから将門は都に召喚され、罪科に処されはしたが、恩赦にあって東国に戻ってきて再び争いが勃発する。

将門が下総の石井《いわい》に「営所」を構えるなか、常陸国の住人の藤原玄明《はるあき》が常陸介藤原維幾《これちか》との対立から将門を頼ってきたので、将門がこれを庇護して今度は維幾との対立となり、将門は兵を率いて常陸国府を攻め、維幾を降伏させたばかりか、国府の印璽《いんじ》を奪って国の実権を握るにまで至り、この段階で将門の戦いは私闘の域を出て、朝廷への反乱となったのである。

勢いに乗った将門は下野・上野の国府をも領した末、巫女の託宣によって「新皇」と称し関東諸国の国司を任命したことから、驚いた朝廷は天慶三年（九四〇）元日に追捕使を任じ、ついで坂東八か国に追捕凶賊使を任命、藤原忠文《ただふみ》を征東大将軍に任じて二月八日に東国に進発させた。

こうした情勢で左馬允《さまのじょう》平貞盛が下野国押領使《おうりょうし》の藤原秀郷《ひでさと》と連携をはかって将門を攻めたところ、将門は流れ矢に当たって亡くなってしまい、乱はあっけなく終結した。

この時の将門の活動とその鎮圧に関わる記憶は、その後の東国での武士の自立的動きをもたらすことになった。将門の乱の功によって平貞盛は出世を遂げ、桓武平氏のその後の発展の基礎を築くところとなり、源平の争乱で活躍した伊豆の北条氏や下総の千葉氏などの東国の平姓の武士の多くはその子孫であり、藤原秀郷の子孫も北関東から奥州へと広がっていった。

純友の乱

平将門の乱がようやく鎮まる頃、朝廷は同じ頃に起きていた瀬戸内海での海賊による被害に目を向けるようになった。東国の陸上交通に対し、西国では水上交通が盛んであり、なかでもその大動脈になっていたのが瀬戸内海である。鎮西諸国や山陽道の周防・安芸・備前・播磨、四国の伊予・讃岐などの豊かな諸国の物資は瀬戸内海を運ばれ、淀川を経て京にもたらされていた。

そうした大動脈の物資を狙った海賊が、貞観年間以来、頻発したので、国々に追捕使《ついぶし》を任じたことで十世紀になってやや収まっていたが、承平元年（九三一）頃からまた動きが始まった。

当初、伊予掾《いよのじょう》の藤原純友はその海賊の討伐にあたっていたが、承平六年（九三六）頃には伊予の日振《ひぶり》島を根拠地にして千艘を組織する海賊の頭目になっていたという。父の従兄弟にあたる藤原元名《もとな》が承平二年から伊予守であった関係から、純友は元名に代わって現地に赴き租税の運搬や富豪層の対応をするうちに、海賊勢力と関係が生まれたものと見られる。

天慶二年（九三九）十二月、純友配下の藤原文元《ふみもと》が備前介藤原子高《こだか》と播磨介島田惟幹《これもと》を摂津の須岐《すき》駅で襲撃する事件を起こしたことから、朝廷は翌年正月に小野好古《よしふる》を山陽道追捕使、源経基《つねもと》をその次官に任じ、いっぽう純友の懐柔をはかって従五位下を授けたのだが、海賊行為はやまなかった。二月、純友は淡路国の兵器庫を襲撃して兵器を奪うと、この頃、京の各所では放火が頻発し、小野好古から「純友は舟に乗り、漕ぎ上りつつある」という報告もあって、朝廷は急いで純友の京への襲撃に対応するべく宮廷の十四門に兵を配備し、藤原慶幸《よしゆき》を山崎に派遣して警備を強化したところ、山崎で謎の放火事件が起きた。

だが将門討滅の報告が京にもたらされたこともあって、純友は日振島に船を返したらしい。五月に東征軍が帰京したことから六月に藤原文元を藤原子高の襲撃犯として追討令を出した。すると八月に純友は四百艘で出撃し、伊予・讃岐国を襲って放火し、備前、備後の兵船百艘を焼き、さらには長門《ながと》国を襲撃して官物を略奪、十月には大宰府と追捕使の兵を破り、十一月には周防国の鋳銭司《すせんじ》を襲い、十二月に土佐国幡多《はた》郡を襲撃している。こうして反乱は西国一帯に広がったのだが、それとともに戦況にも変化が現れてきた。

天慶四年（九四一）二月、純友軍の藤原恒利《つねとし》が朝廷軍に降ったのを契機として、朝廷軍が純友の本拠の日振島を攻めて破ると、逃れた純友は大宰府を攻撃して占領したものの、純友の弟純乗《すみのり》は大宰権帥の橘公頼《きみより》の軍と戦って蒲池で敗れてしまう。五月、小野好古の率いる官軍は九州に到着して、好古が陸路から、大蔵春実《はるざね》が海路から攻撃したところ、純友は大宰府を焼いて博多湾で大蔵春実らを迎え撃ったが、激戦の末に大敗を喫し、八百余艘の船を失い小舟に乗って伊予に逃れたところで、警固使橘遠保《とおやす》に捕らえられ獄中で没し、乱は終わった。

海賊たちは官人と富豪という二つの顔をもつ兵であり、その後も瀬戸内海の各地に拠点をもって活動し、後の源平合戦で活躍する水軍へとつながってゆくことになる。

兵の組織化

承平四年七月の西海の海賊追捕に派遣されたのは「兵庫允《ひょうごのじょう》在原相安《すけやす》」と、それの率いる「諸家兵士ならびに武蔵武士」であるが(『扶桑略記《ふそうりゃくき》』)、そのうちの相安は朝廷に仕える兵、諸家兵士とあるのは家に組織された兵、武蔵武士とは国に組織された兵の三つに分類できよう。

朝廷に仕える兵とは、『今昔物語集』の巻二十五の第六話の「極めたる兵なりければ、公もその道に仕はせ給ひ」と見える源頼光《よりみつ》、七話の「公もこの人を兵の道に仕はるる」と見える藤原保昌《やすまさ》などであって、公こと朝廷に兵と認定され、公に組織された兵である。

このうち頼光は、祖父が将門の乱の際に武蔵介であった源経基であって、経基は将門を朝廷に訴えて五位に叙されたが、「未だ兵道に練れず」とその評判は芳しくなかったにもかかわらず、純友の追討の任にあたった。父満仲《みつなか》は諸国の受領を歴任した「世に並びなき兵」として、安和《あんな》の変《へん》では源高明《たかあきら》の失脚をはかって摂関家との結びつきを強め、清和源氏《せいわげんじ》の発展の基礎を築くようになり、頼光はその父の跡を受けて摂関家に密着して勢力を広げていった。

家に組織された兵が、十話に「頼光朝臣の郎等に平貞道といふ兵有り」とあるような、朝廷の武官の家や権門などに仕えた兵であり、一話に見える平将門も藤原忠平に名簿《みょうぶ》を捧げて家人《けにん》となっており、その点からすれば家に組織された兵にほかならない。

国に組織された兵とは、五話に見える陸奥国の「然るべき兵」のように、受領を饗応《きょうおう》してその館に奉仕した存在であり、九話の常陸の受領の源頼信《よりのぶ》は「館の者ども、国の兵ども」を合戦に率いているが、このように受領に組織された兵である。なお彼らを組織した頼信も満仲の子で、長元元年（一〇二八）に起きた上総の平忠常《ただつね》の乱の追討にあたり勲功をあげている。

彼ら兵たちは「兵の道」と称される独特の倫理を育んでいった。三話の「東国に源充《みつる》・平良文《よしふみ》と云ふ二人の兵」は、「兵の道」に挑んで合戦をすることになったが、無用な殺戮《さつりく》を避けるために一騎打ちに及んでいる。六話の源頼光は天皇に命じられて狐を弓で射ることになって、外すことで恥にならないように守護神に祈って、首尾よく射止めたのであった。七話の藤原保昌は巻十九の七話に、「心猛くして弓箭の道にいたれり」とあって、その勇猛な心は弓矢の武具に象徴されていた。

兵たちはその威や心を磨いて神を恐れ、名誉を重んじた行動と心性が称えられたのであるが、合戦や殺戮を専らにしていた彼らにも仏の教えが入ってきたことを『今昔物語集』巻十九は伝える。満仲は年をとってから摂津国豊島《てしま》郡の多田に家を造って籠居し、我が子のなかで僧になしていた源賢《げんけん》から、殺生の罪を嘆かれ説得されて出家したという。

五　開発の担い手とその思潮

御霊信仰の広がり

大地の変動とともに地方では富豪や兵が未開の地を開き、荒れ地を再開発して富を蓄えていったのだが、平安京では住人が土地を開いて住み着くなか、土師器《はじき》や須恵器《すえき》といった律令制にともなう食器が衰退し、緑釉《りょくゆう》陶器や灰釉《かいゆう》陶器、黒色土器、白色土器などの新しい食器が登場してきたことが遺跡の発掘が伝えている。

都市の発展が社会不安をひきおこし、疫病や怨霊《おんりょう》から京都を守る動きが活発化するいっぽうで、それとともに怨霊が跳梁するようになった。なかでも恐れられたのが菅原道真の怨霊である。道真は延喜元年（九〇一）に大宰権帥に左遷され、大宰府に流されて同三年に死去したのであるが、その二十年後の延長元年（九二三）に醍醐天皇の皇子保明《やすあきら》親王が亡くなると、死因は疫病であったにもかかわらず、「菅帥の霊魂の宿怨」によるものという噂が広がった。疫病が西から広がってくるのと結びつけられたのであろう。

驚いた朝廷は「菅帥」菅原道真を本官に復し正二位に叙したが、延長八年（九三〇）に再び疫病が猛威を振るい、六月二十六日に落雷によって大納言藤原清貫《きよたか》らが亡くなり、続いて醍醐天皇も九月に没したので、ここに変事は道真の御霊が原因であるとする考えが広く定着した。

やがて天慶二年（九三九）に起きた平将門の乱もそれにともなうものであるという見方が生まれた。『将門記』によれば、八幡大菩薩の使者から女性に神託があり、菅原道真の霊魂が将門に位を与え、八幡大菩薩の軍を授けることが伝えられたという。八幡神に菩薩号が与えられたのは桓武天皇の時代であるが、ここに至って神仏習合は新たな段階に入ってきたことがわかる。

道真の霊魂の動きが活発になると、それを鎮める動きも始まった。天慶四年（九四一）に金峰山《きんぷせん》の道賢《どうけん》上人が地獄に赴いたが蘇生した顛末《てんまつ》の記録を朝廷に捧げている。地獄で逢った「日本太上威徳天」と名乗る道真が、落雷などで人を焼き殺した「火雷天気毒王」とは我の使者であり、我の形像を造って祈禱をすればその祈りに必ず応じると語り、地獄で苦しむ醍醐天皇の姿を見せ、これは我が怨みによるものである、と語ったという。

その翌年、右京に住む女性にも道真の託宣《たくせん》があって、道真が生前に遊んだことのある右近の馬場に祀るようにと語ったという。天慶八年（九四五）に志多良《しだら》神が西国から上洛した際、最初の神輿は「自在天神」という額がつけられた「故右大臣菅公霊」であり、京に向かう途中で石清水八幡宮寺に吸収されるが、そうしたなかで天暦元年（九四七）に近江国比良社の禰宜《ねぎ》の子に託宣があり、雷神を従えた道真が右近の馬場に祀られたならば、人々を守ると語ったことなどがあり、こうして天暦《てんりゃく》元年（九四七）北野に道真の霊が祀られた（『北野天神縁起』）。

御霊信仰は、新たな土地の開発とともにそれに立ち塞がる存在の背後に御霊があるとされ、広がりを見せていたのであって、その分、京都の開発の広がりをよく物語っている。

天暦の治

承平・天慶の乱を経て、諸国の兵の反乱もようやく収まった天慶九年（九四六）、朱雀《すざく》天皇は譲位し、弟の成明《なりあきら》親王が位に即いたが（村上天皇）、その三年後に関白の忠平が亡くなって、ここに村上天皇の親政が実現し、一時期、摂関が置かれなくなった。そのためこの政治を理想的な天皇の治世ということから「天暦《てんりゃく》の治《ち》」と後世に称され、宮廷の政治文化が進展した。

大江維時《これとき》・朝綱《あさつな》・菅原文時《ふみとき》らの文人が詩作を競い、宮廷制度が整えられて左右の検非違使《けびいし》庁が合体し、「天暦新制」によって検非違使が保長《ほちょう》や刀禰《とね》を動員して夜回りを行うよう定められた。新制とは格式とは違う新たな時代の法である。「天暦蔵人式《てんりゃくくろうどしき》」が制定され蔵人の制度も一段と整えられた。

村上天皇の手になる『清涼記《せいりょうき》』や天皇を補佐した藤原師輔《もろすけ》（忠平の子）の手になる『九条年中行事』などの儀式書も著され、歴史書『新国史《しんこくし》』の編纂も行われた。文運が盛んになり新たな宮廷文化が芽生えていた。

「梨壺《なしつぼ》の五人」と称された源順《したごう》・清原元輔《もとすけ》・大中臣能宣《おおなかとみのよしのぶ》・紀時文《ときぶみ》・坂上望城《もちき》らにより勅撰和歌集の『後撰和歌集』が編まれたのだが、春夏秋冬の四季、恋、雑、離別・羈旅、慶賀・哀傷という部立は『古今和歌集』のそれをほぼ継承し、収録歌の多くが『古今和歌集』に漏れた歌を載せ、撰者たちの歌を一首も収録せず、序も跋文もないので新しさは認められない。ただそれだけ『古今和歌集』の影響の大きさがうかがえる。この勅撰集から『百人一首』に採られた次の三首を掲げる。

逢坂の関に庵室を作りて住み侍りけるに、行き交ふ人を見て　蝉丸《せみまる》

これやこの行くも帰るも別れては　知るも知らぬも逢坂の関

釣殿の皇女につかはしける　陽成院

筑波嶺の峰より落つるみなの川　恋ぞ積りて淵となりぬる

事出で来てのちに、京極の御息所につかはしける　元良《もとよし》親王

わびぬれば今はた同じ難波なる　みをつくしても逢はむとぞ思ふ

天徳二年（九五八）五月、朝廷は疫病によって石清水社や賀茂上下社、松尾・大原野・稲荷・平野の諸社や西寺御霊堂、上出雲御霊堂、祇園天神堂などに仁王経と般若経との転読《てんどく》を命じており、翌年には右大臣藤原師輔が新造の邸宅を神殿として北野社に寄進し整備して神宝を献じるなど、京都の都市整備が検非違使の強化とともに一段と進められた。

このうち石清水社や松尾・大原野社は平安京の郊外にあるのに、他は市街地の近くにあって、賀茂上下社は紫野の北と東の野に鎮座して賀茂県主《あがたぬし》の祖神を祀り、平野社は延暦年中に草創され北野（紫野）の南に鎮座し、その周囲は禁野《きんや》（天皇の猟場）であって、桓武天皇の母である高野新笠《にいがさ》の氏族の祖神である今木《いまき》神が祀られた。稲荷社は鳥部野《とりべの》の南の深草において秦《はた》氏が祀る神社で、『今昔物語集』には、京の七条辺に住む人々が産神《うぶすなかみ》として二月の初午《はつうま》の日に詣でることを恒例としていたとい

う話が見える。これらは平安京の形成と関わりの深い氏族の祀る神社で、そこに疫病の鎮撫が求められたのである。

上出雲御霊堂は紫野の東、鴨川を渡って山城国の出雲郷への出入り口に位置し、「出雲寺御霊会」とも称された御霊を祀る堂で上御霊社の前身と見られる。祇園天神堂は八坂で御霊会の行われた地に興福寺の僧が春日社の水屋を延長四年(九二六)に移して祇園天神堂となしたもので、祇園感神院《ぎおんかんしんいん》(祇園社)の前身であり(『日本紀略《にほんきりやく》』)、その御霊神は天神や婆梨《ばり》、八王子であって、このうちの天神は牛頭《ごず》天王、婆梨は婆梨采女《はりさいにょ》でともに外来の天竺の神である。外部から侵入してくる祟りをなす神、それが御霊神にほかならなかった。

これら神社や堂によって周囲を画された土地が、疫病を防ぐ京都の市街地として発展してきたのであり、遅れて鎮座した北野の天神社の地は西北部の右近の馬場であり、北野への遊覧行幸に際してはここで御膳が供えられ、競馬《くらべうま》が行われていた(『類聚国史《るいじゅこくし》』『北山抄《ほくざんしょう》』)。

山野の開発

地方の開発を担った人々のなかには、山野に入って修行した修験者《しゅげんじゃ》や聖《ひじり》たちがいた。『今昔物語集』巻二十六の八話には、山野に分け入って道に迷った僧がある郷に出て、豊かな家に寄宿したところ、娘が神の生贄《いけにえ》とされるという話を聞いたので、その神とされていた猿をこらしめ、ついには「郷の長者」として崇められ、やがて郷の人を進退して仕えさせたとある。

こうした修行者たちは山野に分け入って法華経を暗誦しながら修行をしていたが、その様子が『梁塵秘抄《りょうじんひしょう》』に載る今様からうかがえる。

大峰行ふ聖こそ　あはれに尊きものはあれ
法華経誦する声はして　確かの正体未だ見えず（一八九番）

大峰で修行する聖こそすばらしく尊いお方で、法華経を読誦《どくじゅ》する声はしていても、確かな姿はまだ見たことがないと詠む。ここに見える大峰とは金峰山を経て紀伊の熊野を結ぶ修験の道場であり、熊野の信仰もこの時期から広まりをみせ、出家した花山院《かざんいん》が参詣している。

早くからの新宮《しんぐう》・那智宮《なちぐう》の信仰の上に、熊野坐《いますのかみ》神が鎮座する熊野川の中州の社殿が本宮として整備されるところとなって、やがて本地垂迹《ほんじすいじゃくせつ》説に沿って新宮が薬師如来《やくしにょらい》、那智宮が千手《せんじゅ》観音、本宮が阿弥陀《あみだ》如来を本地としていると考えられた。

神社に参拝していても実は仏に祈っていたことになるのだが、那智宮の千手観音の信仰からは観音の浄土である補陀落島《ふだらくじま》への信仰が高まってゆき、その観音信仰を詠んだのが『梁塵秘抄』三十七番「観音大悲は舟筏　補陀落海にぞ浮かべたる　善根求むる人し有らば　乗せて渡さむ極楽へ」の歌であり、観音の浄土である補陀落島への信仰を詠んでいる。

四国の遍路もこの時期から始まり、法華経を背中に負った笈《おい》に納め、苦難の旅をしていたことが次の歌から知られる。

われらが修行せし様は　忍辱袈裟《にんにくけさ》をば肩に掛け　また笈を負ひ
衣はいつとなくしほたれて　四国の辺地をぞ常に踏む（三〇一番）

私が修行をした有様は、忍辱の袈裟を肩に掛け、また笈の箱を背負い、衣はいつしか潮風で潮たれて、四国の海辺を常に巡り歩くというものよ、と詠んでいる。『新猿楽記《しんさるがくき》』に載る一生不犯の大験者は、何度も大峰や葛城に通い、「辺道」を踏んでいて、その赴いた修験所は、熊野や金峰、越中立《たて》山《やま》・伊豆走湯《はしりゆ》・根本中堂《こんぽんちゅうどう》・伯耆大山《ほうきだいせん》・富士御山・越前白山《はくさん》・高野《こうや》・粉河《こかわ》・箕面《みのお》・葛川《くずかわ》などであったという。こうした山々がこの時代には開かれていったのである。

院政期に描かれた絵巻の『信貴山縁起《しぎさんえんぎ》』には、寛平年間（九世紀末）に命蓮《みょうれん》という聖が信貴山を開き、毘沙門天《びしゃもんてん》を祀って寺を整備したという話が見え、聖が山に入って山野を開いていった動きやその風景を描いた後、やがてその聖が帝の病を治す験を得るに至ったことまでを語っている。

開発の主体

大地変動とともに広がった開発の思潮はどう展開したのであろうか。変動への対応のなかで成長したのが田堵と兵であったが、田堵の経営を大規模に展開した大名田堵《だいみょうたと》のあり方から描かれたのが、

『宇津保物語《うつほものがたり》』の吹上《ふきあげ》の巻の、紀伊の牟盧《むろ》郡の神南備種松《かんなびのたねまつ》という「長者」の姿であって、その「限りなき財」は次のように記されている。

吹上の浜のわたりに、広くおもしろき所を選び求めて、金銀瑠璃の大殿を造り磨き、四面八町の内に三重の垣をし、三つの陣を据ゑたり。（中略）春は一二万町の田に苗代を蒔き苗を植ゑ、

こうした富豪の輩の十一世紀の姿を描いたのが藤原明衡《あきひら》の著した『新猿楽記』である。それは西の京の猿楽見物に集まった右衛門尉一家の構成を紹介する形で、当時の社会階層のあり方を描いているが、そのなかの「出羽権介《ごんのすけ》田中豊益《とよます》」は農業経営を専門とする数町の田地を経営する大名田堵であって、旱《ひでり》に備えて農具や用水の整備に勤しみ、農民の育成にあたり、種播期には農民の作業を上手に指揮している、と記している。

『今昔物語集』が描く山城・大和・伊賀三か国に田を作って「器量の徳人」と称された藤原清廉《きよかど》はまさにその大名田堵の成長後の姿といえる。清廉は大蔵丞から五位になって「大蔵大夫」と称され、その威によって官物を国司に納めなかったため大和の国司によって一室に閉じ込められ、大嫌いな猫に責めさいなまれ、やむなく官物を納めさせられ伊賀国の東大寺の庄に逃げ込んだのであった。

その清廉の子藤原実遠《さねとお》は、伊賀国の諸郡に所領があり郡ごとに「田屋」を作り、「佃《つくだ》」を充て作らせていて、「国内の人民」をその従者として服仕させた「当国の猛者」であったという。各地の田屋

に人民を駆使してその経営にあたり、天喜《てんぎ》四年（一〇五六）二月に実遠は甥に土地を譲る譲状を作成したが、その土地は伊賀郡の猪田郷《いだごう》、阿我郷《あがごう》比奈村などの郷単位や村単位、さらに条理の坪単位のものなど二十八箇所以上に及んでいた（「東大寺文書」）。

そうした大名田堵の姿を描いた絵巻が『粉河寺縁起《こかわでらえんぎ》』である。河内の讃良郷《ささら》に住む長者に、山野河海の産物が運ばれてゆく様、米が庭に積まれている様、倉に多く納められた財産が放出される風景などが描かれている。

開発の諸段階

変動への対応から生まれてきた開発の思潮に沿って、新たな時代の担い手が育っていったのである。大名田堵は開発領主となってゆく方向を目指し、開発した土地の領主として認定されると、田を開いてから三年間は納税の一部が免除されていたが、その後は租税を納めなければならなかったので、権利を長年にわたって確保するため、土地を権門・寺社に寄進し、その荘園領主の庇護下に入って保護を得ていった。

兵や大名田堵が開発領主として成長した結果、やがて政権の担い手となったのが武士である。鎌倉幕府の裁判について解説した『沙汰未練書《さたみれんしょ》』は、「御家人《ごけにん》とは開発領主として幕府の下文《くだしぶみ》を得たもの」と定義している。これは武士が開発領主として成長し、幕府から下文によって安堵《あんど》されたのが御家人であったことを意味している。

河内の大江御厨《おおえのみくりや》の源季忠《すえただ》は、十二世紀中葉の天養年間に「開発」した水走《みずはい》の土地を国司から認められ、開発領主として成長したが、やがて源平の争乱で源義経《よしつね》がこの地に入ってくると、季忠の子の康忠《やすただ》は義経に兵士役は勤めるので本宅を安堵して欲しいと訴え出ており、その段階で明らかに武士となっていた。この訴えを受けた義経は「開発の相伝や当時沙汰の次第など、申す所は尤《もっと》も根拠があるので、早く本宅を安堵し、御家人兵士役を勤めるように」と訴えを受け入れているが、ここに見える本宅とは開発の基地であって、鎌倉の幕府政権は開発領主の本宅を安堵して御家人に編成していったのである。

幕府は東国を基盤としていたところから、東国の地頭に命じて新田開発を促進していった。しかし鎌倉後期からは開発を主体的に担ったのは村人である。村に溜池を作り、小河川の水利に関わって、村の開発を推し進めた彼らは、年貢の百姓請（地下請《じげうけ》）を実現したり、一揆を結んだりして村の結びつきを強め、村の自治を達成していった。

十六世紀になると、戦国大名が大河川や鉱山を開発するようになったが、その典型である甲斐の武田信玄は釜無川の開発（信玄堤）や黒川金山の開発を通じて甲斐の国を強国に育てた。徳川氏もその系譜を引いて大河川の開発を積極的に行うとともに、佐渡金山など金・銀山の開発をも推進した。さらに江戸時代に入ると、新田開発の担い手は大名から城下の町町人や商人へと移ってゆき、今に地名としてのこる「某新田」はこの時期に多く開発されたものである。

やがて近代社会を迎える開発の中心は農業開発から産業技術開発へと移っていって現代に及ぶ。

8

風景を描く、映す

『枕草子』と『源氏物語』

一 宮廷社会の裾野の広がり

摂関政治の本格的展開

日本列島の大変動を経て人々は改めて身近な周辺に目を凝らすようになったが、政治の面では「天暦《てんりゃく》の治《ち》」を担ってきた村上《むらかみ》天皇が康保《こうほう》四年(九六七)に亡くなってから、天皇の親政が途絶えてしまう。冷泉《れいぜい》天皇が即位し、関白に太政官筆頭の忠平《ただひら》の子実頼《さねより》がなったのだが、天皇の外戚でなかったため「揚名《ようめい》の関白」と自嘲したほどに実権をもたなかった。しかしこのことは逆に摂関政治が確立したことをも意味していたのである。

冷泉の母を娘にもつ藤原忠平の次男師輔《もろすけ》の子たちは実頼の次の関白職を狙って争うようになり、その際の標的としたのが、醍醐《だいご》天皇の皇子で源氏に降下し師輔の娘を妻として政界に大きな影響力を有していた西宮左大臣源高明《たかあきら》であって、これを警戒してその追い落としにかかった。

安和《あんな》二年(九六九)にその源高明が失脚し大宰権帥に左遷される安和の変が起きた。三月、左馬助《さまのすけ》の源満仲《みつなか》と前武蔵介の藤原善時《よしとき》が、兵衛大尉源連《つらぬ》と中務少輔橘繁延《しげのぶ》を謀叛の疑いがあるとして訴え出ると、宮中では「ほとんど天慶《てんぎょう》の大乱の如し」という衝撃が走り、高明には娘婿の為平《ためひら》親王を皇位に即《つ》けようとしたという嫌疑がかけられ、大宰権帥に左遷されてしまう。

これは師輔の弟師尹《もろただ》や子伊尹《これただ》・兼家《かねいえ》らが失脚をはかった事件で、これを契機に政治の実権は藤原氏が賜姓源氏をはじめとする他氏を排除し完全に握るようになり、争いは藤原氏内部で繰り広げられるところとなった。密告した源満仲もこれ以後、摂関に密着して仕え、その警固などにあたるなか、子たちを諸国の受領《ずりょう》となし、朝廷に仕える武士として清和源氏発展の基礎を築くに至る。

この変の発生から七か月後に冷泉が退位し、同じく師輔の娘を母にもつその弟が即位すると（円《えん》融《ゆう》天皇）、伊尹の娘と冷泉との間の皇子の師貞《もろさだ》が皇太子となった。摂政は実頼の天禄《てんろく》元年（九七〇）の死とともに伊尹の手に移っていたが、伊尹が天禄三年（九七二）に亡くなって、師輔の子の中納言兼《かね》通《みち》と大納言兼家《かねいえ》が摂関の座をめぐる争いの末、伊尹の遺命ということから兼通が関白となった。

こうした宮廷世界での争いがあるなか、宮廷政治の運営に関わる故実書が著されていった。源高明が『西宮記《せいきゅうき》』を、藤原師輔が『九条年中行事《くじょうねんじゅうぎょうじ》』を著し、実頼は故実書こそ著さなかったが、その故実は小野宮流として伝えられ、師輔の九条流とともに尊重されていった。政治の儀式化が進んでいったのである。

貞元《じょうげん》二年（九七三）、兼通は死に臨み、実頼の子で左大臣の頼忠《よりただ》を関白に指名したため、兼家の望みはかなわず、永観《えいかん》二年（九八四）に円融が譲位して、師貞が即位し（花山《かざん》天皇）、兼家の娘詮子《せんし》が円融との間に生んだ懐仁《やすひと》（一条天皇）が皇太子となったが、頼忠がそのまま関白となり、兼家は次を狙うことになった。

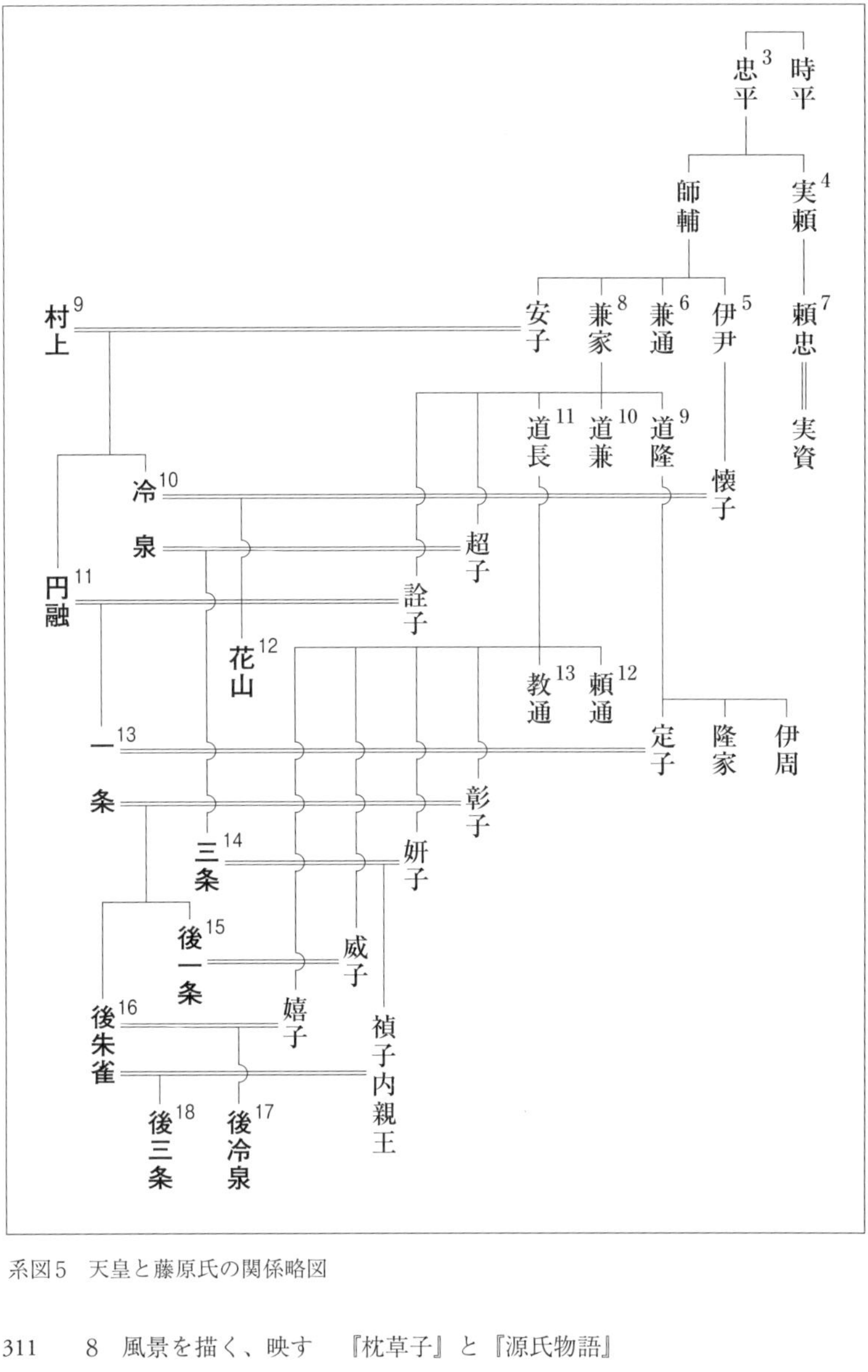

系図5　天皇と藤原氏の関係略図

『蜻蛉日記』と受領層

兼家が摂関になるまでの焦燥ぶりを描いているのが、兼家の妻となった陸奥守藤原倫寧女《ともやすのむすめ》の書いた『蜻蛉日記《かげろうにっき》』である。この日記は、「かくありしときすぎて、世中にいとものはかなく、とにもかくにもつかで、よにふる人ありけり」と過去の回想録の形で始まり、天暦《てんりゃく》八年（九五四）の兼家との出会いから、安和元年（九六八）の長谷寺詣でに至るまでを記し、自ら「かげろふのにき」（蜻蛉日記）と称している。

かく、とし月はつもれど、思ふやうにもあらぬ身をしなげに、こゑあらたまるも、よろこばしからず、猶ものはかなきをおもへば、あるかなきかの心ちする。かげろふのにきといふべし。

上中下巻からなり、上巻は日頃に記していた日記に基づいて書いたいわば私小説ともいうべき内容であるが、中・下巻は折々の思いを克明に記したまさに日記であって、天延《てんえん》二年（九七四）に兼家との関係が切れ、翌年正月に「京のはてなれば、夜いたうふけてぞ、たたきくなるとぞ。本に」という意味深な言葉をもって終わる。

宮廷世界に憧れをもつなか、和歌や物語の文化を身につけてはきたものの、摂関家の兼家という貴公子の妻となったため、宮廷の世界に直接に関わることはなかったが、兼家との恋や、その愛憎と焦燥、自我の有様、兼家との間に儲けた子道綱《みちつな》への思いなどを直截《ちょくさい》に記した稀有な作品となっている。

男女の愛情については、これまでにも恋歌や恋物語により様々に表現されてはきたが、これを散文の日記という形で表現した点で極めて意義深いものがあり、後世に大きな影響を与えたのであった。家に閉じ籠もることなく、長谷寺や石山寺に詣でるなどの小旅行に出かけ、賀茂祭をはじめとする京の年中行事を見てはその風景を描き、それらへの思いを記すなど、そこからはこの時期の文化の裾野の広がりがうかがえる。

作者の父陸奥守藤原倫寧が受領であったように、十世紀後半には文人や歌人たちが官僚を経て受領となり富を蓄えるようになっていた。歌人の平兼盛《かねもり》は天元《てんげん》二年（九七九）に駿河国の受領になることを望んで、「一国を拝する者、その楽あまりあり、金帛《きんぱく》蔵に満ち、酒肉案《あん》に堆《うず》む。況や数国に転任するに於いておや」と記しているように、受領になると富裕になったことがわかる。

その訴えのなかで村上天皇が康保《こうほう》四年（九六七）に功労のある諸司を受領に遷任する例を開いたと指摘し、受領を切に願い、ついに駿河の受領に任じられている。その兼盛が駿河に赴任するにあたって、歌人の源順《したごう》が「おもひわびおのか舟舟ゆくを舟　たごの浦みてきぬといわすな」という歌を餞《はなむけ》に贈ると、兼盛は「しのぶれど色に出にけり我が恋は　ものや思ふと人のとふまで」の歌を返し、これが後に『百人一首』に採られている。

官人たちはこぞって受領になることを望んで、その得た富を通じて娘を宮中の女房とし、またそうした女房を妻に迎えたことなどから、女性の教養が高まり、仮名による文学世界が開かれていった。その受領の娘の文学の最初を飾ったのが先の『蜻蛉日記』であり、そこには受領たちが得た富を摂関や公卿などに提供する様子について、兼家などの前において「あけくれひざまづきありくもの」とその卑屈な様を記している。

この『蜻蛉日記』に続くのが、その作者が憧れていて果たせなかった宮中の世界に入り、その文化を体感したところを著した清少納言の『枕草子』である。父清原元輔《きよはらのもとすけ》は周防・肥後の受領を歴任していた著名な歌人であった。『枕草子』は受領になることを求めた官人の除目《じもく》の日の出来事を娘の立場と女房との視線で記している。

諸国の受領と京のつながり

受領は地方に都から下って富を都にもたらした。『新猿楽記《しんさるがくき》』が描く受領の郎等《ろうとう》の四郎が交易した土産の「贄菓子《にえかし》」は、衣料では阿波絹・越前綿・美濃八丈・常陸綾《あや》・紀伊縑《かとり》・甲斐斑布《はんぷ》・石見紬《いわみつむぎ》、原材料では安芸榑《くれ》・備後鉄・長門牛・陸奥駒など、ほかにも工芸品の但馬紙や淡路墨《あわじすみ》・備中刀以下、金属製品の武蔵鐙《あぶみ》や能登釜・河内鍋《かわちなべ》など、食料品の信濃梨・丹波栗・尾張粔《こめ》・近江鮒《ふな》など極めて多様な特産品であった。

このうちの安芸榑とは、安芸国で産出される材木の規格製品のことで、その安芸榑を歌に使用したのが赤染衛門《あかぞめえもん》の次の歌である（『赤染衛門集』）。

さも言ひつべき人の安芸守になりしに、使うべき用ありて、榑をこひたりしに、
ただ少しの下文《くだしぶみ》をしたりしかば、書き付けて返しつつ
なかなかに我が名ぞ惜しき杣川の少なき榑のくだし文かな

知人が安芸守になったので安芸榑の板を用立てて欲しい、と依頼したところ、届いた下文には僅かばかりの量しか記されていなかったのでこの歌を送ったという。歌は受領がもたらす富をよく物語っており、衛門の夫の文人大江匡衡《まさひら》も尾張守になっているから、受領に任じられた折には知人から土産品の「尾張粔《こめ》」を期待されたことであろう。

下文とは受領が振り出した小切手や切符のことであり、それを持参し受領の荷を管理する納所《なっしょ》に行って見せ、現物を得る仕組みであった。諸国の物産のうち東国のものは近江の大津に集まり、西国のものは摂津の山崎や淀などの湊《みなと》に集まって、そこから「馬借・車借」によって京に運ばれており、この様子も『新猿楽記』に語られている。

富をひたすら求める受領の支配への反発も広く生まれていた。永延《えいえん》二年（九八八）十一月八日付の尾張国郡司百姓等解《おわりのくにぐんじひゃくしょうらのげ》は、尾張守の藤原元命《もとなが》の非法や失政を訴えたもので全三十一箇条からなり、元命の子弟・郎党による狼藉、運送負担の強制、元命の出勤怠慢があるなど、広範囲に及び、さらに自分に都合の悪い太政官符を施行していないとも批判する。解の文章は和風の四六駢儷体《しろくべんれいたい》という漢文体で書かれ、実際には郡司らの意向を受けた京都の文人が作成したものと考えられている。こ

れを受けた朝廷は翌年の除目で元命を解任している。

受領たちが心を砕いたのが国で得た富の京への輸送であった。十一世紀成立の往復書簡集『高山《こうざん》寺本古往来《じぼんこおうらい》』には受領に関わる消息が載っていて、それに載る「松影」という武者からの消息は、官米を京に運上する押領使《おうりょうし》を命じられたが、武者の子孫ではあっても、その業を継いではいない、と断ったものの、受領から、代々の運米の押領使として公事を務めてきたことは広く知られているとして務めるよう命じられている。武者とは『今昔物語集』や『将門記《しょうもんき》』にその活躍が記された「兵」の子孫である。

花山院と摂関の道家

円融院の跡を受けた花山院の治世は僅か二年にすぎなかったが、「内をとりの外めでたさ」と評され、伊尹五男の藤原義懐《よしちか》が実権を握って官人の綱紀粛正をはかり、受領の兼官を禁止し、延喜荘園整理令以後の新立荘園の停止、悪銭を嫌う風潮への対策、京中での売買価格の安定化策をはかるなどの政策を矢継ぎ早に打ち出した。

村上天皇は朱雀《すざく》天皇からの代替わりで「天暦新制」という新たな法が出したが、花山院も種々の新制を出しており、時代は格式《きゃくしき》の時代から新制の時代へと移っていた。この後の長保《ちょうほう》元年（九九九）には一条天皇が内裏の焼失を契機に十一箇条の新制を出している。

花山院は三番目の勅撰和歌集『拾遺《しゅうい》和歌集』を編んだが、これは藤原公任《きんとう》編の『拾遺和歌抄』を基にして多くの和歌を加えてなったもので、部立《ぶだて》に「雑春」や「雑秋」などの新味を出し、「恋」五巻のほかに「雑恋」を立てるなど恋歌を充実させた。当代の歌人では、『蜻蛉日記』作者の兄藤原長《なが》能《とう》、『枕草子』作者の父清原元輔の歌が多く入っている。

『枕草子』の三十三段の「小白河といふ所は」と始まる話は、寛和《かんな》二年（九八六）六月に開かれた小一条大将藤原済時《なりとき》邸での「法華八講《ほっけはっこう》」に清少納言が聴聞に赴いて見聞した様子を記している。「法華八講」とは『法華経』八巻を八座に分けて一日の朝・夕座それぞれに一巻を講じる法会であるが、この時の中心には「義懐の中納言」がいた。

記事はその義懐の「御さま」が「常よりまさりておはするぞ限りなきや」と記し、身なりの立派な様や際立った行動を描いた後、朝の講座が終わったので清少納言が引き揚げようとした時、義懐がほほ笑みながら「やや、まかぬるもよし」と問いかけてきた。『法華経』方便品に見える、釈迦《しゃか》が説法をしていた時、五千人の増上慢が立ち去ろうとしたので釈迦が発した言葉を、清少納言に投げかけてきたわけである。これに清少納言は、「五千人の中には入らせたまはぬやうあらじ」と、そういわれるお方も五千人の中にお入りにならないこともないでしょう、と切り替えしたという。

この法華八講から二十日ほどたって義懐が出家してしまったことを最後に記し、「あはれなりしか」と結んでいる。これは同年六月二十二日に花山天皇が突然に出家したため、天皇を補佐していた義懐も出家を遂げたのである。天皇は寵愛していた弘徽殿《こきでん》の女御が、懐妊したものの亡くなってしまい、出家の意思をもつようになっていたその機を逃さず、兼家が四男道隆《みちたか》に天皇の出家を勧めさせ、山科《やましな》の元慶寺《がんぎょうじ》に連れ出して源氏の武者たちに警護させ、ついに出家へと導いたものである。

こうして一条天皇が即位し外祖父の兼家は念願の摂政になったのだが、太政官の上席には太政大臣の藤原頼忠と左大臣の源雅信《まさのぶ》がいたため、兼家は右大臣を辞任して大臣の序列から離れ、「准三宮《じゅさんぐう》」の詔を得て太政大臣よりも上位にあるとする「一座の宣旨」も獲得して自らの摂政を位置づけた。これにより摂政は律令の官職を超越した最高にして独自な地位となり、それとともに摂関と太政大臣とが分離し、やがて太政大臣は名誉職的傾向を帯びるようになる。

兼家は勢いに乗って子弟の昇進をはかり、子の道隆、道兼《みちかね》、道長《みちなが》を次々と昇進させてゆき、若年の公卿が誕生した。正暦《しょうりゃく》元年（九九〇）正月に一条天皇が元服すると、道隆の娘定子《ていし》を入内させて、道隆に関白の職を譲りその七月に亡くなっている。

二　自然と人を見つめる

『枕草子』の成立

定子が十月に一条天皇の中宮になったことから、中宮に仕えるようになったのが清少納言である。曾祖父清原深養父《ふかやぶ》は『古今和歌集』に十七首を採られた著名な歌人、父清原元輔も『後撰和歌集』の撰者となった歌人で、清少納言が中宮に仕えるようになったのは、永祚《えいそ》二年（九九〇）六月に父が肥後の受領となり任地で亡くなったことによるもので、中宮大夫の任にあった藤原道長の推挙に基づいていたと考えられる。

それまでは平凡な官人の妻として家にいたが、宮中の世界に入りその文化に深く関わることになった。和歌のみならず物語や漢詩文の教養が豊かであったから、すぐに中宮の右腕の別当となって頭角を現し、中宮の父道隆が亡くなり、その弟道長が一条天皇の母の東三条院の推挙で実権を握った後にも、源俊賢《としかた》や藤原斉信《ただのぶ》、藤原行成《ゆきなり》などの天皇に仕える蔵人頭たちと渡り合い、時に親しい関係をもって情報を仕入れて中宮を支えた。

その清少納言が『枕草子』を書く切っ掛けとなったのは、一条天皇と中宮とに料紙が内大臣藤原公季《きんすえ》から献呈されたことにあった。そこで天皇の下では「しき」こと中国の歴史書『史記』が書写されるということであるが、当方はどうしようか、と中宮に問われた清少納言は「枕にこそは侍らめ」と申し出たので紙が与えられて書くことになったという。中宮は清少納言が紙にものを書くことによって憂さを晴らす性格があることを知っていたのである。

清少納言は「しき」への連想から「四季」を思い浮かべ、四季を枕にしてものを書いてみましょう、と答えたのであって、天皇の下での『史記』に対置させ、四季を枕にした和の作品を書くことを提案したものと考えられる。この時代、唐風や唐様に対して和風、和様を対置させた国風文化の作品が生まれていた事情が背景にあった。

『枕草子』が「春は曙《あけぼの》」「夏は夜」「秋は夕暮」「冬はつとめて」という四季の風景から始まってい

るのはそのことによるもので、こうして清少納言の鋭い研ぎすまされた感性が自然や社会の風景を描いてゆく。家の生活や宮中での勤めなどの体験に基づいた観察眼が発揮されていった。百八十八段を見よう。

野分《のわき》の又の日こそ、いみじうあはれにをかしけれ。立蔀《たてじとみ》、透垣《すいがい》などの乱れたるに、前栽《せんざい》どもいと心ぐるしげなり。大きなる木どもも倒れ、枝など吹きをられたるが、萩、女郎花《おみなえし》などのうへによころばひふせる、いと思はずなり。格子のつぼなどに、木の葉を、ことさらにしたらんやうに、こまごまと吹入れたるこそ、荒かりつる風のしわざとはおぼえね。

野分（台風）の次の日の風景を描いている。立蔀や透垣などが壊れ、庭先の植え込みも気の毒で、大きな樹木が倒れ、萩や、女郎花などの上に被さっているのは思いがけず驚かされるという。こうしたさりげない自然への描写は随所に認められる。

国風文化と唐物文化

雪のすこぶる降ったある日の朝、中宮定子に仕えていた女房たちがいつもとは違って格子を下ろし炭櫃《すびつ》に火をおこし、集まって物語などをしていた。その時、定子から「少納言よ、香炉峰《こうろほう》の雪はいかならん」という仰せがあり、これを聞くや、清少納言はすぐに格子を上げさせ、御簾《みす》を高く上げたところ、それを見た中宮がほほ笑んだ、という。

白居易《はくきょい》の『白氏文集《はくしもんじゅう》』に見える「遺愛寺《いあいじ》の鐘は枕をそばだてて聴き、香炉峰の雪は簾を撥《かか》げて看る」という詩を踏まえたやりとりであった。このように宮廷文化に大陸文化は大きな影響を与えていた。蔵人頭の藤原行成との間で交わされた歌のやりとりのなか、『史記』の孟嘗君《もうしょうくん》列伝を踏まえた清少納言が和歌を詠んだ話が一二九段に見え、これから『百人一首』の歌が採られている。

藤原行成が来て物語をしていたが、早くに帰ってしまった後、蔵人所の用紙である紙屋紙《こうやがみ》に「今日は心残りがします。夜通しで昔物語をするところでしたが、鶏の声にせきたてられて」と言い送ってきた。

御返に、いと夜深く侍ける鶏の声は、孟嘗君のにや、ときこえたれば、たちかへり、孟嘗君の庭鳥は、函谷関《かんこくかん》をひらきて三千の客、わづかにされり、とあれども、これは逢坂の関也、とあれば、

夜をこめて鳥のそらねははかるとも　世にあふさかの関はゆるさじ

心かしこき関守侍り、ときこゆ。

清少納言が行成への返事として、たいそう夜深く鳴いた鶏の声は、中国の孟嘗君のそれでしょう

かと伝えると、すぐに「孟嘗君の鶏は、函谷関を開いて、三千の食客をやっと遁《のが》させたというが、これは逢坂の関のこと」という返事があったので、少納言は「夜のまだ明けないうちに鶏の鳴き声でだませても、ここは逢坂の関ですからだまされて許すようなことはしませんよ」と歌を詠み、「しっかりした関守がおりますので」という詞を添えたという。

この時代の文化は大陸文化の教養の上に築かれていて、当代の才人であった藤原公任は漢詩文を朗詠のために翻案して和歌とあわせて『和漢朗詠集』を著している。大陸では、中国の唐王朝が滅んだ後、五代の諸国が次々に生まれては衰退を繰り返した末、九六〇年に宋王朝が建てられ、それと前後してその周縁では新たな国家や王朝が次々と建設されていった。

朝鮮半島では高麗が、中国の北辺では西夏《せいか》・遼《りょう》・金などの諸国が建国され、中国の南部でもベトナムに大越《だいえつ》、雲南に大理が建国されている。これらの国々、特に西夏・遼・金の三国では西夏文字・契丹《きったん》文字・女真《じょしん》文字などの独自の文字を用いており、国のあり方に応じ「国風」文化への取り組みがあって、日本文化が「国風化」の傾向を示したのもそれと同じ動きであった。日本列島では新たな王朝形成はみなかったが、それに対応した動きが「国風化」だったのである。

和歌や仮名文字、倭絵、寝殿造り建築などは、圧倒的な中国文明の直接の影響から抜け出し、独自に作り上げてきた文化であった。中国風のものを「唐風」「唐様」と見なし、それに対する「倭風」「和風」「和様」を対置させて文化を解釈し演出する試みが広く行われるようになった。「唐風」「唐様」とあるように、唐そのものではなく唐のごときもの、唐に似せたもの、唐のものと理解された観念で、イメージのなかでの唐にほかならない。

唐物の文化

日本列島が海を越えて離れていた分、距離を置いて接し唐の物を受容するなかでその文化を変容させていった。それが唐風であり、唐風に対置させて和風が形成されてきたのであるが、このことは大陸文化との決別を意味するものではなかった。

宮仕えした清少納言が目を見張ったのは中宮の「しろき御衣どもに、紅の唐綾をぞ上にたてまつりたる」という姿であり、その御前には「沈の御火おけの梨絵したる」があり、「唐衣こきたれたるほど」という女房たちが控えていて、「いとうらやまし」と記している。

沈の火桶とは、東南アジア産の沈香《じんこう》で作られた火鉢のこと、ほかにも唐綾などの唐衣、唐鏡、唐錦、唐の薄物、唐の紙のほか、瑠璃《るり》の壺などの多くの唐物で満たされていたことを記している。長徳元年（九九五）九月、若狭に宋人が来航したので迎賓館のある越前に移されたが、その朱仁聡《しゅじんそう》から中宮定子が唐物を入手したことを、藤原行成の日記『権記《ごんき》』は記している。唐物は博多から入るのが主なルートであったが、日本海を経由して越前から入って来るルートもあった。

遣唐使派遣中止以後、大陸渡航は途絶えていたが、永観《えいかん》元年（九八三）に宋に渡った日本僧奝然《ちょうねん》は、天台山の開元寺に赴いて釈迦の瑞像《ずいぞう》を模刻し、多くの経典とともに日本に将来した。皇帝太宗《たいそう》に日本の国情を説明した上奏文に、「東の奥州は黄金を産出し、西の対馬は白銀を産出して租税とす」と記しており、これから見て金と白銀が日本の主な輸出品であったことがわかる。『新猿楽記』に描かれている商人の主領八郎の取引していた「唐物」には、沈・麝香《じゃこう》以下の四十五種類、「本朝の物」は緋襟・象眼《ぞうがん》以下の三十種類であったといい、唐物は香木、染料、薬品、顔料、皮革、衣料など極めて多様であった。

僧が渡海することは認められてはいても、一般人の渡海は禁じられていたから、博多に宋の商人がやってくると、人々は唐物を競って求め、博多や近くの筥崎《はこざき》には京から様々な勢力が進出した。『今昔物語集』には、筥崎の秦貞重《はたのさだしげ》が摂関家に挨拶するために上洛した話が見える。唐人から多くの唐物を借りて土産を持参しての帰りの船で、伴人《ともびと》が物売りから買った真珠が唐人に高額な値段で売れたという。右大臣藤原実資《さねすけ》は筥崎宮の近くの香椎宮《かしいぐう》の宮司や高田牧司《たかだのぼくし》から多くの唐物の進物を受け取っていた(『小右記《しょうゆうき》』)。

自然と人の観察

『古今和歌集』に端を発する和歌文化、宮廷を中心に女性たちに愛読された『宇津保《うつほ》物語』などの物語、官人や文人たちの教養とされる漢詩文を広く身につけた清少納言は、それらの文化によって育まれた人間観や自然観を散文の形で『枕草子』に表現していった。

その自然観を端的に物語っているのが第一段の「春は曙」以下の記事であって、少納言の自然観はこの段に始まり、この段にゆき着くといってもよい。

春はあけぼの。やうやう白くなり行、山ぎはすこしあかりて、むらさきだちたる雲のほそくたなびきたる。

夏は夜。月のころはさらなり。闇もなほ蛍のおほく飛びちがひたる。また、ただ一つ二つなど、ほのかにうち光て行くもをかし。

春は曙が一番。だんだん東の山際が白くなってきて、すこし明るみを帯び、紫にそまりつつある雲が細くたなびいている。夏は夜が一番。月の出ているころは特別である。闇夜でも、蛍が多く飛び交っているのに風情がある、また、蛍が少なく、ただ一つ、二つなど、ほのかに光ってゆくのも面白い。このように瑞々しくも四季の見所を端的に描いている。秋・冬になるとやや違ってきて、描く内容も詳しい。

秋は夕暮。夕日のさして山のはいとちかうなりたるに、からすの寝所へ行くとて、三つ四つ、二つみつなど、とびいそぐさへあはれなり。まいて雁などのつらねたるが、いとちひさく見ゆるは、いとをかし。日入りはてて、風の音、虫の音などいとあはれなり。

秋は夕暮。夕日がさして山の端にとても近くになった時、烏が寝床に帰るということで、三羽・

四羽、二羽、三羽など急いで飛んでゆくのさえしみじみ感じる。まして雁などが列をつくって、たいへん小さく見えるのはとてもおもしろい。日がすっかり沈んで、風の音や虫の音などが聞えてくるのも風情がある。

冬はつとめて。雪のふりたるは、いふべきにもあらず。霜のいとしろきも、またさらでも、いと寒きに、火などいそぎおこして、炭もてわたるもいとつきづきし。昼になりて、ぬるくゆるびもていけば、火桶の火もしろき灰がちになりて、わろし。

冬は早朝、雪が降っているのは言うまでもない。霜が白く覆っているのも、またそうでなくともとても寒い時、火を急いでおこし、炭火を持って行き来するのが、早朝にふさわしい。昼に寒気が緩んでくると、火鉢の火も白い灰が多くなってしまい、好ましくない。

こうした風景を少納言が選んだ理由を考えるならば、六十一段の、一夜の逢瀬を過ごした睦まじい男の翌朝の様子を描いた話などから「春は曙」の景色が重なってくる。逢瀬の後の景色と見ることができよう。冬の景色については七十段に見える「冬の夜のいみじう寒きに、おもふ人とうづもれ伏して聞くに、鐘の音の、ただ物の底なるやうに聞ゆる、いとをかし」という話が参考になる。寒い冬、二人で埋もれ伏して鐘の音を聞き、逢瀬を楽しむのがよろしいという。

この話を背景に考えれば、早朝に始まるあわただしい人々の動きを記したものと見られ、それを楽しんでいたのであろう。総じて一段は、枕を交わした人と見たり、聞いたりする景色をあげたものとわかる。

労働の風景

清少納言は自然の背景に人間を見、また人の動きから自然の興趣を感じとっていた。翻って考えてみれば、勅撰和歌集が四季の部に始まり恋の部が続いているのもよくわかる。清少納言はそこに認められる自然観や人間観を的確に散文で指摘したのである。

清少納言の冷静な分析は天皇の悪戯《いたずら》から田植女の労働歌や稲刈り男の風景に至るまで、恋愛感情から子育ての苦労、身近な鳥の鳴き声から山奥の樹木の葉の色、稲荷社に登る苦労から荒海に翻弄された船人に至るまでを記している。

賀茂社や広隆寺《こうりゅうじ》に詣で、長谷寺《はせでら》や清水寺《きよみずでら》に参籠するなど京の近辺の寺社に詣で、川を渡って山里を動き回るなどの外出をし、その折々の見聞を記しているが、二百十一段では、八月末に太秦《うずまさ》の広隆寺に詣でた時、多くの人が田に出て稲刈りをしている風景を描いている。「太秦に詣づとて見れば、穂に出でたる田を、人おほく見さはぐは、稲刈るなりけり」と、稲刈りで大騒ぎしている場に居合わせた。

これは男どもの、いと赤き稲の、本ぞ青きをもたりて刈る。何にかあらむして、本を切るさまぞ、やすげに、せまほしげにみゆる也。いかでさすらん、穂をうちしきて、並みおるもをかし。庵のさまなど。

男たちが稲の根元の青い部分を刈り、その稲穂を敷いて乾している様子を見て興味を抱いたものだが、田植えについても二百十段で賀茂社に参詣にゆく途中の風景を描く。

賀茂へまいる道に、田植うとて、女の、あたらしき折敷《おしき》のやうなるものを笠にきて、いとおほう立ちて、歌をうたふ。折れ伏すやうに、またなにごとするともみえで、うしろざまにゆく。いかなるにかあらむ、をかしとみゆるほどに、時鳥をいとなめう歌ふ。聞くにぞ心憂き。

田植えでは農婦たちが新しい折敷のような笠をかぶって歌を歌っていた。体を曲げるように、何事をするようにも見えないのに、後ずさってゆく。何をするのであろうか、おもしろいな、と思って見ているうちに、ホトトギスのことをぶしつけに謡うのを聞き、これはとても不愉快だ、という。「ほととぎすよ、お前、きゃつよ、そなたが鳴くから、我は田植えをしなければならぬ」と謡うのを聞いて、ひどく情けなく憎らしい、と語る。

ホトトギスの鳴き声は初夏の風物であり、これが田植えの始まりの合図だった。農婦はそんなことから、きつい田植え労働の始まりを恨んで田植え歌に謡った。だが田植えの実際を知らない少納言は、好きなホトトギスをけなされたことに腹を立て憤激したのである。

さらに女性の労働の歌に触れているのが、二百八十六段の「うちとくまじき物」の話で、それは海女《あま》の歌であり、また御所の仏事に捧げられた供物の下ろしを求めてやってきた、身をやつした女法師は今様《いまよう》を謡っていた。

京都の祭礼と人の賑わい

『蜻蛉日記』や『枕草子』の執筆、見聞の舞台となった京都は、賑わいが沸騰する場となっていた。北野社は貞元《じょうげん》元年（九七六）の太政官符により、道真の子孫である菅原氏の氏人が管理することになり、永延《えいえん》元年（九八七）に天満天神の鎮座する聖廟の祭祀を執り行う宣命《せんみょう》が作成されて、その祭礼が勅祭として始まっていた（『菅家御伝記《かんけごでんき》』）。

神輿《みこし》行列をともなう祇園御霊会《ぎおんごりょうえ》（祇園祭）は、天延《てんえん》二年（九七四）に祇園の神から高辻東洞院に赴くので祀るようにという神託が下ったことに始まり、毎年六月七日に御旅所《おたびしょ》に神を迎え、六月十四日に神が戻る祇園祭が整備され、これに向けて民間からは芸能が奉納された。

『本朝世紀《ほんちょうせいき》』長保《ちょうほう》元年（九九九）六月十四日条によれば、前年の祇園天神会の行列で出された鉾《ほこ》が、天皇の大嘗祭で用いられるものとそっくりに作られていたため、祭が停止されたところ、天神が怒って報復を示唆する託宣があり、許されたという。

御霊信仰の広まりとともに朝廷から奉納されたのが「御霊会の馬の長《おさ》」である。殿上人や蔵人所が、煌《きら》びやかな衣装に飾りたてた童《わらわ》を馬に乗せ、多くの従者をその供に付かせ神幸行列の花として添えた。都の東南・深草に鎮座する稲荷社の祭礼（稲荷祭）は、下京に住む人々が稲荷の神を東寺近くの御旅所に迎えて行っており、この神輿の行列にも蔵人所から馬長の童が出され、下京の人々は四月の稲荷祭の日には神を迎えて盛大に祭った。

藤原明衡《あきひら》が著した『雲州消息《うんしゅうしょうそく》』（『明衡往来』）に載る消息は、この稲荷祭の様子を描いている。稲荷社の神輿が渡る七条大路に見物に出かけたところ、蔵人町の「村」（グループ）が、馬長の童に付き従って争いを起こし、「町」の清太《せいた》や黒観寿《くろかんじゅ》などの連中との間で争いを繰り返していた。彼らは金銀をちりばめた衣装で身を飾り、その風流の華美な様は「十家」の財産を使い尽くすようなもので、様々な芸能も演じられ、内藤太の横笛や禅師の琵琶、長丸の傀儡《かいらい》、藤太の猿楽などの散楽が都の人々を大いに笑わせたともいう。

洛北の北野や紫野を目指す御霊信仰の波も到来した。『日本紀略《にほんきりゃく》』正暦《しょうりゃく》五年（九九四）六月二十七日条には、鎮西に発した疫病が流行し、京に侵入したことから、「北野の船岡の上」に神輿二基を安置し疫神の御霊会を修している。「これ朝議にあらず、巷説より起こる」とあって、民間主導によるものであった。

この年と翌年は「大疫癘《だいえきれい》」の年で、都鄙の人々が多く亡くなり、疫神が横行したため、「都人士女は出行すべからず」という「妖言」が流れ、庶民は門を閉ざし、往来する人がいなくなったといわれている。翌年には「納言以上」の死者が関白道隆以下八人にも及び、「四位・五位・侍臣」は合わせて六十余人が亡くなり、都には死骸が満ち、その疫病を鎮めるために御霊会が開かれたという（『日本紀略』）。

長保三年（一〇〇一）五月に紫野で行われた御霊会では、木工寮《もくりょう》や修理職《しゅりしき》・内匠寮《たくみりょう》などで神殿や神輿が造られて祭られ、今宮社として歩むようになるが（『日本紀略』）、『百練抄《ひゃくれんしょう》』によれば、「道路の死骸、その数を知らず。天下男女の夭亡、半を過ぐ」という悲惨な状況下での御霊会であり、七月以降に疫病が止んだという。

鎮西からは設楽《しだら》神（志多楽神）が再び長和《ちょうわ》元年（一〇一二）に上洛して二月八日に「船岡紫野《ふなおかむらさきの》」に到着している。長和四年六月二十日には「京人花園辺に神殿を建立し疫神を祀る。疫神の託宣による」と、人々が紫野の花園に神殿を建てて、疫神を祀り（『百練抄』）、御霊会を行っている（『小右記』）。

京童と神仏と遊女と

信仰心の篤い、大内記《だいないき》の職にあった文人の慶滋保胤《よししげのやすたね》は天元《てんげん》五年（九八五）に『池亭記《ちていき》』を著し、左京以北の発展と右京の衰退などの都の変貌を記している。

> われ二十余年以来、東西の二京をあまねく見るに、西京は人家漸くに稀れにして、殆ど幽墟《ゆうきょ》に近し。人は去ること有りて来ることなく、屋は壊るること有りて造ること無し。その移徙《いし》する処無く、賤貧に憚ること無き者、是れ居れり。或は幽隠亡命を楽しみ、当《まさ》に山に入り田に帰る

べき者は去らず。自ら財貨を蓄え、奔営《ほんえい》に心有るがごとき者は、一日と雖も、住むことを得ず。

このように西の京の衰退を語り、続いて「東京四条以北、戌亥《いぬい》・丑寅《うしとら》の二方は人々貴賤と無く、多く群集する所なり。高き家は門を並べ、堂を連ね、小さき家は壁を隔て、軒をつらぬ」と、東の京(洛中)の繁栄を語っているが、その左京の発展はすさまじく、稲荷祭や祇園祭などの祭礼で賑わったが、その祭の担い手として登場したのが京住人「京童《きょうわらべ》」である。

京童の語は『新猿楽記』に見えており、西の京で演じられた猿楽の演目のなかに、田楽《でんがく》や傀儡子《くぐつし》、唐術、品玉などの奇術、琵琶法師が語る物語などの話術とともに、京に上ってきた鄙《ひな》の人をからかう寸劇「京童の虚左礼《そらざれ》、東人の初京上り」があった。

『宇治拾遺物語』『古事談《こじだん》』には和泉式部をめぐるおもしろい話が載っている。「今は昔、道命阿《どうみょうあ》闍梨《じゃり》とて、傅殿《ふどの》の子に、色にふけりたる僧ありけり」と始まって、藤原道綱の子の道命阿闍梨が歌人和泉式部の元に通っていたある夜、道命が目を覚まして読経していると、翁が現れて、「我は五条の斎《いつき》(道祖神)であるが、今日は法華経を聴くことが出来て嬉しかった。いつもは清く読まれていたので、梵天や帝釈天が聞いており聞けなかった」と語ったという。

いささかいかがわしい神でも、二人の逢瀬の後の説経であっただけに聞くことができたのである。巷の辻にはこのような道祖神《さえのかみ》など多くの神々が生まれており、新たな神は旧来の神々の秩序を大きく変化させてゆくことになった。

仏を祀る堂も多く生まれており、称名念仏を人々に勧めた空也《くうや》は、市で乞食《こつじき》をして得た食物などを貧窮者や病人に施して「市聖《いちのひじり》」と称され、応和《おうわ》三年（九六三）に東山に西光寺を建立したが、その没後にこれを継承した僧の中信《ちゅうしん》が貞元《じょうげん》三年（九七七）に六波羅蜜寺《ろくはらみつじ》と改称し、都市民の信仰を集め、藤原実資《さねすけ》らの貴族も布施に応じている。

長保元年（九九九）、千手陀羅尼《せんじゅだらに》の験力《げんりき》で世に知られた「横川皮仙《よかわひせん》」こと行円《ぎょうえん》は、一条北辺に革堂《こうどう》を構え、賀茂社の槻《つき》の霊木によって千手観音を本尊として安置し信仰を弘めた。頭部に仏像を戴き、宝冠をかぶり、鹿の皮衣を着るという特異な風体から、行円は「皮聖《かわひじり》」「皮仙」と称されたが、貴族の信仰も集め、藤原行成は寺の額に行願寺《ぎょうがんじ》と書している。このほかにも六角堂（頂法寺《ちょうほうじ》）や雲林院などの堂も次々に生まれていった。

こうした神仏に祈りを捧げていたのが遊女である。『新猿楽記』は「歌の声は和雅にして、頻鳥《びんちょう》の鳴るがごとし」と巫女について語り、「声は頻伽《びんが》のごとく、貌《かお》は天女のごとし」という「遊女・夜《や》発《ほっ》の長者、江口・河尻の好色」などの遊女の存在も記している。摂津の淀川の河口の江口や神崎川の河尻には遊女たちが住み着いて往来する客をもてなしていた。

赤染衛門の作と伝える『栄花物語《えいがものがたり》』は、長元《ちょうげん》四年（一〇三一）九月に道長の娘上東門院《じょうとうもんいん》が住吉に詣でた時、遊女たちが参って江口で今様を謡ったと記している。西の京にも遊女がいて、「太秦の薬師が許へ行く麿を　頻り止むる木の島の神」（五五五）という今様はその遊女が謡ったものであろう。「太秦の薬師」とは太秦にある広隆寺の本尊である檀像《だんぞう》の薬師如来《やくしにょらい》であって、著名な弥勒菩薩像や救《ぐ》世観《ぜ》音像に続いて長和三年（一〇一四）に安置され、東西の京の貴賤が眼病を治してくれる仏として参詣し（『日本紀略』）、清少納言も病の女房のために詣でた話を記している。

三　道長と女房文学の輝き

道長の覇権へ

長徳《ちょうとく》元年（九九五）四月十日に折からの疫病により中宮の父関白道隆が亡くなったことは、中宮にとっても、またその別当として宮を補佐していた清少納言にとっても、大きな痛手となった。子の伊周《これちか》は太政官を統括する内覧《ないらん》の地位に就いていたのだが、父の死後には叔父の道兼が関白となり、五月八日にその道兼が亡くなると、伊周の内覧が止められてしまい、五月十一日に道長に内覧の宣旨が下され、藤原氏の氏長者となった。

これには天皇の母で、道長を推す姉の女院（東三条院詮子《せんし》）の動きが大きく左右していたという。『栄花物語』は「女院もむかしより御心ざしとりわききこゑさせ給へりし申されば、としごろのほい（本意）なりと、おぼしめしたり」と、その事情を語っている。

こうして疫病の流行とともに道長の時代が始まったのであり、清少納言の努力も空しく、中宮定子が長保二年（一〇〇〇）に子の出産後に亡くなって道長が覇権を握った。

道長は康保三年（九六六）に藤原兼家の五男として生まれ、同母の兄姉には道隆・道兼・超子《ちょうし》（三条天皇母）・詮子（一条天皇母）らがいた。永延元年（九八七）に従三位、翌永延二年（九八八）に参議を経ずに権中納言になるが、これ以前、左大臣源雅信《まさざね》の娘の倫子《りんし》と結婚していて、同年には長女彰《しょう》子《し》を儲け、安和《あんな》の変《へん》で失脚した左大臣源高明の娘の源明子も妻としていた。

道長は豪爽な性格と伝えられており、若い頃、父兼家が才人であった関白頼忠の子の公任を羨んで、息子たちに「我が子たちは遠く及ばない、（公任の）影を踏むことすらもできまい」と嘆息したところ、道隆と道兼に言葉はなかったが、道長のみ「影を踏むことはできないでしょうが、その面を踏んでやりましょう」と答えたという。

正暦《しょうりゃく》元年（九九〇）に道隆の娘定子の立后に際して道長は中宮大夫となり、翌年に権大納言、左大将を兼ね、長徳元年（九九五）に内覧を許され、右大臣・藤原氏長者となった。長徳二年（九九六）正月、伊周とその弟隆家が花山法皇に矢を射かける事件を起こしたとして、伊周を大宰権帥、隆家を出雲権守に左遷して政敵を葬った。

こうして道長は左大臣に昇進して名実ともに廟堂の第一人者となると、長保元年（九九九）、一条天皇に長女彰子を女御として入内させ、参議の源俊賢《としかた》を介して公卿たちから和歌を募り、藤原行成の筆になる四尺の屏風歌を作成したが、これには花山法皇も和歌を贈った。

長保二年（一〇〇〇）二月に道長は彰子を中宮とした。ライバルの定子は第一皇子敦康《あつやす》親王らを産み帝の寵も深かったのだが、行成の助言を得た道長は、定子を皇后宮と号することにより一帝二后を強行したのである。定子死後の寛弘《かんこう》五年（一〇〇八）九月、入内後十年目の彰子が道長の土御門殿《つちみかどどの》において待望の皇子敦成《あつひら》親王（後一条《ごいちじょう》天皇）を出産し、翌年には敦良《あつなが》親王（後朱雀《ごすざく》天皇）も儲けたが、その時の道長の狂喜ぶりは『紫式部日記』に詳しい。

紫式部の登場

宮廷文化は道長の登場によって輝きを増すことになったが、その栄華の様は後に『栄花物語』や『大鏡《おおかがみ》』などの歴史物語によって描かれている。文学を愛好した道長は紫式部や和泉式部、赤染衛門などの女房の文学者を庇護した。和泉式部は大江雅致《まさむね》の娘で和泉守橘道貞《みちさだ》と結婚したが、道貞が陸奥守として赴任したことから別れ、『和泉式部日記』には冷泉院《れいぜいいん》の皇子敦道《あつみち》親王と結ばれたその情愛の記録が「夢よりもはかなき世のなかを嘆きわびつつ明かし暮らすほどに」と始められ記されている。『蜻蛉日記』を継承した意味合いが濃いが、式部自身によって編まれた確証はないようである。

紫式部は、父藤原為時《ためとき》が文人であって越前・越後の受領を歴任しており、長保元年（九九九）に結婚した宣孝《のぶたか》もまた諸国の受領を歴任していたが、その宣孝が亡くなったので、中宮彰子に仕えるようになった。この紫式部の動きを伝えるのが『紫式部集』であり、巻頭には『百人一首』に採られた次の歌から始まっている。

早うより童友だちなりし人に、年ごろ経て行きあひたるが、ほのかにて七月十日のほど、

月にきほいて帰りにければ、

めぐりあひて見しやそれともわかぬ間に　雲隠れにし夜半の月影

その人とほきところへいくなりけり。秋の果つる日来るあかつき虫の声あはれなり

鳴きよはるまがきの虫もとめがたき　秋のわかれや悲しかるらむ

同じ受領の娘同士の出会いや別れを哀感を込めて詠んだもので、式部は父の越前赴任に同道して一年を越前で過ごしたことがあった。その往路で詠んだ歌を掲げる。

夕立しぬべしとて、空の曇りてひらめくに

かき曇り夕立つ浪の荒ければ　浮きたる舟ぞ静心なき

清少納言は父が歌詠みであったことから、歌を詠むのをできるだけ控え、現実を直截に見つめた散文を書いたが、紫式部は和歌を詠み、物語の作者として名をなすことになった。『紫式部日記』には次のような清少納言評がある。

清少納言こそ、したり顔にいみじうはべりける人。さばかりさかしだち、真名《まな》書き散らしてはべるほども、よく見れば、まだいと足らぬこと多かり。

ほぼ同時代人の評としては興味深いが、それだけにいささか感情的な批判に近い。清少納言よりも遅れて世に出て、同じく散文を世に問う女房からの批評といった側面が強い。この評の前では当時の女房について、初めにすばらしい存在をあげ、ついで文才のある存在に触れているが、後者への評価は総じてあまりよろしくない。

和泉式部についても、「おもしろう書き交はしける。されど和泉はけしからぬかたこそあれ、うちとけて文はしり書きたるに、そのかたの才ある人、はかない言葉のにほひも見えはべるめり」と評価がとても低い。自分と同じような存在には厳しかったのであり、その最後にあげたのが清少納言であった。

清少納言と交流のあった貴族たちが式部の周囲には多くいて、清少納言と親しくつきあった源俊賢や藤原斉信《ただのぶ》、藤原行成らは一条朝で道長の政治を支えていた。紫式部は彼らから清少納言と比較されることも多かったであろう。しかしそのライバル心こそが豊かな物語世界を構築させてゆく原動力になったと考えられ、そこで紡ぎ出されたのが「光源氏の物語」こと『源氏物語』であった。

『源氏物語』の世界

『源氏物語』は主人公に摂関ならぬ源氏を選んだことによって、『竹取物語』に学んだ物語という創作の仕掛けによって、宮廷政治や地方の社会の動きを自由に取り入れ、時代の光と影とを描くことに成功した。

作中の人物の言葉をかりて「日本紀などはただ片そばそかし、これらこそ道々しく詳しき」と物語の優位性を強調し、「よきもあしきも、世にふる人のありさまの、みるにもあかずきくにもあまることを、後の世にもいひつたへさせまほしきふしぶしを、心をこめがたくて、いひおきはじめたるなり」と、人生の真実を表現するのに物語を越すものはないという。

当代の人々を魅了し、道長も読者であって、紫式部の局にやってきてはいつも原稿を催促していたという。そのなかでは自然の四季の様を映した六条院の描写が興味深い。これは光源氏の中年以降の邸宅で、准太上天皇となってからの邸宅である。

六条京極付近に四町を占める広大な寝殿造の邸宅には四季を象徴させて、辰巳《たつみ》（東南）の町が春、丑寅《うしとら》（東北）の町が夏、未申《ひつじさる》（西南）の町が秋、戌亥《いぬい》（西北）の町が冬であって、それぞれに寝殿や対の屋があり、敷地は町ごとに壁で仕切られていたが、廊でつながり往来できていた。

そのうち春の町は源氏と紫の上、明石の姫君が住み、源氏と紫の上は東の対に居住したが、明石の姫君が入内し、女三宮が降嫁した後は女三宮が寝殿の西側に住み、明石女御が里下がりの際に寝殿の東側に住まった。庭園は春の草木が無数に植えられ、高い築山と広大な池を有し、池は隣の秋の町へと続いていて、女房たちが舟で往来した（「胡蝶《こちょう》」）。男踏歌《おとこどうか》（「初音」）や六条院行幸（「藤裏葉《ふじのうらば》」）など数多くの華やかな行事・儀式の舞台とされた。

夏の町は花散里《はなちるさと》と夕霧が住み、後に玉鬘《たまかずら》が西の対に加わった。夏向けの泉があり、山里風に木々を配し、南側に池、東側に馬場殿と厩が設けられ、馬場では端午の節句の競べ馬などが行われた(「蛍」)。秋の町は秋好《あきこのむ》中宮の里邸であり、元あった御息所《みやすんどころ》邸の庭園の築山などをそのまま生かしていて、紅葉や秋草が本物の秋の野以上に見事であったという。春と秋には中宮主催の季《き》の御読経《みどきょう》が催され(「胡蝶」)、明石の姫君の裳着《もぎ》もここで行われた(「梅枝」)。

冬の町は明石の方が住み、寝殿がなく対の屋二つが並ぶ質素な作りであった。敷地の北側には倉が並び、松林と菊の垣根が配されていて、明石の女御(姫君)の最初の懐妊に際しては、女御は方違《かたたが》えで春の町からここに移って皇子を出産している。四季の自然と人の営みを建築空間で表現したものである。

『源氏物語』は『枕草子』とは違い、京から離れた土地の動きをも描いている。その一つは須磨・明石の地である。明石入道は大臣の子として生まれて中将になったが、都の暮らしに嫌気がさして明石に移り住み、浜辺に館を造り、打ち寄せる波の音を聞き、松林をわたる風にのせて琵琶を弾いては心を慰めていた。その明石入道の娘がやがて都から流れてきた光源氏と結婚することになる。

もう一つが鎮西《ちんぜい》である。夕顔の遺児玉鬘は母の死後、乳母一家に伴われて筑紫に下り、乳母の夫大宰少弐《だざいのしょうに》が死去しても上洛できないでいたところ、その美貌に求婚者が多く出た。なかでも肥後の豪族の大夫監《たゆうのげん》の強引な求婚に、困り果てて船で京に逃れ、光源氏の庇護を得るに至ったのである。大夫監は鎮西の兵《つわもの》にほかならなかった。

『更級日記』の風景

女性たちの活動の場そのものが広がっていた。「その物語、かの物語、光る源氏のあるやう」と『源氏物語』を読んで育ち、『更級日記《さらしな》』を著した菅原孝標女《すがわらのたかすえのむすめ》は、父の任国である東国の上総《かずさ》に下っていた。「あづま路の道のはてよりも、なほ奥つ方に生ひ出でたる人、いかばかりしかはあやしかりけむを」と、その地の門出から筆を起こし、上総を出て下総《しもうさ》を経て武蔵《むさし》との境に出た時には次のように記している。

そのつとめてそこをたちて、下総の国と武蔵の国の境にてあるふとゐ河といふがかみの瀬、まつさとのわたりの津に泊まりて、夜ひと夜、舟にてかつがつものなど渡す。乳母なる人は、をとこなどもなくなして、境にて子うみたりしかば、はなれて別れにのぼる。いと恋しければいかまほしくおもふに、兄なる人いだきてゐていきたり。

さらに武蔵を経て相模《さがみ》との境では『伊勢物語』に描かれた話を思い出し次のように記している。

野山葦荻《あしおぎ》の中を分くるよりほかのことなくて、武蔵と相模との中にゐてあすだ河といふ。在五中将のいざこことはむとよみける渡りなりけり。中将の集にはすみだ河とあり。舟にて渡りぬれば相模の国になりぬ。

業平《なりひら》が赴いたのは武蔵の隅田川であり、どうも著者には思い違いであったようだが、各地に伝わる物語を思い起こしながら綴ってゆくのは、この後の紀行文のスタイルとなってゆく。紀貫之の『土佐日記』とは違ってその関心は幅広く、陸の道である東海道をゆくなか、やがて足柄山にさしかかった。

ふもとに宿りたるに、月もなく暗き夜の、闇に惑ふやうなるに、遊女三人、いづくよりともなくいで来たり。五十ばかりなるひとり、二十ばかりなる、十四、五なるとあり。庵の前にからかさをささせて据ゑたり。をのこども火をともして見れば、昔、こはたと言ひけむが孫といふ。髪いと長く、額いとよくかかりて、色白くきたなげなくて、さてもありぬべき下仕へなどにてもありぬべしなど、人々あはれがるに、声すべて似るものなく、空に澄みのぼりてめでたく歌を歌ふ。

足柄山の麓の宿で出会った遊女は「こはた」という遊女の孫といわれ、その歌を聞いて誉め讃えたところ、西国の遊女にはかなうまいと言うものがいたのであるが、すかさずこはたは「難波わたりに比ぶれば」と優に謡ったという。

こんな恐ろしい山中を彼女らが行くのを見て、「人飽かず思ひて皆泣くを、幼き心地には、ましてこの宿りを立たむことさへ飽かず覚ゆ」と作者は感想を記しているが、ここからは川端康成の『伊豆の踊子』が思い起こされ、あるいはそれに影響を与えたかもしれない。

作者の父孝標は菅原道真の五世、上総・常陸《ひたち》の受領を歴任し、母の異母妹は『蜻蛉日記』の作者であった。「世の中に物語といふもののあんなるを、いかで見ばやと思ひつつ」と、『源氏物語』を耽読《たんどく》するなか、幸せな生活を夢に見てその結婚生活を過ごし、宮中に勤めることもあったが、やがて亡夫追慕の日々を送ることになり、そうした一生を日記に綴ったのである。

宮廷の教養文化

都や地方に生きた女性が自然や社会の風景を記すようになった背景には、様々な教養や日常的知識を記す書物が多く生まれ、またそれが求められていった事実がある。源為憲《ためのり》は文章生《もんじょうしょう》から蔵人になった文人で、諸般の知識を十九門に分類し、節を付けて暗誦しやすく短文にまとめた『口遊《くちすさび》』を藤原為光《ためみつ》の子誠信《さねのぶ》のため著し、仏法僧三巻に仏教説話や行事を記し絵巻にした『三宝絵詞《えんぽうえことば》』を出家した尊子《そんし》内親王（冷泉皇女）のため著している。絵は今に伝わっていないが、『日本霊異記』を継承した説話集であり、これが『今昔物語集』へと継承されていった。

文人で歌人の源順《したごう》が醍醐皇女の勤子《きんし》内親王の求めに応じて百科辞書『倭名類聚抄《わみょうるいじゅしょう》』を著すと、日本語の呼称を万葉仮名で記したわかりやすさによって広く流通し、『万葉集』の理解の上でも重要な作品となった。順は『宇津保物語』の作者や漢詩文制作の手引書である『作文大体《さくもんだいたい》』を著したとも見られており、ともに後世に大きな影響を与えた。

これらの書物の作者は共通して文人であったが、彼らの文章を集めてなったのが『本朝文粋《ほんちょうもんずい》』十四巻であって、弘仁年間から本書が成立する十一世紀初頭までの詩文を収録している。本書に収録された公文書類や秀句は後世において文章を作成する上での規範とされてゆくが、この編者の藤原明衡も文人であり、『新猿楽記』を著し、往復書簡集『雲州消息』(『明衡往来』)をも著した。これは『高山寺本古往来』に続く往来物で、四季折々の消息の書き方を示し、社会の動きを描き、後世に大きな影響を与え、江戸時代の手習所のテキストとなった『庭訓往来《ていきんおうらい》』が南北朝時代に生まれている。

漢詩文の作品世界では高階積善《たかしなのもりよし》が『本朝麗藻《ほんちょうれいそう》』に一条天皇や藤原伊周、道長、為時、大江以言《もちとき》、源為憲《ためのり》らの一条朝の詩人の作品を集めている。大江匡房《まさふさ》の『詩境記《しきょうき》』は漢文学の展開を「我朝は弘仁・承和に起こり、貞観・延喜に盛んになり、承平・天慶に中興し、長保・寛弘に再び昌《さか》んなり」と記しているようにこの時期に多くの漢詩人が出たが、しだいに和風化の傾向が進むなか、和歌とは違って勅撰集編纂への動きは鈍かった。

そうした文人たちの拠り所となったのが北野社である。『法華経』の作文会《さくもんえ》の開催を北野社に祈った慶滋保胤は天神こと菅原道真を「文道の祖、詩境の主」と記し、大江匡衡は病気の平癒を祈って天神を「文道の大祖、風月の本主」と記して、道真は文人たちに崇められるようになり、やがて学問の神として尊崇されていった(『北野天神縁起』)。

和風化という点では書の和風化も著しく、小野道風《みちかぜ》・藤原佐理《すけまさ》・藤原行成《ゆきなり》という後に三蹟《さんせき》と称される能書が生まれている。九世紀の空海《くうかい》・嵯峨《さが》天皇・橘逸勢《はやなり》ら三筆《さんぴつ》の唐風の書に対し、優美な和風の書として後世に長く継承されていった。道風は十世紀半ばに活躍し、『源氏物語』の「絵合」に「絵は常則、手は道風なれば、今めかしうをかしげに、目に輝くまで見ゆ」とあるように名をなした。

行成は「夢に道風に逢ふ、示して云く、書法を授くべし」と道風を夢にまで見ており、再建された内裏の諸門の額や障子の文を書き、書物や経を清書するなど、その書は今に伝わっている。彼らの書は後世に継承され尊ばれていった。

このようにこの時代に生まれた教養が宮廷文化を生み出し、それを支えていったが、これらは広く武家社会にも受容され、また江戸の庶民社会にも受容されていったのである。

四　浄土への信仰

文化の隆盛と政治

道長は寛弘二年（一〇〇五）十月に藤原氏の墓地がある宇治木幡《こわた》に浄妙寺三昧堂《じょうみょうじさんまいどう》を造営して、行成に鐘銘や額を書かせ、仏師康尚《こうしょう》に本尊の普賢《ふげん》菩薩を造らせ墓所として整備し、藤原氏一門の結びつきを強め、翌年には藤原忠平《ただひら》建立の氏寺である法性寺《ほっしょうじ》に五大明王を本尊とする五大堂を設け、五壇法による調伏や安産祈願を行わせた。

寛弘四年に、御嶽《みたけ》こと金峰山《きんぷせん》に詣でて弥勒仏に来世の救済を祈って経筒を埋納したが、その経筒が江戸時代に発掘されており、銘文に自筆の法華経、無量義経、観普賢経、阿弥陀経、弥勒経、般若心経合わせて十五巻を納めたとあって、法華経信仰、浄土信仰、弥勒信仰に沿って埋経したものであったことがわかった。

道長の政治を支えた政治家について、大江匡房の『続本朝往生伝《ぞくほんちょうおうじょうでん》』は藤原実資《さねすけ》、藤原斉信《ただのぶ》、公任《きんとう》、行成《ゆきなり》、源俊賢《としかた》、平扶義《すけよし》、平惟仲《これなか》、藤原有国《ありくに》の「九卿」をあげ、鎌倉時代の説話集『十訓抄《じっきんしょう》』は「中にも聞えしは、斉信、公任、俊賢、行成」と四人をあげているが、彼らは政務にあたるだけでなく、文化的にも大きな役割を果たした。

藤原公任は政務の面では祖父実頼からの小野宮流故実により故実書『北山抄《ほくざんしょう》』を著し、文化面でも寛和二年（九八六）の円融法皇が大井川で紅葉狩を行った際、詩・歌・管絃の三つの船を浮かべた。その三つに乗って才（三船の才）を示し、和歌では『拾遺和歌抄』を編み、和歌と漢詩の名句を集めて朗詠に資した『和漢朗詠集』を編むなど、この時期の文化を主導した。

藤原実資も師輔の流れの九条流に対抗する小野宮流の故実の継承者であり、有職故実に通じた学識者として、権勢におもねることなく筋を通す態度を貫いた。その日記『小右記』は行成の『権記《ごんき》』とともに道長の政界の情勢や雰囲気をよく伝えている。道長には自筆の『御堂関白記《みどうかんぱくき》』が今に伝わっているが、豪放なその書きぶりは道長の性格をよく示している。この時期から官人・貴族の日記が広く書かれ、行政の執行や政治の運営の風景が記されるようになった。

寛弘八年（一〇一一）六月、病床に臥した一条天皇は、東宮居貞《おきさだ》親王（冷泉天皇の皇子）に譲位し（三条天皇）、剃髪出家して亡くなったが、道長・彰子がその天皇の遺品を整理していると、「王が正しい政を欲するのに讒臣《ざんしん》一族が国を乱してしまう」という手書が見つかり、道長は怒って破り捨てたという（『愚管抄《ぐかんしょう》』）。

三条天皇は東宮に四歳の敦成《あつひら》親王を立て、長和《ちょうわ》元年（一〇一二）に道長が東宮時代に入内させていた次女妍子《けんし》を中宮とした。天皇には東宮時代からの女御（藤原済時《なりとき》の娘）が第一皇子敦明《あつあきら》親王をはじめ多くの皇子女を生んでおり、天皇はこの女御も皇后に立てようとしたが、その立后の儀式の日を道長は妍子参内の日にあて欠席し、諸公卿もこれにおもね誰も儀式に参列しようとしなかったという。

三条天皇と道長との確執から政務が停滞するなか、孤立した天皇は長和三年（一〇一四）、失明寸前の眼病にかかり、政務にも支障が出たので、道長が譲位を迫り、長和四年（一〇一五）十一月に新造間もない内裏が炎上したことから、これを理由にさらに道長が強く譲位を迫ったことから、三条天皇はついに屈し、自らの第一皇子敦明親王を東宮とするのを条件に譲位を認めた。翌年正月、東宮敦成親王が即位し（後一条天皇）、道長は摂政の宣下を受け東宮に敦明親王を立てた。

晩年の道長

長和五年（一〇一六）七月、道長の土御門殿が火災で焼失すると、道長は諸国の受領に分担させてその再建にあたらせたところ、伊予守源頼光《よりみつ》が建物のほかに道長一家に必要な調度を献上したことから世人を驚かせた。受領に私邸を造らせ、主君のように振る舞う道長の態度に、実資は呉の太伯《たいはく》の故事を引用し、「当時の太閤の徳、帝王の如し、世の興亡ただ我が心に在り」と評し、前年に焼失した内裏再建よりも土御門殿再建を優先した受領たちの動きを嘆いている（『小右記』）。

翌寛仁《かんにん》元年（一〇一七）三月、道長は摂政と氏長者とを嫡男の頼通に譲って後継の体制を固め、五月に三条上皇が亡くなると八月に敦明親王が東宮辞退を言い出したので、敦明親王を准太上天皇とし（小一条院）、娘の寛子《かんし》を嫁がせ東宮に敦良《あつなが》親王を立てた。

十二月に従一位太政大臣に任じられて位人臣を極めた道長は、程なくこれを辞し政界から退く形になったが、その後も摂政の若い頼通を後見した。寛仁二年（一〇一八）、後一条天皇に三女の威子《いし》を女御として入内させ、十月には中宮となしたが、これについても実資は「一家三后を立つ、未曾有なり」と批判している。

その威子の立后の日、道長の邸宅で諸公卿を集めて祝宴が開かれた時、道長は実資に向かって即興で「この世をばわが世とぞ思ふ望月の　欠けたることもなしと思へば」の歌を詠んだ（『小右記』）。実資は丁重に返歌を断る代わりに、一同が和してこの「名歌」を詠ずることを提案し、公卿一同が繰り返し何度も詠じたという。

寛仁三年（一〇一九）三月、病となり剃髪して出家、半年後に東大寺で受戒、法名を行観（後に行覚）とした。翌年には壮大な法成寺の建立に精力を傾け、資財と人力を注ぎ込んで、丈六の阿弥陀如来像を安置して浄土を希求したが、その建立にも諸国の受領たちが官への納入を後回しにして争ってこの事業に奉仕した。『栄花物語』は、道長の栄耀栄華の極みとして法成寺の壮麗さを記しているが、道長はこの堂に由来し「御堂関白」と称されるようになった。

万寿《まんじゅ》四年（一〇二七）十二月に死期を悟ると、法成寺の東の五大堂から池を渡り、西の九体阿弥陀堂（無量寿院）に入って、阿弥陀如来の手と自分の手とを糸でつなぎ、釈迦の涅槃《ねはん》と同様、北枕西向きに横たわった。念仏を口ずさみ、西方浄土を願いながら往生したという。おりしも浄土思想にともなう末法思想が色濃く道長に影を落としていた。

阿弥陀仏の本願を信じて極楽浄土に往生を願うこの信仰は、十世紀になって空也が阿弥陀信仰と念仏を民間に勧めて広がり、源信《げんしん》が寛和元年（九八五）に『往生要集』を著して念仏の方法や阿弥陀仏の観察、往生の作法などを説いた時から大きく弘まっていた。

『往生要集』の地獄と極楽

源信は天慶五年（九四二）に大和の当麻《たいま》に生まれ、父との死別により、信仰心の篤い母の影響で比叡山の慈慧《じえ》大師良源《りょうげん》（元三《がんざん》大師）に入門、止観業《しかんごう》や遮那業《しゃなごう》を学び、天暦十年（九五六）に十五歳で『称讃浄土経』を講じ、村上天皇の代の「法華八講」の講師の一人に選ばれた。

師の良源は康保三年（九六六）に天台座主となり、二十年間の治山の間に荒廃のすすんでいた比叡山の再興を果たし、「二十六箇条起請」などで山内の規律をはかったことから、天台僧の活動が盛んとなり、地方で活躍するようになった。その住房が横川にあったので、源信も横川の恵心院に隠棲すると、念仏三昧の求道の道を選び、永観二年（九八四）に師の良源が病になったのを機に『往生要集』の撰述に入った。

そのころ極楽を念ずる文人と天台僧とにより勧学会《かんがくえ》という結社が生まれていた。最初の勧学会は応和四年（康保元年）三月に比叡山西麓で開かれ、慶滋保胤《よししげのやすたね》・藤原在国《ありくに》（後の有国）・橘倚平《よりひら》・高階積善ら紀伝の学生と延暦寺僧とが参加した。

源為憲の『三宝絵詞』はその会の詳細な様子を記している。開催前日の夕方に延暦寺の僧が下山して会場の寺院を訪ね、学生ら俗世側の参加者があらかじめ会場に集まって詩句や経文を誦しながら僧侶の来訪を待つ。朝方に『法華経』の講読を行い、夕方に阿弥陀を念じ、夜は仏教の功徳を称える漢詩を作成。その後、白居易の詩を読み、『法華経』を朗読して夜を明かし翌朝に解散したという。会の中心となった保胤は『日本往生極楽記』を著し極楽往生した人々の伝記を記している。

『扶桑略記』永観三年（九八五）四月条に「天台沙門源信、往生要集を撰す。天下に流布せり」とあって、『往生要集』は広く流布したが、とりわけ最初に描いた地獄の有様は人々に大きな影響を与えた。劈頭《へきとう》から地獄のすさまじい様相を描いて、その絶望から逃れ浄土を願う心のあり方や行について語る。地獄には等活《とうかつ》地獄、黒縄《こくじょう》地獄、衆合《しゅごう》地獄、叫喚地獄、大叫喚地獄、焦熱地獄、大焦熱地獄、無間地獄の八大地獄があって、それらは人間世界の地下に重なってあるといい、それぞれについて詳しい解説を加えてゆく。

等活地獄は殺生を犯したものの墜ちる地獄であり、以下の地獄では次々に罪が加わって重くなる。黒縄地獄は殺生に盗みを犯したものが墜ちる地獄、衆合地獄はさらに邪淫が、叫喚地獄は飲酒が、大叫喚地獄は妄語が、焦熱地獄は邪見が、大焦熱地獄はさらに戒律を守り行いの清浄な尼を犯す罪が加わったものの墜ちる地獄であって、最後の無間地獄は父母を殺害するなどの五逆の罪など、あらゆる大罪を犯したものが墜ちる地獄という。

源信は寛弘元年（一〇〇四）に藤原道長の帰依から権少僧都に任じられたが、すぐに辞退して長和三年（一〇一四）に『阿弥陀経略記』を撰述し、寛仁元年（一〇一七）に阿弥陀如来像の手に結びつけた糸を手に合掌しながら入滅している。『往生要集』には「弥陀如来はただ光を以て遙かに照らしたまふのみにあらず。自ら観音・勢至《せいし》とともに、常に来たりて行者を擁護したまふ」と記され、「願はくは、仏、大光明を放ち、決定し来迎し、極楽に往生せしめたまへ、南無阿弥陀仏」と、念を作すべしと記されていて、それを実践したのである。

この考えに基づいて絵画に描かれたのが「阿弥陀聖衆来迎図《あみだしょうじゅらいごうず》」であって、『梁塵秘抄』二百三十五番に「我らは何して老いぬらん　思へばいとこそあはれなれ　今は西方極楽の弥陀の誓ひを念ずべし」とある歌のような、極楽浄土をひたすら願う歌が謡われており、それらが広く人々の心を捉えていった。

浄土への信仰は、教・行・証が備わった正法《しょうぼう》を経て、証（悟り）のない像法《ぞうぼう》の時代から行（実践）もない仏の法が廃れる末法《まっぽう》の時代がすぐに到来するという末法思想とともに深く浸透してゆくなか、その末法の時代は永承《えいしょう》七年(一〇五二)に到来すると考えられるようになった。

頼通の執政

寛仁元年(一〇一七)に頼通は内大臣となり、父に代わって摂政の宣下を受け、三年には関白となったが、その年に沿海州の女真人《じょしん》が入寇して対馬・壱岐を襲い、博多まで来襲する事件が起きた。大宰権帥藤原隆家《たかいえ》が大宰府の在庁官人や在地の武士を率いて退けたが、この事件で奮戦した武士の子孫は原田氏や菊池氏など九州に勢力を広げていった。

頼通は藤原実資に学び親交を結んで政治を牽引していったが、出家した父が依然として実権を握っていたので、父の意向に従うことが多く、大事にあたってはその判断を仰いだ。治安《じあん》三年(一〇二三)、万寿《まんじゅ》二年(一〇二五)には不始末から、父から勘当処分を受けている。

万寿四年に道長が亡くなりその重しが失せると、頼通は独自の権力確立につとめたが、その半年後の長元《ちょうげん》元年(一〇二八)には関東で平忠常《ただつね》の乱が起きてその鎮圧に三年を要し、主戦場となった房総地方の荒廃は著しかった。

忠常は陸奥介忠頼《ただより》の子で、上総の国司になった後、土着して勢力を広げ下総や安房を襲って房総半島を制圧し、反乱を起こしたのである。同族の平直方《なおかた》が追討使に任じられたものの鎮撫できなかったため更迭され、甲斐守源頼信《よりのぶ》が代わって任じられると、忠常はかつて頼信の家人であったことから頼信に降伏したという。頼信は源満仲《みつなか》の子で、『今昔物語集』によれば、「兵の道に聊《いささ》かも愚かなる事」がなく朝廷から認められ常陸の受領だった時に「館の者ども、国の兵ども」を率いて上総の平忠常を攻め、忠常が名簿《みょうぶ》を捧げて主従関係が成立していたという。

乱を鎮圧するとこれを契機に源氏は関東への勢力拡大をはかり、子の頼義《よりよし》が相模守となって赴任したところ、武勇を好んで民が帰服し、逢坂以東の「弓馬の士」は大半が「門客」となったという。忠常の子孫は上総氏や千葉氏など房総半島に勢力を広げ、いっぽう直方の子孫は北条氏など伊豆や南関東に勢力を広げていった。

同九年（一〇三六）に後一条天皇が亡くなり、同母弟の後朱雀天皇が即位すると、引き続いて頼通は天皇の外叔父として関白となったが、子女に恵まれず妻隆姫《たかひめ》の縁もあって敦康親王の娘を養女とし後朱雀天皇に入内させて中宮となした。後朱雀天皇は道長の娘の嬉子《きし》を妃としていたが、嬉子が親仁《ちかひと》親王を生むも死去したため、尊仁《たかひと》親王を生んだ禎子《ていし》内親王（三条天皇の皇女）を皇后に立てた。

寛徳《かんとく》二年（一〇四五）、親仁親王が即位し（後冷泉《ごれいぜい》天皇）、尊仁親王が東宮に立つと、頼通は永承五年（一〇五〇）に一人娘の寛子《かんし》を入内させて皇后となし、皇子誕生に望みをつないだが、皇子は生まれなかった。

同六年、奥州で前九年《ぜんくねん》の役《えき》が勃発するなど再び地方の世情が不安になったが、権勢は表面的には衰えを見せず、御所の傍らに高陽院《かやのいん》を造営している。この頃には荘園の増加が著しく、国家財政も危機的状態にあって、その整理が必要とされたことから、頼通は長久《ちょうきゅう》元年（一〇四〇）、寛徳二年（一〇四五）、天喜《てんぎ》三年（一〇五五）に荘園整理令を出したが、整理をしたのは荘園を認めた国であり、またそれら荘園の領主は頼通や有力寺社の権門であったからはかばかしい成果は得られなかった。

五　風景の思潮

宇治の水辺

頼通が晩年の余生を過ごした宇治の地には、道長が長徳四年（九九八）に前左大臣源重信《しげのぶ》の後家から得た別業《べつぎょう》（別荘）があった。遡れば源融《とおる》が宇治に設けた別荘として名高く、没後に宇多天皇の所領となって宇治院と称され、その子孫に継承されてきたものであって、道長はしばしば赴いては興遊をしていた（『御堂関白記』）。

宇治の地は平安京と南都とを結ぶ連絡路にあり、水陸交通上の要衝となっていたのだが、平安京の発展とともに貴族の別業が設けられた。『蜻蛉日記』の安和元年（九六八）九月の記事には「川のあなたには、按察《あぜち》使大納言の領じたまふ所ありける」とあり、天禄二年（九七一）七月に「按察使大納言の領じたまひし宇治の院にいたりたり」と見える宇治院は、按察使大納言藤原師氏《もろうじ》の所領であった。

貴族たちが心を宇治に寄せたのは、何よりもこの地の豊かな水にあった。その宇治川を詠んだのが『百人一首』の権中納言藤原定頼《さだより》の歌「朝ぼらけ宇治の川霧絶え絶えに　あらはれわたる瀬々の網代木」である。夜明け方、山の谷に沿って川霧が発生するが、そのたち込めていた霧が切れ切れになって、川に仕掛けられていた網代の木が現れてくる風景を詠んでいる。この網代は氷魚《ひを》を獲るためのもので、貴族の見物の対象ともなっていた。『源氏物語』総角《あげまき》の巻にはその網代と柴船が描かれている。宇治川の注ぐ先の巨椋池《おぐらいけ》の岸辺には葦原が広がり、洲や島が形成されていた。

宇治は扇状地にあったから、豊かな地下水脈にともなう湧水もあり、水辺に臨んで水閣が建てられ、庭園を営むのには極めて便があった。『源氏物語』の宇治十帖は、京から宇治へと主要な舞台を移して話を展開させてゆく。この地には光源氏の異母弟である八宮が隠棲していた。橋姫の巻にこう描かれている。

いとどしき世に、あさましうあえなくて、移ろひ住み給ふべき所の、よろしきもなかりければ、宇治といふ所に、よしある山里持たまへけるに渡り給ふ。

この山里に光源氏の子薫（実は柏木の子）が訪れて、八宮の娘大君に出会ったことから話が始まっており、中君や浮舟などの娘たちとの物語が続き、匂宮《におうのみや》との関係から浮舟が投身自殺を試みるなど、波乱に富んだストーリーが展開して終焉を迎えることになる。

宇治はまさに別業を設けるのにふさわしい地であって、藤原忠文《ただぶみ》は冬は朝廷に仕え、炎暑の時には避暑のために宇治の別業に赴いていたという（『江談抄《ごうだんしょう》』）。しかし単に別荘を建てるにふさわしいだけの地ではなかった。都人が祈りを求めて赴く奈良の春日社や大和の長谷寺などへの物詣《ぶっけい》の途次に位置し、その宿泊先ともなっていた。『更級日記』の作者や『源氏物語』の匂宮のように、長谷の観音信仰とともに多くの人々が長谷に赴いたが、その往路・帰路にはここで宿泊している。

そうしたなか宇治の景勝が人々をいざなうようになったが、それは「うぢ」という地名とも関連していた。「我が庵《いほ》は都のたつみしかぞすむ　世をうぢ山と人はいふなり」という『百人一首』に載る喜撰《きせん》法師の歌は、都で暮らす人々に、世を憂えて宇治に住むという思いを喚起させてゆき、これが宇治の記憶を形成した。

都からやや離れてはいても、そう遠からずの位置にある宇治は、都を逃れて住む人々にとっては格好の地であって、それは祈りを求め、救いを求めてのものであり、そのことを示しているのが平等院の建立である。

浄土の風景

頼通は永承七年（一〇五二）三月に別業を改めて平等院となすと、宇治川に釣殿を出した仏堂の供養を行い、翌年三月四日、池の中島に建てた阿弥陀堂に丈六の阿弥陀像を安置したが、その意匠は救いの手を差し伸べるために阿弥陀仏が西方浄土からやってくる図として描かれた「阿弥陀聖衆来迎図」に基づいていた。

堂は屋根の鳳凰《ほうおう》の姿から江戸時代に鳳凰堂と命名されることになったが、この鳳凰堂をめぐる景観が宇治を救いの場として機能させてゆく。『扶桑略記』康平四年（一〇六一）十月二十五日条に、平等院に多宝塔一基が建立された際の願文が載るが、それには平等院に込められた願いが次のように記されている。

平等院は水石幽奇、風流勝絶なり。前に一葦《いっし》の長河を渡すこと有り。あたかも群類を　彼岸に導くが如し。傍らに二華の層嶺を畳むがあり。（中略）賓閣《ひんかく》を改めて仏家となし、心匠を廻らして精舎を構ふる。ここに弥陀如来の像を造り、極楽世界の儀を移す。

平等院は水石の幽奇な池に、他とは異なった風流が凝らされ、眼前には「一葦の長河」宇治川が流れ、それはあたかも生類を彼岸に導くようなもので、彼方の「二華の層嶺」の朝日山は、諸善の積み重ねられた山のようなものである。そこで別業を改めて仏家となし、様々な意匠を考えて精舎を構え、阿弥陀如来像を安置してここに極楽世界を移した、という。

これに続けて、月輪《がちりん》を礼拝して挙手すれば、八十種の光明がもたらされ、露地に臨んで歩くと、十万億土の刹土《せつど》を詣でたようなものとなると記している。まさに極楽の世界を映すことが構想されたのであり、これ以後、宇治には救いを求めて訪れる人が多くなった。現況の平等院はその後の改変を多く受けている。発掘によって創建時の姿が明らかにされており、それによれば池はもっと広く、堂の前側の池も後ろ側の池も広くとられていて、その中島に堂が浮かぶ姿であったという。

堂とその左右の翼廊、後ろの尾廊という構成は今と同じであるが、翼廊は基壇の上に建てられておらず、柱は州浜あるいは池中から立ち、極めて脆弱《ぜいじゃく》な造りであったという。池の前面には、後に池を埋めて小御所が建てられ、そこから阿弥陀仏を拝するようになったが、当初の池は大きく広がっていたのである。今は堤があって遮られているが、そのまま宇治川へと地続きで庭園は広がっていたらしい。そうであれば、この川が彼岸と此岸を結んでいることを実感させてくれたことであろう。

川向こうには二つの嶺が聳《そび》えており、それが朝日山と称されたように、そこから朝日が昇った。この山は多くの歌に詠まれている。「朝日山麓をかけてゆふだすき　明け暮れ神を祈るべきかな」(『実方集《さねかたしゅう》』)、「月影の夜とも見えず照らすかな　朝日の山を出でやしぬらむ(『能因《のういん》法師集』)」など。朝日が昇る山であれば、また夕月も昇ったのである。

この朝日と夕月とが鳳凰堂の阿弥陀仏と対置され、そこに浄土の世界が浮かび上がってくる演出だったと考えられる。したがってここを訪れる人々は、庭園を巡り、夕月が山から昇るのを見て、鳳凰堂に籠もり、往生を祈った。すなわち阿弥陀に寄り添って救いを求めたのであり、朝ともなれば朝日が昇るのを見て、その救いを実感したのであろう。

道長は京に創建した法成寺《ほうじょうじ》の阿弥陀堂(無量寿院《むりょうじゅいん》)で亡くなったが、この御堂の東には鴨川が流れ、その彼方に東山がある。平等院はその趣向に倣って宇治に堂を建てたのであろう。法成寺のような四方を築地で囲む伽藍配置ではなく、鳳凰堂を中心にして空中に浮かぶような美しさで建てられたもので、自然の風景と一体となった風景は、極楽浄土として想い描かれた景観をそのままに移したからであろう。

庭園の仕様

頼通は平等院を造営する前には都に高陽院を造営したが、これについて『栄花物語』は次のように描いている。

高陽院の有様この世のことと見えず。海竜王の家などこそ四季は四方に見ゆれ。この殿はそれにも劣らぬさまなり。例の人家造りに違ひたり。寝殿の北南西東など皆池あり。中島に釣殿を建てさせ給へり。(中略)目も遙かにおもしろくめでたきこと心も及ばず。まねび尽くすべくもあらず。をかしう面白しなどは是れを云ふべきなりけりと見ゆ。絵などよりは是れは見所ありて面白し。

まねすべくもない景観であると絶賛し、その「花の甍《いらか》」「珍奇しき草木」「佳所あり巌石」「山を畳み、四方の海を心に任せ給へる池の水」などを天皇の御覧に入れるべく行幸を仰いだと記している。実資はこれを見て「過差の甚しき禅門に倍すべし」「五六尺の石をたてしめ、樹木を植えしむ」と記し、父道長の倍にあたるほどの贅沢であったという。

高陽院は寝殿造庭園の極致であって、この庭園を見て育ったのが頼通の庶子で橘俊遠《としとお》の養子となった橘俊綱《としつな》であった。俊綱は庭園造りを記した『前栽秘抄《せんざいひしょう》』(『作庭記《さくていき》』)を著し、そのなかで「宇治殿御みづから御沙汰ありき。其の時には常に参り石を立てる事を見きさ侍りき」と記して、宇治殿(頼通)が自ら石立などを沙汰していたと語っている。日本最古の造園書『前栽秘抄』は高陽院の造営の見聞に始まっているのである。

この書は「石を立てん事」「池の姿」「島姿」「滝を立てる次第」「遣水」「滝事」「立石口伝」「禁忌」「樹事」「泉事」「雑部」などからなり、そこで多く論じているのは池の周辺の石を中心とした造作である。その最初の「石を立てん事」では先ず次のように記している。

> 地形により池の姿にしたがひてよれくる所々に風情をめぐらして、生得の山水をおもはへて、その所々はここぞありしかと思ひよせよせたつべきなり。

地形をよく観察し、池の姿に添い、趣向に思いを致し、自然の風景をよくよく考えて造作をすべきであると指摘しており、自然の景観をすこぶる大事にしていたことがわかる。その上で昔の名人を模範とし、家主の希望を聞き、それに自分の風情をめぐらすべきであり、その際に国々の名所のおもしろい様を取り入れなさいという。なお鎌倉時代に制作された『駒競行幸絵巻《こまくらべぎょうこうえまき》』は高陽院の景観を絵巻に描いている。

このように寝殿造の庭園が自然を映すことを基本としていたのに対し、平等院は浄土を映すことを求めていた。ここに庭園の仕様は寝殿造庭園と浄土庭園の二つの系列が生まれたことがわかる。

阿弥陀浄土の風景が平等院の庭園に生まれると、その影響は大きかった。永承《えいしょう》二年（一〇四七）に山城の南の山中に浄瑠璃寺《じょうるりじ》が建てられたが、この本尊は薬師如来であり、その寺号が薬師如来の浄土である東方浄瑠璃浄土に因《ちな》んでいることから、本来は浄瑠璃浄土を模した庭園が造られたのであろう。それがどのようなものであったのかは、後に九体の阿弥陀仏が安置されたために庭園が作り替えられたので明らかではないが、その残映は今に残っている。

風景の思潮

庭園は時代とともに作り替えられていったが、平等院の庭園も同様である。宇治川が氾濫するので、宇治川との関係を断ち切るように変えられていった。池の東に小御所が建てられ、池に船を浮かべて阿弥陀仏を拝し、堂内に籠もったのに代わって、池の東岸から阿弥陀仏を朝夕拝顔する形となり、阿弥陀仏の彼方の西山に日が沈む風景が人々を浄土に誘う仕掛けへと変化していった。この浄土を眺める仕掛けがその後に広く受け入れられてゆく。

院政期には鳥羽離宮の庭園に継承され、奥州の藤原秀衡《ひでひら》が平泉に造営した無量光院も平等院に模された。平泉では鳳凰堂に倣って御堂の前方に池が造られ、その東に設けられた小御所から西の方の御堂を仰ぐと、阿弥陀仏の背後の聳える聖なる金鶏山《きんけいざん》に太陽が沈む浄土の風景が展開するのである。平等院の鳳凰堂に描かれた日想観《にっそうかん》を示すものとなった。

院政期には風景が絵巻に描かれてゆく。宮中の風景を描いた『源氏物語絵巻』、都の風景を描いた『年中行事絵巻』、政治的な事件、民衆の動き、検非違使の活動を描いた『伴大納言《ばんだいなごん》絵巻』、地方の長者の姿を描いた『粉河寺縁起《こかわでらえんぎ》』、山野に分け入って験を積んだ聖の奇跡を描いた『信貴山《しぎさん》縁起』などである。

こうして風景の思潮は確実に社会に根を下ろしていった。鎌倉時代には奥州平泉の風景に倣って源頼朝が鎌倉に永福寺《ようふくじ》を建立したが、それは宇治の平等院の本来の姿と同じく、御堂から池を眺め、さらに東の山の端から昇る日や月を見る風景となっている。

やがて大陸から入ってきた禅宗の影響を受け、庭園は禅宗庭園へと変化してゆくのだが、そこでも当初からの自然観や人間観は脈々と受け継がれた。その継承された自然観や人間観を物語っているのが、鎌倉末期に兼好の『徒然草』十段の一文である。


家居のつきづきしくあらまほしきこそ、仮の宿りとは思へど興あるものなれ。よき人の、のどやかに住みなしたる所は、さし入りたる月の色もひときはしみじみと見ゆるぞかし。今めかしくきららかならねど、木立ものふりてわざとならぬ庭の草も心あるさまに、簀子《すのこ》・透垣《すいがい》のたよりをかしく、うちある調度も昔覚えてやすらかなるこそ心にくしと見ゆれ。

兼好は浄土を希求する遁世人であったが、仮の宿りではあっても、家の様、庭はこうあって欲しいと語っており、その内容は、『枕草子』そのままであったことがわかる。実際、十九段の四季の変化の様を語る次の一文はそのことを示している。

夜寒になるほど雁鳴きてくる比、萩の下葉色づくほど早稲田刈り干すなど、取り集めたる事は秋のみぞ多かる。また野分の朝こそをかしければ、言ひつづくればみな源氏物語・枕草子などにことふりにたれど、同じ事、またいまさらに言はじとにもあらず。

浄土庭園になっても、またその後の様々な庭園においても、『枕草子』や『源氏物語』に描かれた風景は人々の自然観を規定してゆくことになったのである。

参考文献

A　はじめに

丸山真男『丸山真男講義録（第四冊）』（東京大学出版会、一九九八年）
網野善彦『無縁・公界・楽』（『網野善彦著作集』十二巻、岩波書店、二〇〇七年）
津田左右吉『文学に現はれたる我が国民思想の研究』（『津田左右吉全集』五巻、岩波書店、一九八七年）
五味文彦『躍動する中世』（『全集 日本の歴史』五、小学館、二〇〇八年）
五味文彦『中世の身体』（角川学芸出版、二〇〇六年）
五味文彦『書物の中世史』（みすず書房、二〇〇三年）
五味文彦『日本史の新たな見方、捉え方』（敬文舎、二〇一二年）

B　本文関係史料【叢書】

各巻数を数字で示した。本書でとくに言及したものを＊印で示した。

①「日本古典文学大系」岩波書店
1 古事記・祝詞／2 風土記／3 古代歌謡集／4 万葉集／5 古今和歌集／8 竹取物語 伊勢物語 大和物語／9 宇津保物語／10 落窪物語 堤中納言物語／11 源氏物語／＊12 枕草子 紫式部日記／13 土左日記 かげろふ日記 和泉式部日記 更級日記／14 大鏡／15 今昔物語集／16 日本書紀／17 懐風藻 文華秀麗集

本朝文粋／18 日本霊異記／19 三教指帰 性霊集／20 菅家文草、菅家後集／21 和漢朗詠集 梁塵秘抄

②「新日本古典文学大系」岩波書店

1 万葉集／＊2 古今和歌集／3 後撰和歌集／4 拾遺和歌集／＊5 続日本紀／6 竹取物語 伊勢物語／7 落窪物語 住吉物語／＊8 源氏物語／＊9 土佐日記、蜻蛉日記、紫式部日記、更級日記／＊10 枕草子／11 堤中納言物語 とりかへばや物語／12 本朝文粋／13 日本霊異記／14 三宝絵 注好選／15 今昔物語集

③「日本古典文学全集」小学館

＊1 古事記／＊2 日本書紀／3 風土記／＊4 万葉集／＊6 日本霊異記／7 竹取物語・伊勢物語・大和物語・平中物語／8 土佐日記・蜻蛉日記／9 枕草子／10 源氏物語／11 和泉式部日記・紫式部日記・更級日記・讃岐典侍日記

④「新訂増補国史大系」吉川弘文館

1 日本書紀／2 続日本紀／3 日本後紀・続日本後紀・日本文徳天皇実録／4 日本三代実録／5 類聚国史／6 古事記・先代旧事本紀・神道五部書／7 日本書紀私記・釈日本紀・日本逸史／8 本朝世紀／9 日本紀略・百錬抄／10 扶桑略記・帝王編年記／11 続史愚抄／12 今昔物語集／13 律・令義解／14 令集解／15 類聚三代格（坂本太郎）・弘仁格抄（丸山二郎）／16 交替式（延暦交替式・貞観交替式・延喜交替式）・弘仁式・延喜式／17 新抄格勅符抄・法曹類林・類聚符宣抄・続左丞抄・別聚符宣抄／18 政事要略／19 朝野群載／20 本朝文粋・本朝続文粋／30 本朝文集／31 公卿補任／32 尊卑分脈／33 吾妻鏡

⑤「日本思想大系」岩波書店
1古事記／2聖徳太子集／3律令／4最澄／5空海／6源信／7往生伝・法華験記／8古代政治社会思想／9寺社縁起／10中世政治社会思想（上）／11中世政治社会思想（下）／12古代中世芸術論
⑥「群書類従」・「続群書類従」（上記にない書目のみ）
1上宮聖徳法王帝説（正編・雑部）／2法隆寺縁起資材帳（続編・釈家部）／3藤氏家伝（正編・伝部）／4大和上東征伝（正編・伝部）／5伊勢国多度神宮寺伽藍縁起（続編・釈家部）／6凌雲集（正編・文学部）／7新撰姓氏録／8経国集（正編・文学部）／9年中行事御障子文（続編・公事部）／10将門記（正編・合戦部）／11純友追討記（正編・合戦部）
⑦岩波文庫（歴史編のみ）岩波書店
『魏志倭人伝ほか三篇（後漢書倭伝、宋書倭国伝・隋書倭国伝）』
『新訂 旧唐書倭国日本伝・宋史日本伝・元史日本伝』
『三国史記倭人伝 他六篇』
⑧「寧楽遺文」・「平安遺文」東京堂書店

C　本文【参考文献】（一般書のみを掲げる）

i「日本の歴史」（講談社、二〇〇〇年）
00　網野善彦『「日本」とは何か』
02　寺沢薫『王権誕生』
03　熊谷公男『大王から天皇へ』
04　渡辺晃宏『平城京と木簡の世紀』
05　坂上康俊『律令国家の転換と「日本」』
06　大津透『道長と宮廷社会』

ii「日本の時代史」（吉川弘文館、二〇〇二年）
1　白石太一郎編『倭国誕生』
2　鈴木靖民編『倭国と東アジア』
3　森公章編『倭国から日本へ』
4　佐藤信編『律令国家と天平文化』
5　吉川真司編『平安京』
6　加藤友康編『摂関政治と王朝文化』

iii「全集　日本の歴史」（小学館、二〇〇七〜二〇〇九年）
1　松木武彦『列島創世記』

2　平川南『日本の原像』
3　鐘江宏之『律令国家と万葉びと』
4　川尻秋生『揺れ動く貴族社会』
5　五味文彦『躍動する中世』
iv「シリーズ日本古代史」(岩波新書、二〇一〇～二〇一一年)
②吉村武彦『ヤマト王権』
③吉川真司『飛鳥の都』
④坂上康俊『平城京の時代』
⑤川尻秋生『平安京遷都』
⑥古瀬奈津子『摂関政治』
v「史跡で読む日本の歴史」吉川弘文館(二〇〇九～二〇一〇年)
2　岸本直文編『古墳の時代』
3　森公章編『古代国家の形成』
4　佐藤信編『奈良の都と地方社会』
5　増渕徹編『平安と都市と文化』

D　**著者の関係文献**

『書物の中世史』(みすず書房、二〇〇三年)

『日本史の新たな見方、捉え方』（敬文舎、二〇一二年）
『『枕草子』の歴史学』（朝日新聞出版、二〇一四年）
『人物史の手法』（左右社、二〇一四年）

おわりに

文学を読む楽しさと歴史の奥深さとを同時に味わえていただけたであろうか。書くべきことは多かったのだが、書かずに終わってしまったことも多々ある。細部にこだわって書いていては全体の流れを見失ってしまうからである。これまでの研究で得心がゆかないこともあったが、紹介にとどめた部分も多い。

全体の流れを重視したことにより、個々の地域の歴史に触れることが少なかったかもしれない。ただ本書のような視点に立って、改めて地域の歴史を探るとわかりやすいと考えるので、地域史から日本史に迫る試みは別の機会に行いたい。

こうして書いているうちに改めて思い知ったのは、やはり歴史は決して過去のものではないということである。歴史的な体験は知らぬうちに様々な形をとって今に引き継がれてきている。その豊かさを知ることにより、次へと向かう自信が生まれてこよう。逆に過去に束縛されている自らの思考に気づくことにもなり、それとどう立ち向かうかが問われることになる。

今回見たのは、日本が文明国家として船出した時期の歴史である。大陸の文明を輸入し、社会を発展させてきて、日本の文化を育み、古典文学という大きく花を開かせた時代に至るまでを考えてきた。ここで成立した宮廷政治や文化がその後の日本社会の政治・文化の基調をなすところになった。この時代の動きはそれだけで終わるのでなく、繰り返し訪れる。もちろん、時代によって現れ方は違いこそすれ、そこに通底するものの考え方は同じである。

たとえば文明化の経験により、その後に訪れた多くの難関を短期間に乗り越えさせてくれたのである。しかしその過程で経験した同じような過ちも繰り返すようになったことも忘れてはならない。この両面を理解する必要があろう。なかでも文明化とともに制度化が推進されたことは、日本が近代国家の仲間入りする際に大きく役立った。過去の経験がなければそう簡単にはゆかなかったであろう。しかししばしば制度を作りさえすればよいと考えがちな陥穽《かんせい》も見受けられる。制度の内実をよく弁《わきま》えずに物事を進めてしまい、痛い目にあっているのだ。

開発についても同じである。九世紀に始まる開発の思潮は、常に社会の動きをリードしてきた。武士が、農民が、大名が、町人が、各時代の社会・経済の原動力となってきたのであり、近代国家においては市民がその役割を担っているが、開発には常に自然・環境の破壊と裏腹の関係にあったのであり、そのことをしっかり認識しておかなければならない。

また習合という考え方は、どの社会にも見受けられるのであるが、それが様々な分野で機能している日本のような社会は珍しいであろう。異質な領域・分野が対抗しつつもその摺《す》り合わせによって共存していることは、一見して遅れた社会のように見えるが、多様な原理が相互に共存する上では、進んだ知恵というべきかもしれない。

本書がなるにあたって多くの古代史の研究文献を参照させていただいたが、参考文献には主に入手しやすい叢書の類のみを掲げた。本文にその背景をなす書目や研究者名を具体的に記すことはしなかったのは、新たな視点から整理することを本旨としており、具体的な研究に立ち入って書き始めると、収拾がつかなくなると考えたからである。多くを学ばせていただいたことをここに記し、改めて感謝したい。

五味文彦

二〇一五年六月二十八日

五味文彦（ごみ・ふみひこ）
一九四六年生まれ。東京大学文学部教授を経て、現在は放送大学教授。東京大学名誉教授。『中世のことばと絵』（中公新書）でサントリー学芸賞を、『書物の中世史』（みすず書房）で角川源義賞を受賞するなど、常に日本中世史研究をリードしてきた。近年の著作に四部作となる『後白河院―王の歌』（山川出版社）、『西行と清盛―時代を拓いた二人』（新潮社）、『後鳥羽上皇―新古今集はなにを語るか』（角川書店）、『鴨長明伝』（山川出版社）のほか、『日本の中世を歩く―遺跡を訪ね、史料を読む』（岩波書店）、『躍動する中世』（小学館）、『『枕草子』の歴史学』（朝日新聞出版）、『人物史の手法―歴史の見え方が変わる』（左右社）など多数。共編に『現代語訳 吾妻鏡』（吉川弘文館）など。

文学《ぶんがく》で読《よ》む日本《にほん》の歴史《れきし》 古典文学篇《こてんぶんがくへん》
二〇一五年七月二十五日 第一版第一刷印刷
二〇一五年七月 三十日 第一版第一刷発行
著者 五味文彦
発行者 野澤伸平
発行所 株式会社 山川出版社
東京都千代田区内神田一―一三―一三
〒一〇一―〇〇四七
振替〇〇一二〇―九―四三九九三
電話 〇三（三二九三）八一三一（営業）
〇三（三二九三）一八〇二（編集）
企画・編集 山川図書出版株式会社
印刷所 半七写真印刷工業株式会社
製本所 牧製本印刷株式会社
造本には十分注意しておりますが、万一、乱丁・落丁本などがございましたら、小社営業部宛にお送りください。送料小社負担にてお取替えいたします。
定価はカバーに表示してあります。

ISBN 978-4-634-15089-8

五味文彦の本

鴨長明伝

五味文彦　著

定価／本体 1,800 円（税別）

「遁世」を思想としてきわめる

飢餓、大地震、京中の大火「世の不思議」をたびたび体験し、書き記した長明は、五十の春を迎えて家を出る。時代の波に翻弄されつつも、身をもって時代に立ち向かった長明の精神性を、『方丈記』『無名抄』などの著作から読み解く。

後白河院／王の歌

五味文彦　著

定価／本体 1,800 円（税別）

王として君臨した後白河院

保元・平治の乱から源平合戦にいたる激動の三十数年を、王の歌をとおして紡ぎ出す

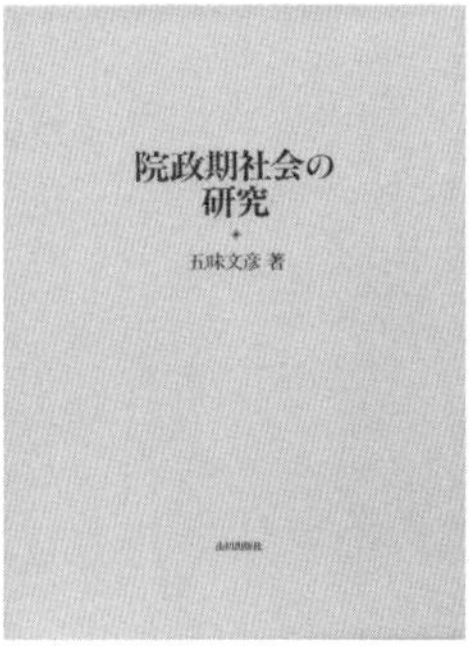

院政期社会の研究

五味文彦　著

定価／本体 5,638 円（税別）

古文書を中心に説話・記録などの性格を生かして院政期社会を多角的に分析究明した著者論文の集大成。4部構成からなり、院政期における社会を、政治・経済・宗教の分野から、諸人物や諸階層の人々までを詳細に分析。

山川出版社